文书学

wen shu xue

国家档案局 编

中国文史出版社

图书在版编目（CIP）数据

文书学／国家档案局编. —北京：中国文史出版社，2021.8

ISBN 978-7-5205-3125-2

Ⅰ. ①文… Ⅱ. ①国… Ⅲ. ①文书学 Ⅳ. ①C931.46

中国版本图书馆 CIP 数据核字(2021)第 166761 号

责任编辑：詹红旗

出版发行：**中国文史出版社**
社　　址：北京市海淀区西八里庄路 69 号　　邮编：100412
电　　话：010-81136606　81136602　81136603（发行部）
传　　真：010-81136655
印　　装：廊坊市海涛印刷有限公司
经　　销：全国新华书店
开　　本：710 毫米×1000 毫米　1/16
印　　张：24.25
字　　数：320 千字
版　　次：2021 年 9 月北京第 1 版
印　　次：2021 年 9 月第 1 次印刷
定　　价：49.00 元

文书学编写委员会

主　编：沈　蕾

编　委：刘　立　王　顺　徐　超　陈燕南

出 版 说 明

加强档案专业人员培训是提升档案工作水平和能力的基础。为进一步规范档案专业人员培训工作，提高档案专业人员培训质量，国家档案局组织编写制作了《档案专业人员培训多媒体教材》（以下简称《教材》）。

《教材》以党和国家有关档案工作的政策、法律法规规章以及档案工作的有关标准、规范为依据，将档案管理基本原则和技术要求有机结合，充分体现科学严谨、指导规范、立足实际、面向一线。

《教材》采用纸质载体教材和多媒体教学演示光盘相结合的形式，二者各自独立又互为补充。纸质载体教材包括该科目所涉及的档案工作的相关依据、技术要求、规范程序、质量标准及必要的图示说明等内容，重点在于培养学习者具备档案基础理论知识和实际操作技能。多媒体教学演示光盘按照有关档案工作任务的步骤和流程，详细介绍并演示每个工作环节的规范与要求等，指导学习者准确掌握该项工作的基本技能。

《文书学》是《教材》系列之一，该教材理论与实践兼顾，在相关章节与《党政机关公文处理工作条例》和国家标准《党政机关公文格式》（GB/T 9704—2012）以及国家档案局近年发布的《机关文件材料归档范围和档案保管期限规定》《企业文件材料归档范围和档案保管期限规定》《机关档案管理规定》《归档文件整理规则》（DA/T 22—2015）、《纸质归档文件装订规范》（DA/T 69—2018）等标准规范做了有机结合，有助于党政机关企事业单位及其它各类社会组织规范开展文书工作。

因时间和水平有限，《教材》难免会有疏漏和不完善之处，敬请使用者批评指正。

国家档案局《档案专业人员培训多媒体教材》

编审委员会办公室

2021 年 6 月

前　言

文书学是以文书和文书工作为主要研究对象的一门学科。文书是指以文字为主要表达方式的信息记录，其内容包罗万象，我国对之有多种分类方法，其中最典型的分类有两种，一种是以 1949 年为界，分为历史文书和现代文书，另一种是按形成领域分为公务文书和私人文书。文书工作是指围绕着文书的拟制、办理、管理所产生的一系列专业活动。

我国的文书学以清末新政和民国时期的行政效率运动为背景，萌生于上个世纪初，形成于五十年代，八十年代以后快速发展，积聚起丰硕的研究成果，归纳起来可以包括以下五个研究领域：

一是对文书本身的研究，包括文书的性质、特点、种类、格式、文本形式等。

二是对文书写作的研究，包括文书的结构、语体、语言、写作方法等。

三是对文书工作的研究，包括文书的办理及管理、行文规则、文书工作的组织形式等。

四是对文书及文书工作史的研究。

五是对现代办公环境下电子文件及其工作的研究。

根据具体的研究对象，我国文书学有广义和狭义之分。

广义文书学的研究对象包括历史和现代各时期的公务文书、私人文书及文书工作，档案学、秘书学、历史学、法学、政治学、文献学等多个领域的学者，对不同历史时期文书和文书工作进行断代和跨代多种角度的研究，形成了丰硕的成果。

狭义文书学的研究对象仅限于现代各类社会组织的公务文书及文书工作。它创建于上世纪五十年代，以目前档案学和秘书学领域的“文书学”课程体系为典型代表，具体研究党政机关及各类社会组织的文书、文书工作、文书写作等方面的理论和方法，在提高机关工作效率、推行由文书或业务部门负责立卷归档制度，以及档案整理等工作中发挥重要作用。

研究文书学的目的是服务文书工作和档案工作现实需要。上个世纪五十年代中国人民大学历史档案系初创文书学课程，在《文书学讲义》中指出，文书学的研究目的“一是为了总结和阐明组织文书工作的原则与方法，不断地提高机关工作的效率，保证机关工作的精确化，有效地为社会主义革命和社会主义事业服务；二是为了改进档案的源泉，为不断地提高档案馆中档案的质量创造条件；三是为档案学家、档案工作者、历史学家在整理档案、利用档案及从事研究提供一些档案产生前的情况，便于更好的进行工作”。

本教材遵循这一初衷，以服务档案工作、满足党政机关和其它各类社会组织办公室文书工作的需要为导向，以狭义文书学研究对象为范围，以现代组织的文书及文书工作为对象，从公文基础知识、文书办理工作、归档工作、公文写作四个方面系统构建课程的知识体系，全面覆盖党政机关及其它各类社会组织文书工作的内容。全书分为四个单元：

第一单元（第一、二、三章）：公文。以传统文书学理论、《党政机关公文处理工作条例》和国家标准《党政机关公文格式》（GB/T 9704—2012）为依据，介绍公文的概念、特点、种类、文种及格式等。

第二单元（第四、五、六章）：文书工作。重点介绍党政机关及其它各类社会组织中的文书工作组织及运转方式，主要包括文书工作的主要内容、性质、工作原则、工作组织方式、行文规则及收发文办理程序等内容。

第三单元（第七、八、九章）：归档文件整理。从严格意义上说，归档工作是文书工作内容之一，但是由于工作方法的专业性较强，内容较多，本书将之单独列为一个单元，介绍归档工作的组织与实施，以及归档文件整理方法。

第四单元（第十、十一、十二章）：公文写作。公文写作是文书工作的有机组成部分，由于其写作日趋专业化，本书第二单元的发文办理部分只讲述公文拟制的工作流程，另设第四单元专门阐述公文的具体写作方法。

由于大多数高校均开设电子文件管理课程，本系列教材也有《GB/T 18894—2016〈电子文件归档与电子档案管理规范〉解读》先期出版，因此本教材不涉及电子文件相关内容。

本教材以培养具有文书工作和文书管理能力的人才为目标，以政府部门、企事业单位文书工作的知识和技能为核心，兼顾社会多种需要设计教材体系和内容，既可作为档案专业人员培训使用，也可以作为高校本科教材使用，同时还可以作为各类社会组织中从事文书和档案工作相关人员、以及其它需要了解掌握文书知识的人员的工作和学习参考。主要具有以下特色：

第一，理论与实践相结合。本教材科学安排教材的内容层次，力求教材内容深入浅出。一方面通过阐释概念、特点、性质、原则、要求等强化理论基础，回答“为什么”的问题；另一方面通过案例、程序、步骤、操作方法等回答“是什么”“怎样做”和“怎样做好”的问题。同时在纸质教材的基础上，研制了多媒体课件，以方便学习者在现代化办公条件下学习和使用。多媒体课件将学习者的能力培养放在首位，以工作技能培养为主线，辅以必要的理论知识，做到深入浅出，明确相关工作的依据、要求和程序，注重基础性、实用性和操作性。

第二，学理与法理相结合。本教材既从学科、专业方面讲述文书和文书工作的基本概念、制度、历史演进等基础内容，系统构建文书学理论知识体系，也从法律法规方面讲解相关规定，将 2012 年中共中央办公厅和国务院办公厅发布的《党政机关公文处理工作条例》、国家质量监督检验检疫总局、国家标准化管理委员会发布的《党政机关公文格式》（GB/T 9704—2012），以及国家档案局近年发布的《机关文件材料归档范围和档案保管期限规定》《企业文件材料归档范围和档案保管期限规定》《机关档案管理规定》《归档文件整理规则》（DA/T 22—2015）、《纸质归档文件装订规范》（DA/T 69—2018）等标准规范中的有关内容与本教材的相关章节做了有机结合，对党政机关企事业单位及其它各类社会组织文书工作工具有直接的指导意义。

第三，在校与在职学习相结合。本教材厚基础重实践，一方面按照科学、简明、适用、通俗、实用的原则设计教材内容，科学构建文书学理论和方法体系；另一方面紧密结合党政机关企业事业单位文书工作实际，突出应用性，既能满足档案工作人员学习了解相关理论知识和规范文书工作，提高工作技能的需要，也能服务于高校档案学、秘书学等专业学生系统掌握文书学的基本理论和技能。

第四，继承与创新相结合。本教材在保持传统文书学的内容体系，承袭、传播文书学的经典理论与方法的同时，紧密结合实际，引入文书及文书工作中的新理论、新知识、新技术、新方法、新经验，并增加了在信息化环境下文书工作的思考。从而保证学习者能够理解文书工作要义，以理论知识为指导进行工作创新和延伸思考。

本教材组由北京联合大学应用文理学院档案学专业“文书学”课程教学团队编写组成，包括校内专业教师沈蕾、王顺，校外教师刘立（北京市档案局）。

沈蕾：拟定教材结构、组织协调、全书统稿；第一章、第二章、第四章、第五章、第六章，第七章第一节，第十章、第十一章、第十二章

王顺：第三章、附录 3

刘立：第七章第二节、第三节，第八章、第九章

目　　录

第一单元　公　　文

第二单元　文书工作

第三单元　归档工作

第四单元　公文写作

第一单元　公　文

第一单元　公文

◉ 公文的概念、特点及类别
◉ 公文的文种及选用原则
◉ 公文的格式及稿本

公文是各类社会组织在处理公务活动时使用的一种重要管理和沟通工具，在各种工作中，每一个职场人员，不论是领导还是员工，都会经常接触和使用公文。但要使用好这一工具，先要对其有基本了解，本单元即介绍公文的概念、文种、格式、稿本等基本内容。

第一章　公文的概念、特点及类别

1 认识公文

- 公文的概念
- 公文的特点
- 公文的类别

公文由法定作者制成和发布，具有法定权威和效用，被用于传递组织的各种正式信息。正确把握公文的概念、特点、类别，是规范使用公文、保证公文质量的基本保证，也是对公文形成准确认识的开始。

第一节　公文的概念

一、文书、公务文书、公文、文件等相近概念剖析

在文书学领域，存在“文书”“公务文书”“公文”“文件”等多个相近概念，并且观点认识不一。本教材在四个单元中分别使用上述概念，在此做简单说明。

1. 文书、公务文书和公文

《辞海》中将“文书”解释为“以文字为主要方式记录信息的一种书面文件”，《现代汉语词典》中“文书”的释义则是：①公文、书信、契约等；②机关或部队中从事公文和书信工作的人员。

一般人们认为“文书”“公务文书”“公文”三个概念并无太大差别，但学界对这些概念的剖析争论则由来已久，至今仍未形成定论。大致可以归纳为以下观点：

第一，我国的文书学实际只研究各类组织在公务活动中形成的文书及文书工作，“文书”与“公务文书”实为同义，而“公文”是“公务文书”的简称，所以三者同义。公文格式、公文种类、文件标题、归档文件、文书工作、文书部门、文书人员等只是在不同的语境下的一些习惯用法。

第二，“文书”包括“公务文书”和“私人文书”，“公文”是“公务文书”的简称。

例如，松世勤在她主编的《文书学基础》（1984）中认为：

> 人们在社会生活中，彼此之间经常发生这样或那样的联系，建立一定的社会关系，日常要处理许多事务。人们处理事务，除用口头等方式以外，还大量地采用书面方式。人们利用书面方式来表达意图、进行联系、记述情况和作为依据。这种

书面材料，就叫做文书。文书在人们的社会生活中使用的范围极为广泛，它往来于个人之间，机关团体之间，机关团体与个人之间，乃至于国际之间，成为处理公私事务不可缺少的工具之一。就文书的形成者和使用范围来说，大致可以分为私人文书和公务文书两大类。

私人文书，是个人、家庭或宗族根据自身处理事务的需要形成和使用的文字材料。例如私人函电、日记、传记、家谱、账目、契约、遗嘱等等，都属于私人文书。它是个人、家庭或宗族用来表达意图、进行联系、记述情况，作为依据的一种手段。

公务文书（简称公文或文件），则是各机关、团体、企事业单位在处理公务活动中形成和使用的文字材料。例如各项法令、决议、指示、通知、报告、计划、规章、合同、契约、公务函电等，都属于公务文书。它们是机关、团体、企业、事业单位办事的依据，是国家管理政务的一种重要手段。[1]

第三，“文书”“公务文书”“公文”的含义各不相同。

例如潘连根在《关于“文件”“文书”“公务文书”“公文”关系的探讨》（2001）一文中认为：

“公务文书”与“公文”应是两个不同的概念，它们的内涵不同，外延是包含与被包含的关系。许多文书学教材将公文的特点概括为：公文必须由法定的作者制成和发布，具有法定的权威和效力，有特定的体式和处理程序等。显然，公文的这些特点不是所有公务文书都具备的，如有的公务文书根本不是由法定作者制成和发布的，有的公务文书并无严格的体式要求，有的公务文书并未经过正规的处理程序。如把不完全符合公文特点的公务文书也列入公文的范围，则很难自圆其说。其实，笔者以为，从量上来说，公文只是公务文书中的一部分；

1　松世勤：《文书学基础》，中国人民大学出版社，1984，第 1 页。

从质上来说，公文应是“价高质优”的公务文书。从具体的严格意义上说，公文应是指由有关公文法规专门规定的、具有标准格式的公务文书，如《国家行政机关公文处理办法》《中国共产党机关公文处理条例》《中国人民解放军机关公文处理条例》等公文法规规定的公文文种。[2]

依此观点，“公文”不是“公务文书”的简称，而是公务文书中具备“以本单位名义形成的，具有法定权威和效力，具有特定体式和处理程序”特点的文书，“文书”“公文”“公务文书”三者的关系可以用下图表示（图 1-1-1 文书、公务文书及公文的概念区分）：

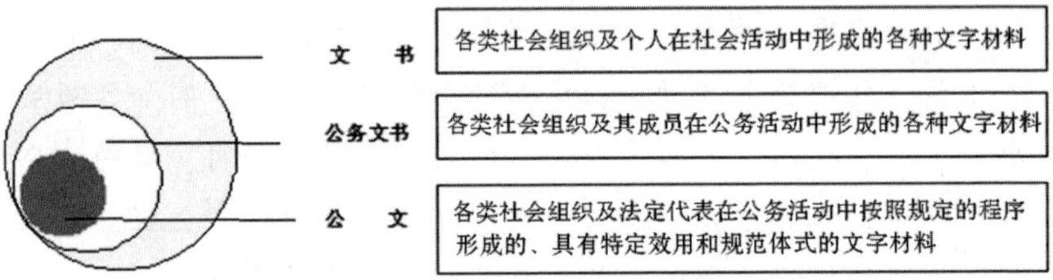

图 1-1-1　文书、公务文书及公文的概念区分

“公文”俗称“红头文件”，是被党政机关及其它各类组织以法规或制度规定了的公文，它们被用于组织内外的正式沟通，必须按照规定的用途、程序和格式要求，以组织的名义制发。

“公务文书”即广义的公文，是党政机关、企事业单位及其它各类社会组织在公务活动中形成的各种文字材料，既包括“公文”，也包括公务活动中形成的其它各种文书。

“文书”是各类社会组织及个人在社会活动中形成的各种文字材料，从文书的时间角度，包括历史文书和现代文书；从文书的公私领域角度，包括公务文书和私人文书。此外还可以有载体形式等多种角度的划分。

2　潘连根. 关于“文件”“文书”“公务文书”“公文”关系的探讨［J］. 浙江档案，2001（02）：9-11.

2. 文件

相较之下，现实社会中“文件”一词在社会多个领域使用，概念的内涵和外延都不甚清楚，在我国文书和档案领域，以下几种观点得到不同程度的支持（图 1-1-2 对文件的含义的多种认识）：

观点一：文件=公文
观点二：文件=公务文书
观点三：文件=文书
观点四：文件=文书（书面材料）+ 其他记录材料
观点五：文件=现行文件+历史文件（文件的内涵同观点四）

图 1-1-2　对文件的含义的多种认识

观点一是将“文件”等同于前文中的公文，至于机关内无正规格式、不在相关的公文法规或规范规定之列的其它各种文字材料则不属于文件。

观点二是将“文件”理解为介于公文与文书之间的事物，即公务文书。认为文件既包括各机关向外发出和收进的公文，也包括机关内部使用的文件及其他书面材料，如簿册、账本、表格等。其中部分人认为，文件只是包括各机关向外发出和收进的公文、机关内部使用的簿册、账本、表格之类的文字材料等则不能称为文件。

观点三是认为“文件”与“文书”是同义词，可以分为公务文件和私人文件两大类。

观点四是认为“文件”不仅包括书面材料，还包括其它载体形式的各种记录材料。例如 1993 年出版的《中国大百科全书 · 档案学分册》将文件定义为“国家机关、社会组织、企事业单位或个人在社会活动中为处理事务、交流信息而使用的各种载体的文字、图表、声像等记录材料”。

观点五是基于我国档案界对“文件”的广义理解，认为“文件”包括文件在整个运动过程（从文件的形成到销毁或永久保存）中形成的（不论其价值形态如何）的各种记录材料。《档案工作基本术语》（DA/T 1—2000）将文件的外延扩大为document和records，即文书和档案，将之定义为“国家机构、社会组织或个人在履行其法定职责或处理事务中形成的各种形式的信息记录”。2011年王健主编的《文书学》中也将文件定义为“组织或个人在各种活动中形成的、具有特定效用的凭证性信息记录”，同时将现行公务文书定义为狭义的文件。

从上述第四、五种观点可以看出，这些“文件”定义的属概念已经超出“文书”或“书面材料”范围，包括各种载体形式的“信息记录”。

本教材研究范围以“文书”为限，因此，只在第三单元讲授归档工作时，按照国家档案局发布的《归档文件整理规则》中的表述方式，使用“文件”一词。

3. 公牍、公文书和官文书

在历史上，与“公文”类似的称谓还有公牍、公文书和官文书等（图1-1-3 公牍、公文书、官文书的联系与区别）。

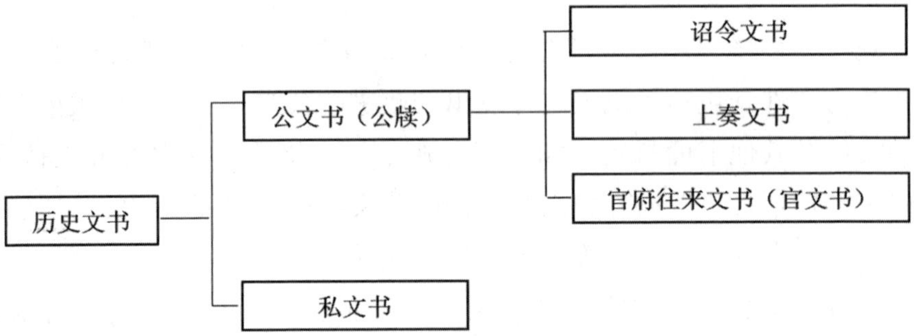

图1-1-3　公牍、公文书、官文书的联系与区别

在中国古代用木简、竹简写文记事的时期，文书又称简牍、文牍。《说文》中，“片”部释为书版，片为半木，书之于版者为牍。文字无论书于竹或木，皆称为牍，例如汉代称诏书为“诏牍”，称奏疏为“奏牍”，私人往来的短札称为“尺牍”。公牍是古代对公文的另一种称谓，以与私人文书相区别。东晋末年公文弃简用纸以后，“公牍”之谓仍为人们所延用。

公文书和官文书也是旧时对公文的称谓，但二者含义略有不同。历史文书一般分为公文书和私文书两类。其中，公文书即公文，包括诏令文书、上奏文书和官府往来文书三个部分，官文书则主要是官府往来文书，例如《唐律疏议·职制律》对“稽缓制书”条的疏议曰：“官文书者，谓在曹常行，非制敕、奏抄者。”即官文书只是为官府间日常使用的文书，不包括以皇帝名义发布的诏令文书和臣僚上于皇帝的上奏文书。

二、公文的定义

目前我国“公文”的定义主要有两类，一类是各类公文法规中的定义，一类是著作、教材、论文中的学术定义。

1. 公文法规中的定义

从20世纪50年代起，我国党政机关和军队多次发布公文处理办法或条例，其中都明确给出了公文的定义，最初是采用功用定义的方法来体现种差的不同，大致在1993年以后，在功用定义的基础上，又普遍兼用了性质定义的方法，以更准确地概括公文的内涵，而且也是在1993年以后，所有定义无一例外，均指出公文“具有法（特）定效力和规范体式”（见表1-1-1我国各类机关公文处理办法或条例中的公文定义）。

表1-1-1 我国各类机关公文处理办法或条例中的公文定义

发布年代	发布机关	文件名称	公文的定义
1951	中央人民政府政务院	公文处理暂行办法	公文是政府机关宣布和传达政策、法令，报告、商洽和指导工作，交流经验的一种重要工具。
1981	国务院办公厅	国家行政机关公文处理暂行办法	国家行政机关的公文，是传达贯彻党和国家的方针、政策，发布法规，请示和答复问题，指导和商洽工作，报告情况，交流经验的一种重要工具。

续表

发布年代	发布机关	文件名称	公文的定义
1987	国务院办公厅	国家行政机关公文处理办法	国家行政机关的公文(包括电报),是传达贯彻党和国家的方针、政策,发布行政法规和规章,请示和答复问题,指导和商洽工作,报告情况,交流经验的重要工具。
1992	中央军委办公厅	中国人民解放军机关公文处理条例	军队机关公文,是军队各级机关在处理公务中形成和使用的具有法定效力和规范体式的文书;是传达贯彻党中央,国务院,中央军委的方针政策,下达任务,发布军事法规,军事规章,布置和指导工作,请示和答复问题,报告情况,交流经验的重要工具;是军队各级机关行使职能的重要手段。
1993	国务院办公厅	国家行政机关公文处理办法	行政机关的公文(包括电报),是行政机关在行政管理过程中所形成的具有法定效力和规范体式的公务文书,是传达贯彻党和国家的方针、政策,发布行政法规和规章,施行行政措施,请示和答复问题,指导、布置和商洽工作,报告情况,交流经验的重要工具。
1996	中共中央办公厅	中国共产党机关公文处理条例	党的机关的公文,是党的机关实施领导、处理公务的具有特定效力和规范格式的文书,是传达贯彻党的路线、方针、政策,指导、布置和商洽工作,请示和答复问题,报告和交流情况的工具。

续表

发布年代	发布机关	文件名称	公文的定义
1996	最高人民法院	人民法院公文处理办法	人民法院的公文（包括电报，不含诉讼文书），是人民法院在审判工作和行政管理过程中形成的具有法定效力和规范体式的公务文书，是贯彻党的方针、政策，执行国家法律，发布司法解释，指导、布臵和商洽工作，请示和答复问题，报告情况，交流经验的重要工具。
2000	国务院	国家行政机关公文处理办法	行政机关的公文（包括电报），是行政机关在行政管理过程中形成的具有法定效力和规范体式的文书，是依法行政和进行公务活动的重要工具。
2001	全国人大常委会办公厅	人大机关公文处理办法	人大机关的公文，是人大及其常委会在依法行使各项职权过程中形成的具有特定效力和规范格式的文书，是发布法律、地方性法规、决定、决议、公告，指导、布置和商洽工作，请示和答复问题，报告和交流情况的重要工具。
2005	中央军委	中国人民解放军机关公文处理条例	军队机关公文，是军队机关处理公务中形成的具有法定效力和规范体式的文书，是军队机关履行职能的重要工具。
2012	中共中央办公厅 国务院办公厅	党政机关公文处理工作条例	党政机关的公文是党政机关实施领导、履行职能、处理公务的具有特定效力和规范体式的文书，是传达贯彻党和国家方针政策，公布法规和规章，指导、布置和商洽工作，请示和答复问题，报告、通报和交流情况等的重要工具。

续表

发布年代	发布机关	文件名称	公文的定义
2012	最高人民检察院	人民检察院公文处理办法	人民检察院公文(包括纸质公文、电子公文和传真电报)是人民检察院实施领导、履行职能、处理公务的具有特定效力和规范体式的文书,是传达贯彻党和国家的方针政策,执行国家法律,发布司法解释,部署、指导和商洽工作,请示和答复问题,报告、通报和交流情况等的重要工具。
2017	中央军委办公厅	军队机关公文处理工作条例	军队机关公文是军队机关处理公务的具有特定效力和规范体式的文书,是军队机关履行职能的重要工具。

2. 文书学著作或教材中的定义

在专业著述中的定义基本上都是采用性质定义的方法,但是由于学者们对公文的属概念和种差存在多种认识,也就产生了多种定义。我们仅以 20 世纪 80 年代以来出版的一些文书学教材中的定义为例,即可窥其一斑(见表 1-1-2 我国文书学教材中的公文定义举例):

表 1-1-2　我国文书学教材中的公文定义举例

作者	著作名称	关于公文的定义
郑崇田	公文概述(1985)	“公文”,是公务文件的总称,也是简称。它是各机关、团体、单位之间用以报告或请示工作、公布或通知事宜、联系或商洽问题的文字凭证。
松世勤	文书学(1986)	公务文书通常又叫公务文件,或者简称为公文、文件,是法定机关与组织按照特定的体式,经过一定处理程序制成的书面文字材料,作为传达意图,办理公务与记载工作活动的一种工具。

续表

作者	著作名称	关于公文的定义
松世勤	文书学基础（2002）	公务文书（多数情况下简称文件或公文）是机关、团体、企业、事业单位在公务活动中形成和使用的文字材料，它是机关之间、机关与人民群众、以及机关内部用来记述情况、表达意图、联系工作、处理公务的文字依据，是国家管理政务的一种重要工具。
李士竹	文书学（2006）	公文是机关、团体、企事业单位及其他社会组织（以下简称机关）在处理公务活动中形成和使用的具有法定效力和规范体式（包括公文的文体和格式）的各种形式和载体的文件材料。它是机关之间、机关与群众之间，以及机关内部用来记述情况、表达意图、联系工作、处理公务的依据，是国家管理政务的一种重要工具。
赵国俊	公文写作与处理（2011）	公文是国家机构与其他社会组织在公务活动中为行使职权、实施管理而制发的具有法定效用和体式的文件。
王健	文书学（2015）	公务文件（简称公文）是社会组织在公务活动中形成的具有法定效力和规范体式的凭证性信息记录。

综合上述材料，可以看出，各机关公文法规或规定中均是就本机关使用的公文做出定义，文书学著作或教材中的定义则是就机关、团体、企事业单位及其他社会组织的公文做出定义，但其共性是，普遍认同公文是以各类组织名义形成、具有法定权威和效力以及规范体式、并经过一定处理程序形成。

本节知识检查站：

一、请回答下列问题

1. 党政机关公文的定义是什么？

2. 我国文书学教材中公文的定义和公文法规中公文的定义有什么异同？

二、延伸思考

1. 我国各类机关公文处理办法或条例中公文的定义在“公文”一词前都加上了像“国家行政机关的”“党政机关的”“人大机关的”这样的限定词，这是为什么？除此以外，从这些定义中你还发现了什么吗？在这些定义中，公文的属概念是什么，种差又是什么？

2. 你认为公文、公务文书、文书、文件几个概念之间是什么关系？

第二节　公文的特点

公文是公务文书中的一类，它以其鲜明的特点区别于其它各种书面材料，归纳起来主要表现在以下四个方面：

一、公文由法定作者制成和发布

公文的法定作者又称公文的作者或公文的责任者，是指依法成立并能以自己的名义行使法定的职能权力和担负一定责任和义务的机关、组织或代表机关组织的领导人。

从我国的实际情况看，公文的作者主要包括以下几类（见表 1-2-1 公文作者的类别）：

表 1-2-1　公文作者的类别

公文的作者	党政机关、企事业单位及其它依法成立的各类社会组织
	能代表本机关、组织的领导人
	机关、组织下设的办公厅（室）及其他部门
	部门的内设机构

1. 党政机关、企事业单位及其它依法成立的各类社会组织

我国各级党政机关、企事业单位及其它依法成立的各类社会组织，及能代表本机关、组织的领导人，都是公文的法定作者。另外，《党政机关公文处理工作条例》规定，新设立的机关应当向本级党委、政府的办公厅（室）提出发文立户申请，经审查符合条件的，才能列为发文单位。

2. 能代表本机关、组织的领导人

在法律规定的范围内，各机关、组织的领导人以公职身份发布公文，也就成为法定作者。如“中华人民共和国主席令”，是以中华人民

共和国主席的公职身份发布，并且是中华人民共和国宪法赋予的权力。按照我国宪法规定，“中华人民共和国主席根据全国人民代表大会的决定和全国人民代表大会常务委员会的决定，公布法律，任免国务院总理、副总理、国务委员、各部部长、各委员会主任、审计长、秘书长，授予国家的勋章和荣誉称号，发布特赦令，宣布进入紧急状态，宣布战争状态，发布动员令。”

3. 各类组织下设的办公厅（室）及其它部门

（1）办公厅（室）

《党政机关公文处理工作条例》规定，党委、政府的办公厅（室）根据本级党委、政府授权，可以以办公厅（室）的名义向下级党委、政府行文。办公厅（室）可以制发的公文用于传达本机关领导的指示、答复下级机关的请示、转发上级机关和不相隶属机关的文件、批转下级机关的文件、发布有关事项、向上级机关报告、请示工作等，所以也是一类公文作者。

（2）部门

部门是指党政机关内与办公厅（室）同级的组成部门和直属机构等。例如外交部、国家发展和改革委员会、科学技术部、国家民族事务委员会、国家安全部、司法部、人力资源和社会保障部、中国人民银行、国防部等 26 个部委为国务院政府部门。

《党政机关公文处理工作条例》中规定，党委、政府的部门经本级党委、政府同意或者授权后，可以向上级主管部门请示、报告重大事项；可以向上级主管部门直接报送属于部门职权范围内的事项；可以在各自职权范围内向下级党委、政府的相关部门行文和相互行文。所以，党政机关、企事业单位及其它各类社会组织的部门也是公文的制发主体之一。

4. 部门内设机构

部门内设机构是指党政机关内部工作机构，例如国务院各部委中的办公厅、以及各司、局、处等即属此列。部门内设机构不具备法人资格，不能单独使用本机构的名义对外行使职权，但《党政机关公文处理工作条例》规定，部门内设机构除办公厅（室）外不得对外正式行文，但可以在职权范围内与相应机关的内设机构以函的形式联系工作。所以部门内设机构也是一类发文主体。

在各组织系统中，领导机关与办公厅（室）、职能部门各司其职，可以在其权限内制发公文。一般情况下，全局性、方针政策性工作，以机关的名义发文；有明确规定的业务性工作，以分管该项业务的职能部门的名义发文；具体行政事务性工作，以办公厅（室）的名义发文。

公文最终都是以机关组织的名义发布，参与公文制发环节的相关人员，如公文的起草人、签发人、打印排版和校对人等，均是在履行组织赋予的责任，不是公文的作者。

二、公文形成于公务活动

公务活动是指国家机关、团体、企事业单位及其它社会组织在其职权范围内所进行的各种事务活动。以党政机关为例，公文主要产生于传达贯彻党和国家方针政策，公布法规和规章，指导、布置和商洽工作，请示和答复工作中的问题，报告、通报和交流工作情况等活动。

公文必须形成于公务活动、反映公务，并以本组织职权范围内的公务为限，既不能超出本组织职权范围，也不能打着组织的名义行个人之实。

三、公文具有法定权威和特定效用

1. 公文具有法定权威

“法定”是指由法律、法规所规定。公文的法定权威是指各类依法设立的社会组织在规定的职权范围内行使权力和开展活动所制发的公文，具有不可置辩的权威性。使用公文传达贯彻党和国家的路线、方针、政策，指导、布置和商洽工作，请示和答复问题，报告和交流情况，代表了组织的意志，是依照有关公文法规和规定规范制作和使用，对受文单位和个人有直接的约束力和强制性影响。

2. 公文具有特定效用

公文的特定效用包括下列几种情况：

首先，公文在特定的组织范围内发挥特定的效用。不同的国家机关和各类社会组织，具有不同的权利和职能范围，公文的效用也不尽相同。例如，2012年中共中央办公厅和国务院办公厅发布的《党政机关公文处理工作条例》规定，党政机关的公文是党政机关“传达贯彻党和国家方针政策，公布法规和规章，指导、布置和商洽工作，请示和答复问题，报告、通报和交流情况等的重要工具”；2017年中央军委办公厅发布的《军队机关公文处理工作条例》则规定，“军队机关公文是军队机关处理公务的具有特定效力和规范体式的文书，是军队机关履行职能的重要工具”。我国其它机关和各类社会组织也都是单独对本系统和组织的公文使用做出规定，不同系统和组织具有不同的职责，公文的效用也各有不同。

其次，不同的公文文种有不同的效用。按照《党政机关公文处理工作条例》，每一个文种都有各自的适用范围，其效用各不相同，不能混用和错用。

再次，公文的效用是现行效用，即公文只在一定的时间和空间范围内产生效力影响。各类社会组织制发的公文都是针对现实的工作活动，并且依公文的内容不同，相应公文产生效力影响的时间范围有长有短，空间范围有大有小。例如，北京市人民政府发布《关于2020年“十一”国庆节期间对部分道路采取交通管理措施的通告》，宣布将在“十一”国庆节期间对相应路段实行交通管制，这份公文的现行效用只限于2020年“十一”国庆节期间，过后则不再具有执行效力。而2012年中共中央办公厅和国务院办公厅联合发布的《党政机关公文处理工作条例》则自2012年7月1日起，直至下一次新的公文处理工作条例发布并且执行之前，对各党政机关的公文工作都具有现实约束效力。

四、公文具有规范的体式和办理程序

公文的体式是指公文的文体和格式。公文必须通过规范的体式来保证和显示公文的权威性、合法性、有效性、严肃性和准确性等，在内容上要符合公文的表达和写作规范，外观上要严肃庄重并有清晰的辨识度。2012年颁布的《党政机关公文格式》（GB/T 9704—2012），对党政机关公文的所有格式要素做出了详细规定，党政机关公文格式排版必须以此为依据。

我国党政机关企事业单位根据多年的文书工作实践，总结出一套周密有效的发文和收文办理程序，并将之上升为公文法规的重要组成部分。发文办理程序是指发文单位从撰拟、审核、签发直至制作、发出全过程应该完成的工作；收文办理程序则是指收文单位从公文签收直至办理完毕答复来文单位全过程应该完成的工作。规范的办理程序则是公文质量和文书工作效率的保证。

本节知识检查站：

一、请回答下列问题：

1. 公文的特点是什么？

2. 如何理解“公文是由法（特）定作者制成和发布”这句话？

3. 公文有哪些效用？

4. 为什么公文具有权威性？

5. A 机关要向 B、C 两个机关发出一份《××单位关于×××××的通知》，由办公室小张起草，办公室主任审核，单位负责人签发，打字室小赵打印排版，请问这份通知的作者是谁？

6. 计划和总结是“公文”吗？

二、延伸思考：

1. 公文与小说等文学作品、新闻报道、日记有什么不同？

2. 如何理解公文必须产生于公务活动这句话？

第三节　公文的类别

平时我们在不同场合可以见到“行政公文”“企业公文”“通用公文”“专用公文”“常用公文”“紧急公文”“绝密公文”“电子公文”“纸质公文”“上行文”“下行文”“平行文”等多种不同称谓。这是根据不同的划分标准对公文种类进行分类的结果。

一、按公文的载体形式划分

在人类文明的历史进程中，我国公文的载体形式经历了甲骨、金石、简牍、缣帛、纸质、电子等形式。目前，我国各类机关组织公文的载体形式主要有两类：

1. 纸质公文

即以纸张为载体的公文，它是公文的传统载体，目前也依然是公文主要的载体形式。

2. 电子公文

即借助电子计算机和网络系统形成和处理的公文，随着我国电子政务和信息化建设的深入开展，其数量日益增多。

二、按公文的来源划分

1. 发文

是指由本机关制作并发出的公文，其中向本机关以外其它机关和组织发出的公文又称为外发文，向本机关内部各机构发出的公文称为内发文。

2. 收文

是指本机关收到的各种公文，其中既包括外部其它机关或组织发来的公文，也包括本机关内部各机构发来的公文。

三、按公文的行文方向划分

1. 下行文

是指具有领导和指导职能的上级机关或部门向所属下级机关或部门发出的公文。

2. 上行文

是指下级机关或部门向具有领导和指导关系的上级机关或部门发出的公文。

3. 平行文

是指同级或不相隶属机关或部门之间互相发送的公文。

四、按公文的保密等级划分

按照中华人民共和国国家标准《文献保密等级代码与标识》（GB/T 7156—2003）规定，文献（记录有知识和信息的一切载体）的保密等级分为五级，这个标准同样适用于公文。

1. 公开级公文

可以在国内外公开发布的公文。

2. 限制级公文

内容不涉及国家机密（国家秘密是指关系国家的安全和利益，依照法定程序确定，在一定时间内只限一定范围内人员知悉的事项），但在一定时间内限制其发布和使用范围的公文。

3. 秘密级公文

内容涉及一般国家秘密的公文。

4. 机密级公文

内容涉及重要国家秘密的公文。

5. 绝密级公文

内容涉及最重要的国家秘密的公文。

五、按办理时限划分

1. 特急件

是指内容特别重要而且紧急，需要以最快的速度优先办理的公文。

2. 加急件

是指事情紧急，需要在规定的时限内优先办理的公文。

3. 平件

是指无特殊要求，可以按照正常办理程序处理的公文。但目前各机关单位为了提高办事效率，也会对这类公文提出办理时限时间要求。

六、按公文的性质划分

（一）法规规章方面的公文

根据《中华人民共和国立法法》规定，我国的法规规章主要包括：

1. 法规

（1）行政法规。由国务院根据宪法和法律制定，一般称条例，也可以称办法 、规定等，根据全国人大及常委会授权制定的行政法规称暂行条例或暂行规定，由总理签署国务院令公布。

（2）地方性法规。由省、自治区、直辖市的人民代表大会及其常务委员会根据本行政区域的具体情况和实际需要，在不同宪法、法律、行政法规相抵触的前提下制定。

（3）自治条例和单行条例。由民族自治地方的人民代表大会依照当地民族的政治、经济和文化的特点制定。

2. 规章

（1）国务院部门规章。由国务院各部、委员会、中国人民银行、审计署和具有行政管理职能的直属机构根据法律和国务院的行政法规、决定、命令，在本部门的权限范围内制定，由部门首长签署命令公布。

（2）地方政府规章。由省、自治区、直辖市和较大的市的人民政府根据法律、行政法规和本省、自治区、直辖市的地方性法规制定，由省长、市长或自治区主席签署命令公布。

规章的名称一般称规定、办法，但不得称条例。

按照有关规定，行政法规和规章不能直接发布，需要由国务院、政府部门、地方政府使用行政公文中的文种“令（命令）”进行公布。

（二）行政公文

是党政机关、企事业单位和其它各类社会组织在行政管理活动中使用的公文。具体又可以分为指挥决策性公文、公布知照性公文、报请商洽性公文、日常事务性公文几类。

（三）外事公文

是国家在处理国际事务，对外交往时所使用的公文，如照会、国书、备忘录等。

七、按公文作者的类型划分

党政机关、企事业单位和其它各类社会组织在公务活动中都可以形成和使用公文，都可以是公文的作者，所以公文又可以分为党政机关的公文、人大机关的公文、军队机关的公文、司法机关的公文、检察机关的公文、企业的公文等多种类型。

八、按公文的规格划分

2007 年国务院办公厅制定的《关于国务院办公厅精简会议文件改进会风文风的意见》中，要求通过控制文件规格的方式，精简文件，具体措施包括：

> 能以国务院办公厅名义印发的，不以国务院名义印发；能以函的形式（指公文格式中区别于“文件格式”的“信函格式”）印发的，不以文件形式印发；能以“白头”文件（指没有《国家行政机关公文格式》规定的眉首即没有“红头”部分的文件）印发的，不印发红头文件；属于部门职责范围的，原则上均由部门发文。

因此，按公文的规格划分，党政机关的公文可以分为以下几类：

1. 文件式公文和信函式公文

（1）文件式公文

主要用于重大、全局性事项，或对上级单位的重要行文，需要按照

《党政机关公文格式》中规定的文件格式（又称通用格式）制作。

（2）信函式公文

主要用于一般性、非普发性事项，需要按照《党政机关公文格式》中规定的信函格式制作。不过，信函式公文是一种公文的形式，不是文种，意见、通知、批复、函等均可以视需要采用这种形式。相对于文件式公文而言，信函式的公文格式相对简单。

2. 红头文件和白头文件

（1）红头文件

即按照《党政机关公文格式》规定的文件式和信函、命令（令）、纪要格式制作的文件。

（2）白头文件

是指不需按照《党政机关公文格式》规定制作版头（即“红头”部分）的文件，其规格要低于红头文件。

3. 以不同名义制发的公文

（1）以机关（组织）名义制发的公文

是机关所有公文中规格最高的一类公文，遇有重大、全局性事项以及对上级单位的重要行文，需要以本机关的名义制作和发布，但可以视具体情况分别使用文件式或信函式。

（2）以办公厅（室）和部门名义制发的公文

在效力上等同于以机关名义制发的公文，但规格稍次于以机关名义制发的公文，行文时主要视公文事项的重要程度决定分别选择以机关的名义或以办公厅（室）的名义行文。

（3）以部门名义制发的公文

主要指各级政府部门制发的公文，如国务院组成部门、各级地方政府机构等，各企事业单位中的各处室等职能部门实际属于内设机构，不在此列。

（4）以部门内设机构名义制发的公文

由于内设机构不是法人机构，不能对外承担民事刑事责任，所以只能在权限范围内与相应机关的内设机构以函的形式联系工作，不能制发文件式公文。

九、按公文的使用范围划分

我国各类社会组织所使用的各种公文，使用范围并不完全相同，有的可以在社会范围内通行，有的只在局部范围内使用。

1. 通用公文

即本章第一节所介绍的“公文”（或称法定公文），是指党政机关及其它各类社会组织在管理活动中向社会发布信息或互相沟通往来时使用的各种公文。这样的公文必须有基本一致的使用方式和体式才能通行于各类社会组织，所以要有规范的名称、适用范围、外在表现形式（格式），并遵守相应的行文规则。

2. 专用公文

是指一些专业部门和系统内部（如军事、外交、司法等）根据特定的工作内容和要求制作的公文。这样的公文只是在一定的范围内使用，有其自身的类型系列及特定的格式和处理要求。

3. 常用公文

是指公务文书中除公文以外经常使用的各种文书。这类文书的典型特点是没有规范的文种定义和格式要求，只在组织内部使用，如果需要向外发出或在组织内部正式发布时，应该作为通用公文的附件。

本节知识检查站

一、请回答下列问题

1. 什么是通用公文？
2. 按照行文方向划分，公文可以分为哪几类？
3. 按保密等级划分，公文可以分为哪几类？
4. 法规和规章有什么不同？
5. 什么是文件式公文，它和信函式公文有什么不同？

二、延伸思考

为什么公文要规定不同的规格？

第二章　公文的文种及选用原则

2 认识公文

- 文种的历史变迁
- 党政机关公文文种
- 选择文种的原则

文种即公文种类。各类组织在书面沟通中，都会根据需要确定自己的文种体系，并就每种公文的用途（适用范围）和名称做出规定，每一种公文适用范围不同，发挥的作用不同，产生的效用也不相同，例如2012年中共中央办公厅和国务院办公厅发布的《党政机关公文处理工作条例》，规定党政机关实施领导、履行职能、处理公务时使用15个文种：决议、决定、命令（令）、公报、公告、通告、意见、通知、通报、报告、请示、批复、议案、函和纪要，这15个文种分别有特定的适用范围，供党政机关根据具体情况选择使用。

第一节　1949 年以来党政机关公文文种的发展演变

党政机关公文文种并不是一成不变的，1949 年中华人民共和国成立后，党和政府先后 10 次制定和发布公文处理工作规定，其中都对文种做出了具体的规定，并且每一次均对文种名称和文种的适用范围做出相应的调整。

一、1951 年中央人民政府政务院发布的《公文处理暂行办法》

其中规定的文种为 7 类 12 种：报告、签报；命令；指示；批复；通知、通报；布告、通告、公告；公函、便函。

二、1957 年国务院秘书厅发布的《关于对公文名称和体式问题的几点意见》(稿)

其中文种规定仍为 7 类 12 种，但文种进行了较大的调整，包括命令、令；指示；报告、请示；批复、批示；通知、通报；通告、布告；函。

三、1964 年由国务院办公厅发布的《公文处理试行办法》(倡议稿)

将公文种类调整为 10 类 12 种，即命令（令）；指示；批复、答复；批转；通知；通报；报告；请示；布告、通告；函。

四、1981 年国务院办公厅发布的《国家行政机关公文处理暂行办法》

将公文种类规定为 9 类 15 种，分别为命令、令、指令；决定、决议；指示；布告、公告、通告；通知；通报；报告、请示；批复；函。

五、1987年国务院办公厅发布的《国家行政机关公文处理办法》

将公文种类规定为10类15种，即命令（令）、指令；决定、决议；指示；布告、公告、通告；通知；通报；报告、请示；批复；函；会议纪要。

六、1989年中共中央办公厅发布的《中国共产党各级领导机关文件处理条例（试行）》

将党的机关文件种类规定为13种，分别为公报；决议；决定；指示；条例；规定；通知；通报；请示；报告；批复；会议纪要；函。

七、1993年国务院办公厅发布的《国家行政机关公文处理办法》

将公文种类确定为12类13种，即命令（令）、议案；决定；指示；公告、通告；通知；通报；报告；请示；批复；函；会议纪要。

八、1996年中共中央办公厅修订发布的《中国共产党机关公文处理条例》

规定了14个文种，即决定；指示；意见；通知；通报；公报；报告；请示；批复；条例；规定；函；会议纪要。

九、2000年国务院发布的《国家行政机关公文处理办法》

规定了13个文种，即命令（令）、决定；公告；通告；通知；通报；议案；报告；请示；批复；意见；函；会议纪要。

十、2012年中共中央办公厅和国务院办公厅印发的《党政机关公文处理工作条例》

规定了15个文种，即决议、决定、命令（令）、公报、公告、通告、意见、通知、通报、报告、请示、批复、函、议案、纪要。

表2-1-1是1951年至2012年党政机关对公文文种不断调整的过程体现。

表2-1-1　1951至2012年党政机关公文文种的调整情况

年份	文种规定																								备注
1951	命令		指示			批复					布告	公告	通告	通报		通知	报告		签报	公函	便函				行政机关
1957	命令	令	指示			批复	批示				布告		通告	通报		通知	报告	请示		函					行政机关
1964	命令（令）		批示			批复	答复				布告		通告	通报	批转	通知	报告	请示		函					行政机关
1981	命令（令，指令）		指示			批复			决定	决议	布告	公告	通告	通报		通知	报告	请示		函					行政机关
1987	命令（令，指令）		指示			批复			决定	决议	布告	公告	通告	通报		通知	报告	请示		函		会议纪要			行政机关
1989			指示	条例	规定	批复		公报	决定	决议				通报		通知	报告	请示		函		会议纪要			党的机关
1993	命令（令）		指示			批复			决定			公告	通告	通报		通知	报告	请示		函		会议纪要	议案		行政机关
1996			指示	条例	规定	批复		公报	决定	决议				通报		通知	报告	请示		函		会议纪要		意见	党的机关
2000	命令（令）					批复			决定			公告	通告	通报		通知	报告	请示		函		会议纪要	议案	意见	行政机关
2012	命令（令）					批复		公报	决定	决议		公告	通告	通报		通知	报告	请示		函		纪要	议案	意见	党政机关

第二节 现行党政机关公文文种

党政机关的公文是党政机关实施领导、履行职能、处理公务的具有特定效力和规范体式的文书，是传达贯彻党和国家的方针政策，公布法规和规章，指导、布置和商洽工作，请示和答复问题，报告、通报和交流情况等的重要工具。同时，由于其它各类社会组织都要经常使用公文与党政机关进行各种联系，在使用中要参照党政机关公文的用法，它还是目前我国社会上影响最广泛的公文，所以本节专门学习党政机关公文的文种及相应的适用范围。

一、决议

适用于会议讨论通过的重大决策事项。是党的机关专用的一个下行文文种，国家行政机关一般不使用。

所谓重大决策事项是指对重大问题的处理或重要工作事项，必须经过党的较高层次的会议讨论通过后，才能发布。例如《中国共产党第十九次全国代表大会关于〈中国共产党章程（修正案）〉的决议》即是2017年10月24日中国共产党第十九次全国代表大会通过后发布。

二、决定

适用于对重要事项做出决策和部署、奖惩有关单位和人员、变更或者撤销下级机关不适当的决定事项。

决定以机关的名义直接发布，不必须使用会议的名义发布。

三、命令（令）

适用于公布行政法规和规章、宣布施行重大强制性措施、批准授予和晋升衔级、嘉奖有关单位和人员。

命令（令）需要由各级行政机关按照法律规定的权限，由法定代表签署发布，党的机关不使用。

四、公报

适用于公布重要决定或者重大事项。

一般通过新闻媒体公开发布，所公布的内容为党内外、国内外普遍关心的重大事项或重要决定。

1. 会议公报：由党的机关使用，以党的全国代表大会及其中央委员会名义发布，如《中国共产党第十九届中央委员会第四次全体会议公报》。

2. 联合公报：以政党或国家名义发布，如《中俄总理第二十五次定期会晤联合公报》。

3. 由国家或省区市职能部门发布的公报：如统计公报、环境公报等。

我国各级政府机关另外还有一种政府公报，分为中央政府公报和地方各级政府、各机关公报。这种政府公报并不是公文文种，是由《国家立法法》规定的定期刊登出版政府规章的标准文本，其上刊登的规章、政策具有“红头文件”同等效力，是行政复议和诉讼的依据。

五、公告

适用于向国内外宣布重要事项或者法定事项，党的机关一般不使用。使用公告公布的事项大致可以分为以下两类：

1. 重要事项：是指关系到国家政治、军事、经济、文化、科技、外交等方面需要向国内外公开发布的重要事项。

2. 法定事项：即依照国家有关法律法规或法定程序向国内外公开的事项。

在社会生活中，可以使用公告向国内外公开的法定事项很多，所以，发布这类公告的主体不仅限于国家行政机关，例如：

《中华人民共和国专利法》规定，申请人向国务院专利行政部门递交专利申请，国务院专利行政部门受理后需要在定期发布的专利公告予以公告。

《中华人民共和国公务员法》规定，国家行政机关录用公务员应当发布招考公告。

《中华人民共和国公司法》规定，股份有限公司成立后，应当进行公告。

《中华人民共和国土地管理法》规定，国家征用土地的，依照法定程序批准后，由县级以上地方人民政府予以公告并组织实施，此即国家土地征用公告。

除此以外，还有依据《中华人民共和国商标法》发布的商标注册公告、依据《中华人民共和国企业法人登记管理条例》发布的企业法人登记公告、依据《中华人民共和国招标投标法》发布的招标公告等。

公告大多是通过新闻媒体向国内外公开发布，但其内容要比公报更为简要。

六、通告

适用于在一定范围内公布应当遵守或者周知的事项，党的机关一般不使用。

使用通告公布的事项为两类，一是应当遵守的事项，如《北京市人民政府关于空气重污染橙色红色预警期间禁止燃放烟花爆竹的通告》，二是应当周知的事项，如《北京市人民政府关于实施工作日高峰时段区域限行交通管理措施的通告》。

这些事项具有公开性，但一般不属于国家层面的重大事项，只是针对社会某一特定范围内的某一方面，需要辖区范围内机关、群众周知或遵守的事项，所以只需在一定范围内通过张贴或新闻媒体公开发布。

七、意见

适用于对重要问题提出见解和处理办法，而且不限定行文方向。

1. 作为下行文的意见

上级机关使用“意见”向下级机关提出指导性见解和处理办法，

文中对贯彻执行提出明确要求的，下级机关应当遵照执行。

2. 作为上行文的意见

下级机关使用“意见”就某些问题向上级机关提出见解和建议，上级机关对其按请示性公文的程序和要求办理。

3. 作为平行文的意见

平行机关之间也可使用“意见”就某项工作向对方提出参考性建议，并以函的形式制发。

上述三种“意见”所针对的问题均仅限于重要问题，而且要对问题做出全面中肯的分析，提出切实可行的解决办法或措施。

八、通知

适用于发布、传达要求下级机关执行和有关单位周知或者执行的事项，批转、转发公文。

1. 发布性通知

即以本机关或办公厅（室）的名义向下级机关或部门发布需要执行或周知的事项。

（1）需要执行的事项

一是指示性通知，用于在开展某项工作时，或针对工作中出现的带有普遍性的问题，对下级机关作出工作部署、提出管理措施、制订有关政策等。

二是印发性通知，即将本机关制定的除法律法规之外的规范（规定、办法、细则等）和其它一些需要执行的文件（方案、计划、发展纲要、规划、领导讲话等）印发给下级机关。

（2）需要周知的事项

主要用于要求有关单位知晓的事项。机构和人事调整、人事任免、启用或作废公章、机构名称或隶属关系变更、办公地址迁移等信息都应使用通知发布。

2. 转文性通知

即以本机关或办公厅（室）的名义向下级机关批转或转发其他单位的来文，其中，当所转之文为上级机关、同级机关或不相隶属机关的公文时称为“转发”，所转之文为下级机关的公文时称为“批转”。例如：

国务院批转国家发展改革委关于2017年深化经济体制改革重点工作意见的通知

国务院办公厅转发国家发展改革委关于深化公共资源交易平台整合共享指导意见的通知

九、通报

适用于表彰先进、批评错误、传达重要精神和告知重要情况，仅限于向下级机关、部门及本机关内部使用。

表彰通报主要用于表彰先进单位和个人，介绍先进经验或事迹，树立典型，并提出有关工作要求和希望；批评通报主要用于通报问题、批评错误，以示警戒和要求有关方面吸取教训；情况通报主要用于在一定范围内通报重要工作情况和动向，以指导有关工作。

十、报告

适用于向上级机关汇报工作、反映情况，回复上级机关的询问。

1. 工作报告

即用于定期或不定期地向上级机关或法定机关汇报工作的报告。汇报的内容可以是一个时期以来本单位、本系统、本地区各项工作开展情况的综合性报告，也可以是就具体某项工作所进行的专题性报告。

2. 情况报告

用于向上级反映工作中遇到的新情况、新问题，特别是突发事件、意外事故、特殊情况、倾向性问题等，以便于上级机关及时了解和获得据以决策的信息和材料。另外汇报个别问题的处理情况、反映正常工作秩序之外的社会动态、民情、社情等情况时，也使用该文种。

3. 答复报告

既包括下级机关答复上级机关或领导询问的情况、交办事项办理情况的报告，也包括政府机关答复各级人大代表、政协委员等提出的意见、建议、提案的办理情况时使用的报告。

4. 报送文件和物品的报告

是指下级机关向上级机关报送计划、总结、方案、调查报告等非正式文种的文件，或一些与工作相关的物品时使用的报告。

十一、请示

适用于向上级机关请求指示、批准。

1. 请求批准事项的请示

请求批准的请示，主要用于超出本级机关职责权限的事项，请求上级机关批准有关方案、规划，审批某些项目、指标，批转有关办法、意见等。

2. 请求上级指示的请示

主要用于对上级机关制定的有关政策、规定中尚未明确的问题，或者在工作中遇到难以把握的问题，请求上级机关予以答复或指示。

一般情况下，下级机关的请示应该报送给所隶属的直接上级机关，上级机关收到下级机关的请示后，则应及时研究做出答复。

“报告”和“请示”同为党政机关企事业单位广泛使用的两个上行文文种，二者适用范围不同，却有很深的历史渊源。

1951 年 9 月 29 日中央人民政府政务院颁布的《公文处理暂行办法》中规定的上行文文种只有“报告”，用途是“对上级陈述或请示事项用‘报告’”。所以“报告”实际身兼两种功能：向上级陈述事项、向上级请示事项。所以当时很多请示的标题是“关于……的请示报告”。

但是，在 1957 年《国务院秘书厅关于对公文名称和体式问题的几点意见》(稿) 中，增加了“请示”，规定：“报告是下级对上级报告工作，反映情况和问题的陈述性的文书，向上级机关报送文件、物件和答复上级机关询问的时候，也应当用报告行文。请示是下级机关向上级机关的请求性的文书，凡下级机关对上级机关要求审核批示的时候，应当用请示行文。报告和请示必须分开使用，报告中不能写请示事项，但请示中可以反映情况、陈述意见，说明理由，以便于上级处理。”

1981年，国务院办公厅发布《国家行政机关公文处理暂行办法》时，正式规定向上级机关汇报工作、反映情况，用“报告”，向上级机关请求指示和批准，用“请示”。自此，如果再使用“关于……的请示报告”的标题形式，就属于错用文种了。

十二、批复

适用于答复下级机关的请示事项。

批复是一个被动性文种，上级机关只有收到下级机关的请示后，才会使用批复向下级机关做出答复，此即所谓“有请示才会有批复”。

十三、议案

适用于各级人民政府按照法律程序向同级人民代表大会或者人民代表大会常务委员会提请审议事项。提请审议的事项必须是同级人民代表大会及其常务委员会职权范围之内的事项。

根据《党政机关公文处理工作条例》的规定，在党政机关范围内，“议案”只适用于各级人民政府，政府部门及党的机关一般不使用。

十四、函

适用于不相隶属机关之间商洽工作、询问和答复问题、请求批准和答复审批事项。

“函”是各级党政机关不相隶属机关之间公文往复时使用的平行文文种。不相隶属机关包括两类：一是同一系统内的平级机关，另一类是彼此没有行政隶属或业务主管关系的机关。

十五、纪要

适用于记载会议主要情况和议定事项。各级党政机关均可向参会单位和其他相关单位发送纪要，因此，纪要也属于无固定行文方向的文种。

在实际工作中，纪要的发文形式分为单体行文和复体行文两种。

所谓单体行文，即按照《党政机关公文格式》中纪要的版式规定排版印刷后直接行文，各机关的领导集体办公等较高级别的例行会议往往预先设计了固定的红色版式，多以单体形式行文，如《中共××市委第×次常委会议纪要》。

复体行文则是指使用“通知”或“报告”上报或下发纪要，这时的纪要是做为“通知”或“报告”的附属文件发出，如《××机关关于上报××会议纪要的报告》、《××机关关于印发××会议纪要的通知》等。机关中的大多数纪要是采用复体公文方式。

纪要是根据会议记录以及其他有关材料加工整理而成，反映会议基本情况和精神的纪实性公文，与会议记录和会议简报等有明显区别。

本节知识检查站：

一、请回答下列问题

1. 国家档案局为什么用“令”发布《企业文件材料归档范围和档案保管期限规定》，能用“通知”发布吗？

2. 通知和通报有什么不同？

3. 党的机关使用“通告”吗？

4. 通知可以分为哪几类？

5. 公报和公告有什么不同？

6. 什么叫“复体公文”？

7. 公告和通告有什么不同？

8. 下级机关向上级机关行文时，可以使用“意见”这个文种吗？

9. 请示是从“报告”中分化出来的文种吗？

二、延伸思考

1. 上级机关答复下级机关的“请示”时，一定是使用“批复”吗？

2. 如何解决各类社会组织中经常出现的文种选择错误的问题？

第三节　选择文种的原则

公文文种的选择和使用可以体现制发公文的意图，对于维护公文的权威性、保护公文的效用，以及受文单位妥善处理公文也具有重要意义。因此各单位在制发公文时，应该根据实际工作需要正确选择文种。正确选择文种，除了要熟知公文的种类、性质、适用范围以外，还应遵守下列原则：

一、根据有关规定选择文种

为了加强对公文工作的管理，我国党政机关、企事业单位和其它各类社会组织大多制定了有关公文工作的条例、办法等，如 2012 年中共中央办公厅和国务院办公厅联合发布了《党政机关公文处理工作条例》，规定了 15 个文种，2017 年中央军委办公厅依据《党政机关公文处理工作条例》和其他有关法规，结合军队工作实际，制定和发布了《军队机关公文处理条例》，其中规定了 10 个文种。

其他机关和单位一般应参照《党政机关公文处理工作条例》制定与本单位工作相适应的公文管理规定。文种规定毫无例外均是其中重要内容，而且不尽相同。各单位拟制公文时，必须依据所在系统、单位的公文管理规定正确选择文种。

另外需要注意上述规定的时效性，1949 年以来，我国行政机关多次发布公文处理办法或暂行办法，每一次都对文种及文种的适用范围做出调整，有时虽然文种名称不变，文种的适用范围却已发生变化。

因此，选择文种时要注意以当前有效的公文处理办法中的相关规定为依据。

二、根据行文关系选择文种

行文关系由机关之间的工作关系决定。制发公文时，要从发文机关和受文机关之间的工作关系出发，选用相应的上行文、下行文或平行文文种。例如，在向本机关所属上级机关请求指示或批准时应该使用"请示"，但向不相隶属机关请求批准和答复审批事项时则应该使用"函"。

三、根据本单位权限选择文种

虽然《党政机关公文处理工作条例》中规定了15个文种，但其中的部分文种只限于一定级别或拥有相应权限的机关使用。例如党的机关一般不使用命令（令）、通告和公告，行政机关一般不使用决议；只有党和国家、国家或省区市职能部门才能使用公报，只有各级人民政府及其法定代表才能使用命令（令），其它机关不能使用等等。

根据国家组织管理层级划分，不同机关拥有不同的发文权限，因此在制发公文时，必须在本机关权限范围内选择文种。

本节知识检查站：

一、请回答下列问题

1. 行文关系对选择文种有什么影响？
2. 企事业单位可以自己做出文种规定吗？
3. 党的机关可以使用"令"或者"通告"吗？
4. 选择文种的原则有哪些？

二、延伸思考

1. 为什么党政机关、军队机关、企事业单位要分别做出文种规定？
2. 在选择文种时还要注意哪些问题？

第三章　公文的格式及稿本

3 认识公文

- 公文版头部分的格式要素
- 公文主体部分的格式要素
- 公文版记部分的格式要素
- 公文的特定格式
- 公文的稿本

公文格式即公文的样式。2012 年《党政机关公文格式》（GB/T 9704—2012）中的公文格式分为通用格式（又称文件式）和特定格式两类，其中通用格式（文件式）的格式要素分为版头、主体、版记三个部分，公文首页红色分隔线以上的部分称为版头；公文首页红色分隔线（不含）以下、公文末页首条分隔线（不含）以上的部分称为主体；公文末页首条分隔线以下、末条分隔线以上的部分称为版记。每个部分分别包含若干格式要素。公文的特定格式主要为信函式及命令（令）、纪要的特定格式，这些特定格式中也包括了通用格式中的部分要素。

第一节　公文版头部分的格式要素

版头部分的格式要素包括份号、密级和保密期限、紧急程度、发文机关标志、发文字号、签发人及红色分隔线等，其中，发文机关标志、发文字号、红色分隔线为一般公文的必备格式要素，其它则是视需要选择标注。(图 3-1-1 公文的版头[3])

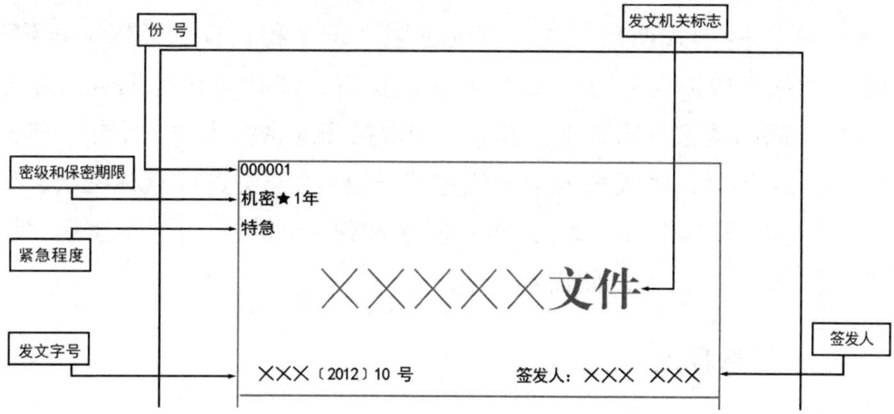

图 3-1-1　公文的版头

一、份号

是指公文印制份数的顺序号。党政机关的涉密公文应当标注份号，其它公文视需要决定是否标注。

份号一般是采用 6 位阿拉伯数字标注，份数不足时，编虚位补齐，顶格编排在版心左上角第一行。例如一件公文需要印制 100 份，份号就从 00001 编至 00100 号。

[3] 本章所用公文格式图片，全部选自徐城华、孙维、房庆等主编的《GB/T 9704—2012〈党政机关公文格式〉国家标准应用指南》，中国质检出版社、中国标准出版社 2012 年出版。

份号主要用于对发出的公文进行管理，发文机关发出公文时要对份号进行登记，以便准确掌握每一份公文的分发去向，当需要收回或销毁公文时也可以对照份号查证是否有遗漏或丢失。

二、密级和保密期限

是指公文的秘密等级和保密的期限。涉密公文应当根据涉密程度分别标注“绝密”“机密”“秘密”和保密期限，顶格编排在版心左上角第二行，即份号之下，密级和保密期限之间用★分隔。例如：

涉及国家秘密的公文如有具体保密期限应当用“机密★1年”“绝密★10年”的形式明确标注，否则按照《国家秘密保密期限的规定》(国家保密局1990年第2号令）第九条执行，即“凡未标明或者未通知保密期限的国家秘密事项，其保密期限按照绝密级事项三十年、机密级事项二十年、秘密级事项十年认定。”这样的公文可以只标密级，如“绝密”“机密”或“秘密”，不标注★和保密期限，但“绝密”“机密”或“秘密”两字之间需空一格。

三、紧急程度

即公文送达和办理的时限要求。根据紧急程度，紧急公文应当分别标注“特急”“加急”，电报应当分别标注“特提”“特急”“加急”“平急”，顶格编排在版心左上角“份号”和“密级和保密期限”下一行。如果该份公文没有份号和密级，紧急程度则顶格编排在版心左上角第一行。

四、发文机关标志

发文机关标志即通常人们所说的“红头”，由发文机关全称或者规范化简称加“文件”二字组成，也可以使用发文机关全称或者规范化简称。

发文机关全称应以批准该机关成立的文件核定的名称为准，规范化简称一般应由该机关的上级机关规定，如果由本机关自定，必须明文通知其他机关。

发文机关标志的字体推荐使用小标宋体字，颜色为红色，以醒目、美观、庄重为原则。但不规定字号，各单位可以自行酌定。

多个机关联合行文时，发文机关标志可以并用联合发文机关名称，也可以单独使用主办机关名称。如果需要同时标注联署发文机关，应分行连续标注所有发文连署机关，一般主办机关在前，各机关名称两端对齐，并将“文件”二字署于联署发文机关右侧，上下居中排布。

五、发文字号

发文字号又称文号或发文编号，是发文机关编制的公文代号，在文件登记、引用、检索、管理、统计文件、归档等环节有重要作用，一般编排在发文机关标志下空二行位置，如果是下行文或平行文，居中排布，如果是上行文，则居左空一字编排，与签发人标志同处一行。

发文字号由发文机关代字、年份、发文顺序号组成。

1. 发文机关代字

为本机关或本机关各部门的规范化缩写加“发”或“函”等组成，由发文机关文秘部门统一编制，规范化缩写应该能代表本机关和部门的特征，如中共中央的代字为“中”，国务院的代字为“国”，北京市人民政府的代字为“京政”，国家质检总局党组的代字为“国质检党组”。发文机关代字中还可以有拟稿部门代字，例如《国家发展改革委 中央网信办关于印发〈政务信息资源目录编制指南（试行）〉的通知》，发文字号是发改高技〔2017〕1272 号，其中的“高技”是国家发委高技术产业司的代字。

发文机关代字由发文机关文秘部门为本机关所有部门统一编制，应力求准确、简洁、规范，不能与其它机关特别是上级机关或同级机关的代字相冲突。

2. 年份

发文字号中的年份采用公元纪年，用四位阿拉伯数字外加六角方括号标注，如〔2017〕。

3. 发文顺序号

发文顺序号为每年制发公文的流水号，在阿拉伯数字后加“号”字。每年从 1 开始编制，不加“第”字，不编虚位（即 1 不编为 01），如国发〔2016〕40 号，不必标为“国发〔2016〕第 40 号”，也不必标为“国发〔2016〕040 号”。

六、签发人

发文机关制发公文，经过起草、审核等环节后，需要送机关领导核查签发后才能印制发出，签发人即是对公文进行核查并签注印发意见的领导。《党政机关公文处理工作条例》规定，上行文（请示、报告和上行的意见）应当由机关主要负责人签发，并标注签发人姓名，“主要负责人”指各级行政机关的正职或主持工作的负责人。

签发人与发文字号同处一行，在发文机关标志下空两行居右标注，标注时右空一格，如果是联合行文，所有联合发文机关的负责人要全部标注。签发人姓名按照发文机关的排列顺序从左到右、自上而下依次均匀编排，一般每行排两个姓名，回行时与上一行第一个签发人姓名对齐。(图 3-1-2 签发人标注示例)

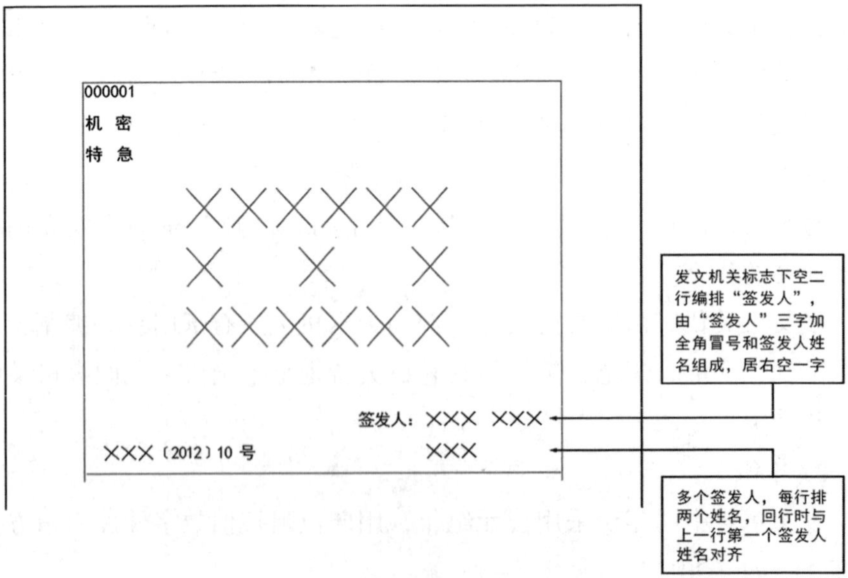

图 3-1-2 签发人标注示例

本节知识检查站：

一、请回答下列问题

1. 公文格式要素可以分为哪三个部分？

2. 公文版头的格式要素有哪些？

3. 公文为什么要标份数序号？

4. 发文字号由哪三部分组成，可以缺省发文机关代字吗？

5. 什么是发文机关标志？

6. 公文密级有哪些，公文密级与份号有什么关系？

二、延伸思考

1. 为什么要对公文格式做出统一规定？

2. 企事业单位的公文是否需要遵照《党政机关公文格式》规定，是否可以自行制定公文格式？

3. 平行文和下行文在版头部分是否可以有签发人标志？

第二节　公文主体部分的格式要素

公文主体部分的格式要素包括标题、主送机关、正文、发文机关署名、成文日期、印章、附件说明、附注、附件等格式要素。其中，标题、正文、发文机关署名、成文日期、印章等是公文常备的格式要素，其它视需要标注。（图 3-2-1 公文主体部分的格式要素）

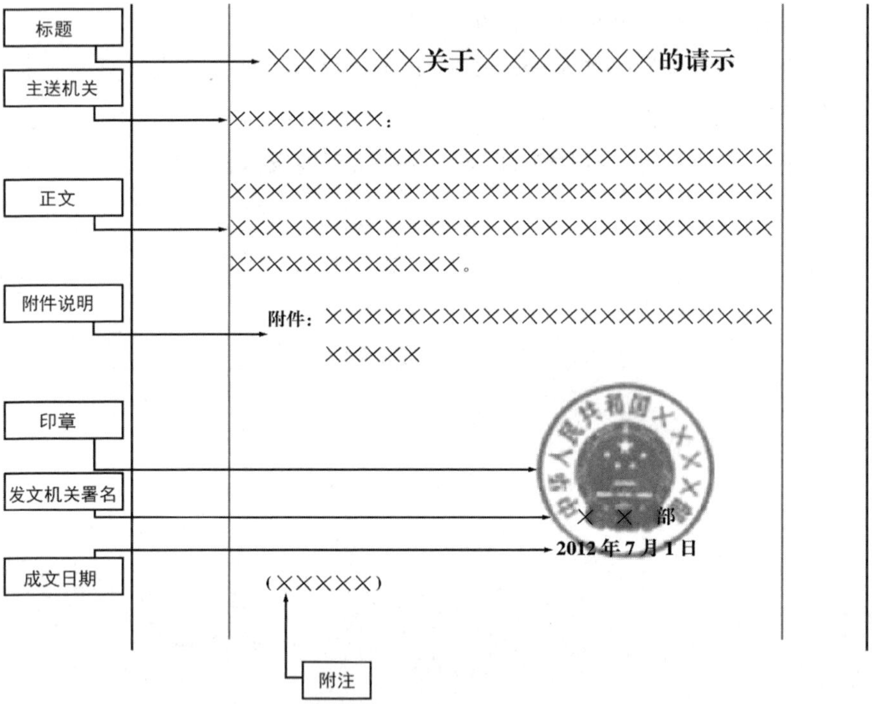

图 3-2-1　公文主体部分的格式要素

一、标题

标题是对公文主要内容的揭示和概括，由发文机关名称、事由和文种组成。

北京市人民政府关于全面推进节水型社会建设的意见

（发文机关名称）　　　　　（事　由）　　　　　（文种）

公文标题编排于红色分隔线下空二行位置，分一行或多行居中排布，多行排布时要做到词意完整，排列对称，长短适宜，间距恰当。在回行时，不要把词意完整的词组分割在两行。从美观起见，标题排列应当使用上梯形、下梯形或菱形排布，不使用沙漏形或长方形。

另外，标题中除法规、规章名称加书名号以外，一般不使用标点符号。

二、主送机关

即公文的主要受理机关，应当使用机关全称、规范化简称或者同类型机关统称，在标题下空一行居左顶格标注。

所谓同类型机关统称，即如“各省、自治区、直辖市人民政府，国务院各部委、各直属机构”。主送机关的顺序一般按照重要程度排列，同类型机关内同级机关之间用顿号分隔，不同类型机关之间使用逗号分隔，最后一个主送机关之后标全角冒号。

除命令（令）、公告、通告等通过媒体向社会发布的公文以外的其它公文，一般都要标注主送机关。

三、正文

即公文的主体，用来表述公文的内容，编排于主送机关名称下一行。为了保证公文的真实性和严肃性，公文首页必须显示正文，当主送机关过多导致公文首页不能显示正文时，可以将主送机关移到版记中，置于抄送机关上一行，与抄送机关之间不加分隔线。如果是联合行文发文机关过多导致首页不能出现正文时，发文机关标志可以只标注主办机关，另外也可以通过缩小字号、调整行距字距等方式解决。

正文每个自然段左空二字，回行顶格。文中结构层次一般不超过四层，层次序数依次可以用“一、”“（一）”“1.”“（1）”标注；一般第一层用黑体字、第二层用楷体字、第三层和第四层用仿宋体字标注。

各级党政机关制发公文时一般不使用字母词，文中的字母词，如确需使用，应该按照《中华人民共和国国家通用语言文字法》在文中首次出现时以括注方式注明准确的汉语译名，如使用 GDP 一词时，应“GDP（国民生产总值）”的方式引用。另外，正文中数字的用法，执行《出版物上数字用法》（GB/T 15835—2011）中的有关规定。

当正文中需要引用其它公文时，先引标题，后引发文字号，如“为贯彻落实《国务院关于加快发展生产性服务业促进产业结构调整升级的指导意见》（国发〔2014〕26 号）精神，进一步优化提升本市生产性服务业，加快构建高精尖经济结构，现提出以下意见……”。

四、附件说明

是公文附件的顺序号和名称。公文附件是正文内容的组成部分，与正文具有同等效力，因此，需要在正文中涉及附件内容处加括号注明“见附件”或“附后”；在公文正文之下、公文生效标志之上准确标注附件的顺序号和名称，以显示公文附件与正文不可分割的关系。附件说明还便于收文机关收文时核验附件，防止在办理过程中附件散乱和丢失，并在进行归档文件整理时也有重要作用。

公文如有附件，需要在正文下空一行左空二字编排“附件”二字，后标全角冒号和附件名称。

公文如有多个附件，应使用阿拉伯数字标注附件顺序号（如“附件：1. ×××××”）；附件名称后不加标点符号。附件名称较长需回行时，应当与上一行附件名称的首字对齐。

另外特别需要注意的是，在正文中写明报送、印发、转发、批转等字样的公文，被报送、印发、转发、批转的文件虽然排版时排在发文机关署名和生效标志下方，但不是公文的附件，因此不必在附件说明处标注相关内容。

五、发文机关署名、成文日期和印章

发文机关署名、成文日期和印章是三个联系紧密的要素，它们共同构成公文的生效标志。

1. 发文机关署名

我国党政机关大多数公文都是以发文机关名义署名，《党政机关公文格式》（GB/T 9704—2012）要求无论单一机关行文还是联合行文，均要有发文机关署名。署名时可以使用机关全称或规范化简称，应与发文机关标志、公文标题中的发文机关名称及机关印章名称一致；少数文种如议案、命令（令）等不盖机关印章，由签发人署名，署名时需要写明签发人职务及姓名。发文机关署名或签发人署名标注于公文正文或附件说明的右下方。

2. 成文日期

成文日期是公文的生效时间，是党政机关公文生效标志的重要要素。确定公文成文日期的原则是：会议通过的决定、决议等署会议正式通过的日期，经发文机关负责人签发的公文署负责人签发的日期，联合行文的公文署最后签发机关负责人签发的日期。

成文日期一般标注于发文机关署名下一行，用阿拉伯数字将年、月、日标全，年份应标全称，月、日不编虚位（1 不编为 01）。如：2014 年 12 月 12 日。但是会议通过的决定、决议等文种的成文日期是用圆括号“（　）”括起来标注于公文标题下一行。

3. 印章

公文加盖印章是体现公文效力最主要的形式，也是鉴定公文真伪最主要的依据，公文中有发文机关署名的，一般应当加盖发文机关印章，印文应与发文机关署名和发文机关标志相符。

我国党政机关公文生效标志依文种不同，有加盖机关印章、不盖机关印章、加盖签发人名章三种形式，所以发文机关署名、成文日期和印章编排位置相互影响。

单一机关行文时，一般在成文日期之上、以成文日期为准居中编排发文机关署名，印章端正、居中下压发文机关署名和成文日期，使发文机关署名和成文日期居印章中心偏下位置。

另外，印章顶端应当上距正文（或附件说明）一行之内，以防止空白过大被别有用心的人插入内容，伪造公文。（图 3-2-2 单一机关行

文发文机关署名、成文日期及印章编排示例)

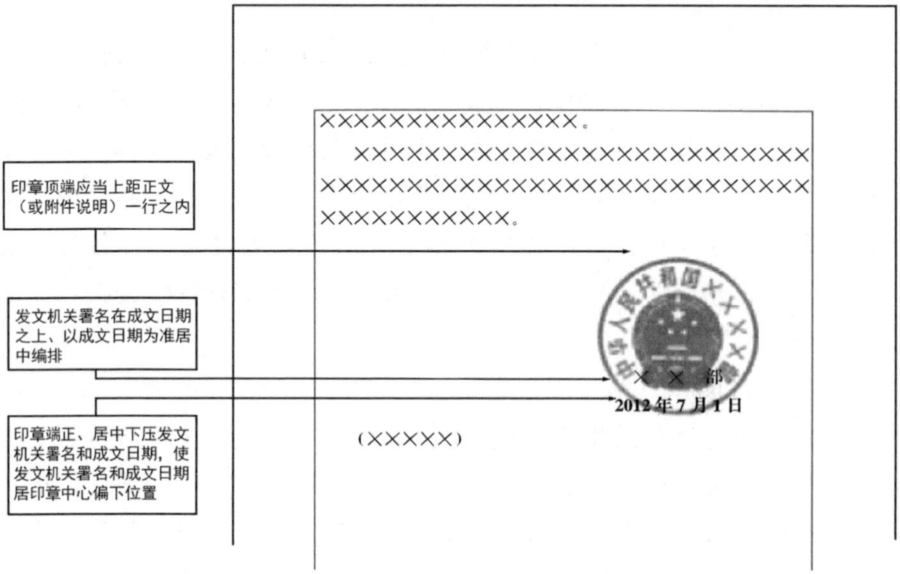

图 3-2-2　单一机关行文发文机关署名、成文日期及印章编排示例

联合行文时，一般将各发文机关署名按照发文机关顺序整齐排列在相应位置，并将印章一一对应、端正、居中下压发文机关署名，最后一个印章端正、居中下压发文机关署名和成文日期，印章之间排列整齐，互不相交或相切，每排印章两端不得超出版心，首排印章顶端应当上距正文（或附件说明）一行之内。(图 3-2-3 两个机关联合行文发文机关署名、成文日期及印章编排示例，图 3-2-4 五个机关联合行文发文机关署名、成文日期及印章编排示例)

在实际工作中，上行文必须加盖印章；联合行文中的下行文，所有联署行文机关均需署名并加盖与发文机关署名、发文机关标志相符的印章；但有特定发文机关标志的普发性公文、电报以及纪要可以不盖印章。

签发人签名章也属于印章的一种形式，对于以机关负责人名义制发的公文，如命令（令），需要署签发人的签名章。

发文机关署名、成文日期和印章应该与正文同处一页，不留任何空白，当正文之后没有足够的空白时，应当采取调整正文行距或字距的方

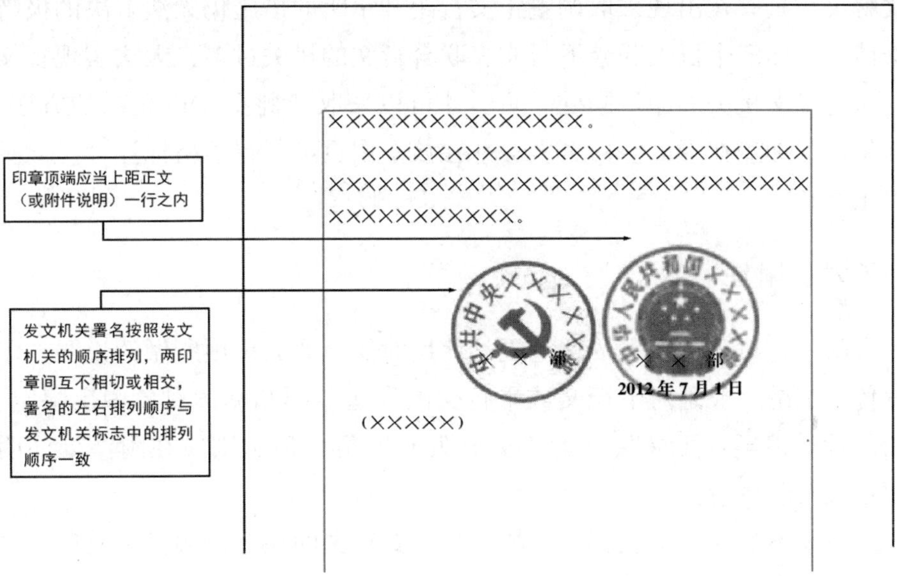

图 3-2-3　两个机关联合行文发文机关署名、成文日期及印章编排示例

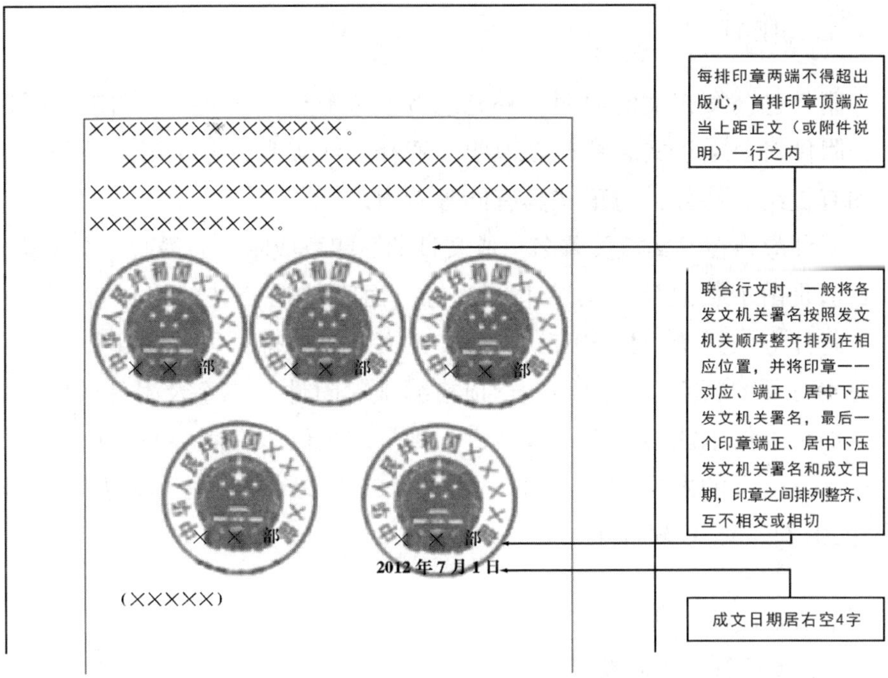

图 3-2-4　五个机关联合行文发文机关署名、成文日期及印章编排示例

式解决。只有在出现采取调整正文行距和字距的措施仍无法解决的极特殊情况，如多个机关联合下行文，联合行文的机关过多，无法实现正文与所有发文机关的印章同处一页，才可以采取“此页无正文”的方法，即将印章加盖在下一空白页上，并在该空白页第一行顶格标注“（此页无正文）”。

六、附注

附注是对公文印发传达范围、使用时需注意的事项所做的说明。印发传达范围一般是对下行文或平行文的发送范围和阅读对象做出限定，如“此件发至县团级”、“此件公开发布”等，请示则应在附注处注明联系人及联系电话。

附注不是对公文正文内容的解释，对正文的注释或解释一般在正文中采用句内括号或句外括号的方式解决。

附注于成文日期下一行左空二格标注，并在文字外加圆括号。

七、附件

附件是公文正文的说明、补充或者参考资料，如文字、图表、图形等，附件对公文正文起补充、说明、解释、证实或参考作用，是公文正文的有机组成部分，与正文具有同等效力。

附件应当在发文机关署名、成文日期及印章或附注后另起一页编排。

但是由于版记是公文结束的标志，而附件是公文的组成部分，所以，附件应该置于版记之前，与公文正文连续编排页码并一起装订。附件应在首页的版心左上角第一行顶格编排“附件”二字及附件顺序号。

如果附件不能与正文一起装订，则另编页码，在版心左上角第一行顶格标注公文的发文字号并加“附件”二字及附件顺序号，如“国标委〔2012〕215号附件1”。

本节知识检查站：

一、请回答下列问题

1. 公文主体部分主要有哪些格式要素？

2. 公文正文的结构层次最多不超过几层？层次序数如何标注？

3. 公文标题的三要素是什么？

4. 什么是主送机关？主送机关和抄送机关有什么不同？

5. 如何判定公文的成文日期？

6. 公文的成文日期应该用汉字还是阿拉伯数字标注？

7. 什么是附件说明，应该标注在什么地方？

8. 公文附件的标注有哪些具体要求？

9. 什么是“附注”？

10. 被批转、转发、印发和报送的公文是公文的附件吗？

11. 公文的附件与正文是分别编制页码还是连续编制页码？

12. 下图的标题排布有什么问题？

中共××市委××市人民政府 **关于进一步整治和改善经济** **发展环境的实施意见**

二、延伸思考

1. 如何解决“××机关关于转发××机关关于转发××机关关于……的通知的通知的通知的通知”这样的标题形式？

2. 公文附件为什么要置于版记之前，如果附件也是有版头和版记的公文时该如何处理？

第三节　公文版记部分的格式要素

版记部分的格式要素为公文末页首条分隔线以下、末条分隔线以上的格式要素，包括抄送机关、印发机关和印发日期（图 3-3-1 版记部分的格式要素）。

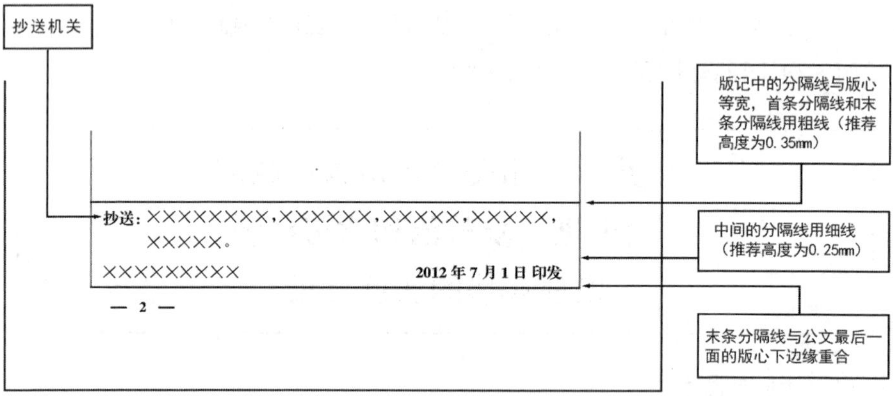

图 3-3-1　版记部分的格式要素

一、抄送机关

抄送机关是指除主送机关外需要执行或者知晓公文内容的其他机关，如果不需抄送其它机关则不标注此项。标注时应当使用机关全称、规范化简称或者同类型机关统称。抄送机关应按一定顺序排列，同一系统内的同级机关之间用顿号分隔，不同系统机关之间用逗号分隔，最后一个抄送机关之后标句号。

如需把主送机关移至版记，在主送机关名称前加“主送”二字，编排方法同抄送机关。既有主送机关又有抄送机关时，应当将主送机关置于抄送机关之上一行，之间不加分隔线。

二、印发机关和印发日期

印发机关是公文的送印机关，即公文的印制主管部门，一般为发文机关的文秘部门如办公厅（室），有的机关没有文秘部门，则发文机关就是印发机关。

印发日期也不同于公文的成文日期，它是公文经签发、复核、打字、排版、校对后送印的日期，用阿拉伯数字标注后加“印发”二字。标注印发日期是为准确反映公文的送印时间，以便发文机关掌握制发公文的效率，同时也便于收文机关了解公文的传递时间。

印发机关和印发日期编排在末条分隔线之上，印发机关左空一个字，印发日期右空一个字，用阿拉伯数字将年、月、日标全，年份应标全称，月、日不编虚位（即 1 不编为 01），后加“印发”二字。

版记中如有抄送机关等其他要素，应当将其与印发机关和印发日期用一条细分隔线隔开。

特别提示：

第一，版记应该置于公文末页，首条分隔线位于版记中第一个要素之上，末条分隔线与公文最后一面的版心下边缘重合。

第二，版记位于偶数页，即便公文内容很短，首页可以排下版记内容，由于公文是双面印刷，版记也须移至第二页。

第三，公文的篇幅如果在一个折页（即有四面）以上，这时公文的页数一般应是 4 的倍数（一般是用 A3 纸印制骑马装订），此时版记应该置于最后一面，而不管前面的空白页有多少（一般不会超过 3 页）。版记页和空白页都不标页码。

第四，如果附件也是公文，则应保留转发该公文原有的版记。

第五，不应将公文拟稿、核稿、校对、打印、录入人员信息和份数信息标注在版记部分，这些信息反映的都是机关内部事务和过程，并不需要收文机关知晓，不宜放在对外印发的公文中。如果是为了保证公文质量，追溯公文办理过程中的人员信息，可以查看发文稿纸。

本节知识检查站：

一、请回答下列问题

1. 版记有哪些格式要素？

2. 什么是公文的主送机关和抄送机关？分别标注在什么位置？

3. 公文的印发机关和印发日期与发文机关标志和成文日期有什么不同？

4. 多个抄送机关按什么顺序组织安排？

5. 版记应编排在附件之前还是之后？

6. 版记的编排位置有哪些具体操作注意事项？

二、延伸思考

1. 为什么 2012 年的《党政机关公文格式》取消了版记部分的主题词？

2. 公文版记部分的作用是什么，是否可以取消？

第四节　公文的特定格式

我国党政机关公文除通用格式之外，还有信函格式；公文中的命令（令）和纪要也采用与通用格式不同的形式，这些统称为公文的特定格式，是公文通用格式的补充，在实际工作中，这些特定格式的公文被广泛使用，其作用和效力与通用格式的公文相同。

一、信函格式

信函格式是一种特定的公文格式，又称“函的形式”，是指公文格式中有别于“文件格式”的另一种形式。以“函的形式”行文应注意选择使用与行文方向一致、与公文内容相符的文种。

所以“函的形式”与“函”的文种是两个不同的概念，党政机关制发“通知”“意见”“批复”“函”等公文时，可以视需要分别采用通用格式或信函格式。

信函格式与通用格式不同之处主要包括：

1. 版头部分

发文机关标志使用发文机关全称或者规范化简称，不加“文件”二字，居中排布，而且比通用格式的发文机关标志上移了 42 mm，上边缘距上页边为 30 mm。

信函格式在发文机关标志下 4 mm 处印一条与版心同宽的红色双线（上粗下细），另在首页距下页边 20 mm 处印一条红色双线（上细下粗）。

公文的份号、密级和保密期限、紧急程度及发文字号均编排于红色双线下，份号、密级和保密期限和紧急程度在红色双线下顶格居版心左边缘编排，按照份号、密级和保密期限、紧急程度的顺序自上而下分行排列；发文字号在红色双线下顶格居版心右边缘编排（图 3-4-1 信函格式公文首页示例）。

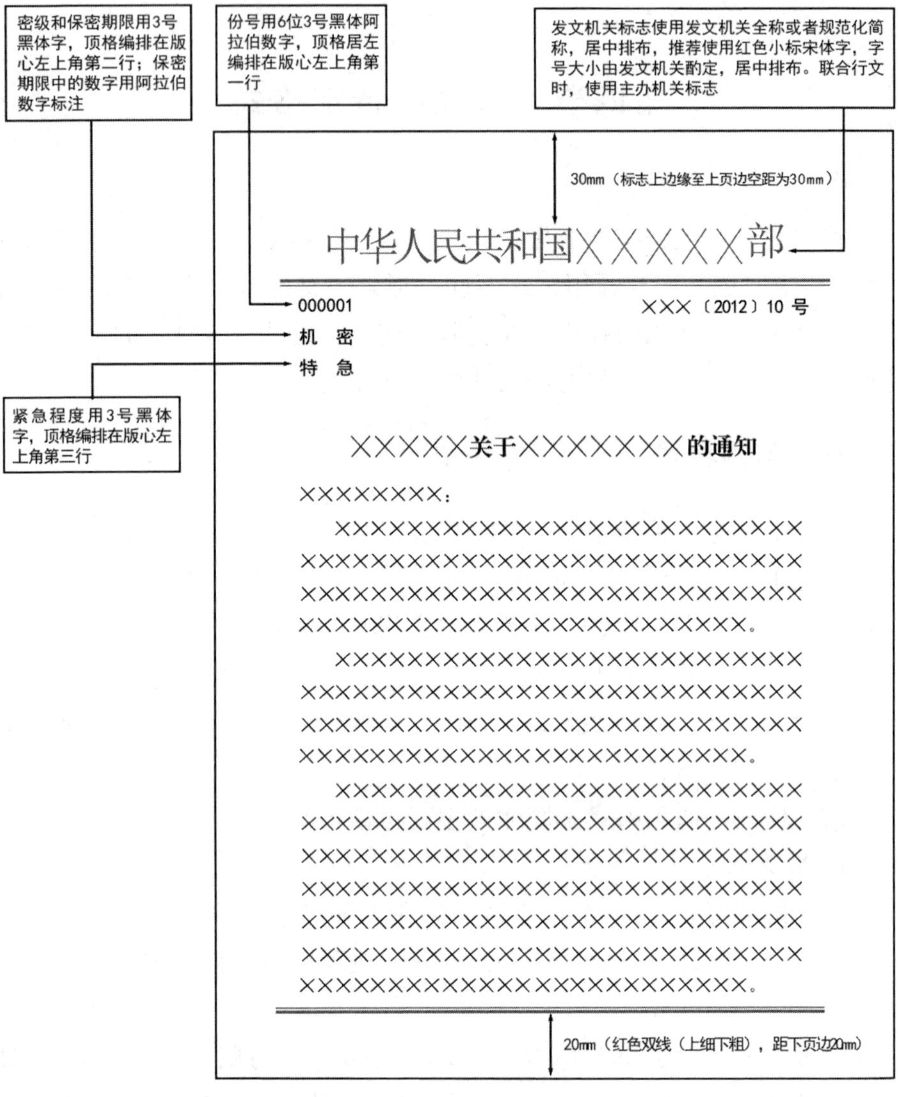

图 3-4-1　信函格式公文首页示例

2. 主体部分

信函格式公文主体部分格式要素及编排方式基本与通用格式相同，但公文首页不显示页码。

3. 版记部分

信函格式的版记同样位于公文最后一面版心内最下方，但只有抄送机关，不加印发机关和印发日期、分隔线（图 3-4-2 信函格式公文末页示例）。

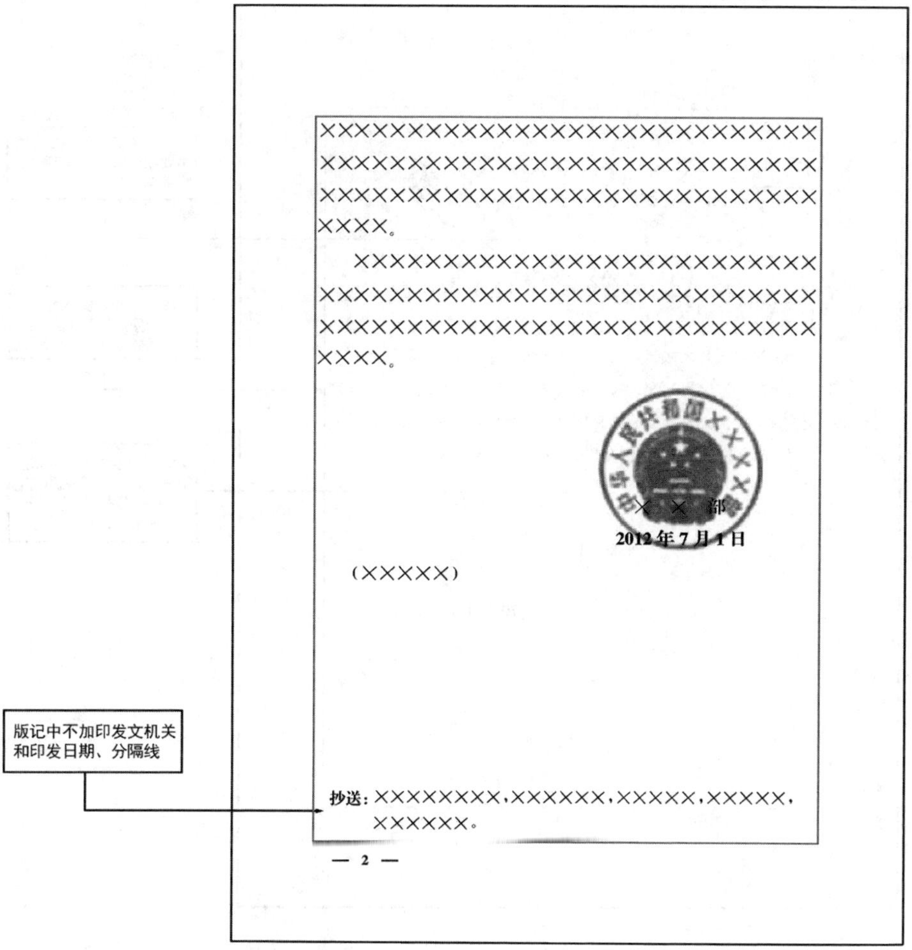

图 3-4-2　信函格式公文末页示例

二、命令（令）格式

命令（令）的格式要素及编排方式如下（图 3-4-3 命令（令）格式示例，（图 3-4-4 联合发布命令（令）格式示例）：

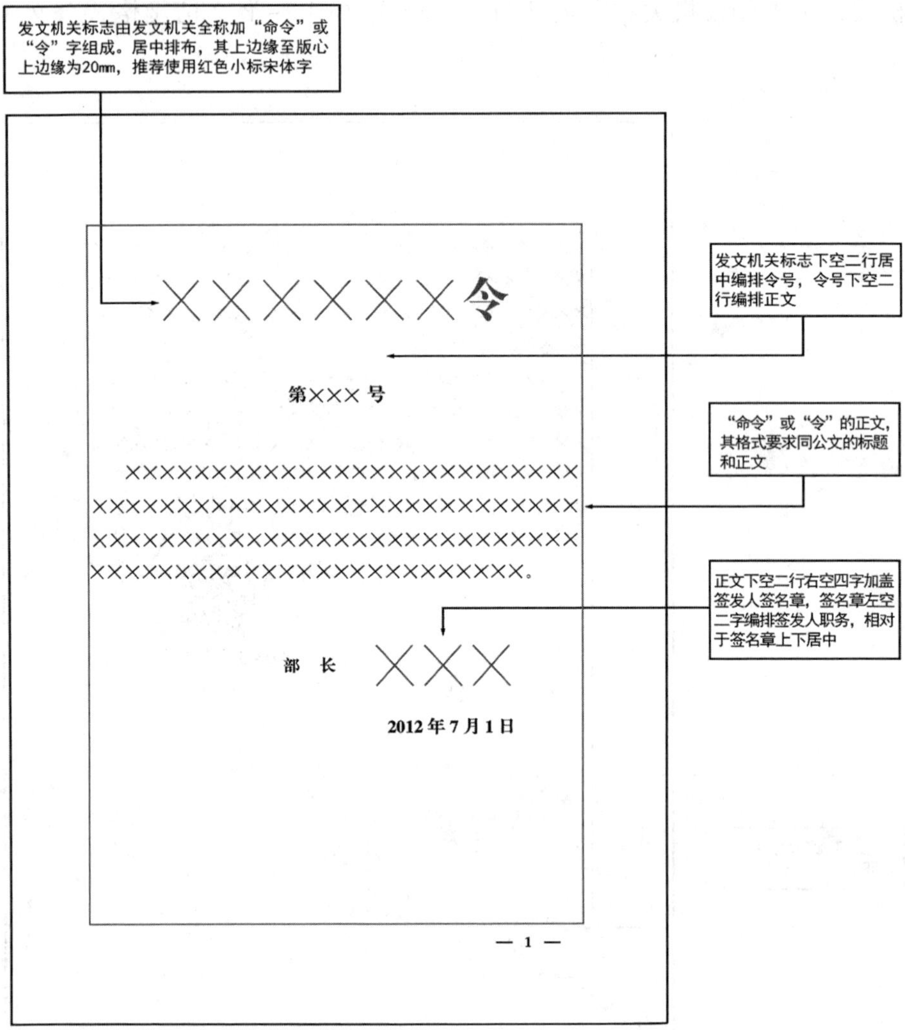

图 3-4-3　命令（令）格式示例

1. 发文机关标志由发文机关全称加“命令”或“令”组成，一般不使用发文机关简称。

2. 在发文机关标志下编排令号，一般采用“第×号”的形式标注，不编虚位。而且令号是顺序编流水号，不同于一般公文发字号需要每年从1号开始编排顺序号，所以不需要标注年份。

3. 命令（令）一般无标题，令号和正文之间无红色分隔线，在令号下空二行直接编排正文。

4. 正文下空二行右空四字编排签发文的签名章，签名章左空二字编排签发人职务，成文日期置于签发人签名章下空一行位置，右空四字编排。

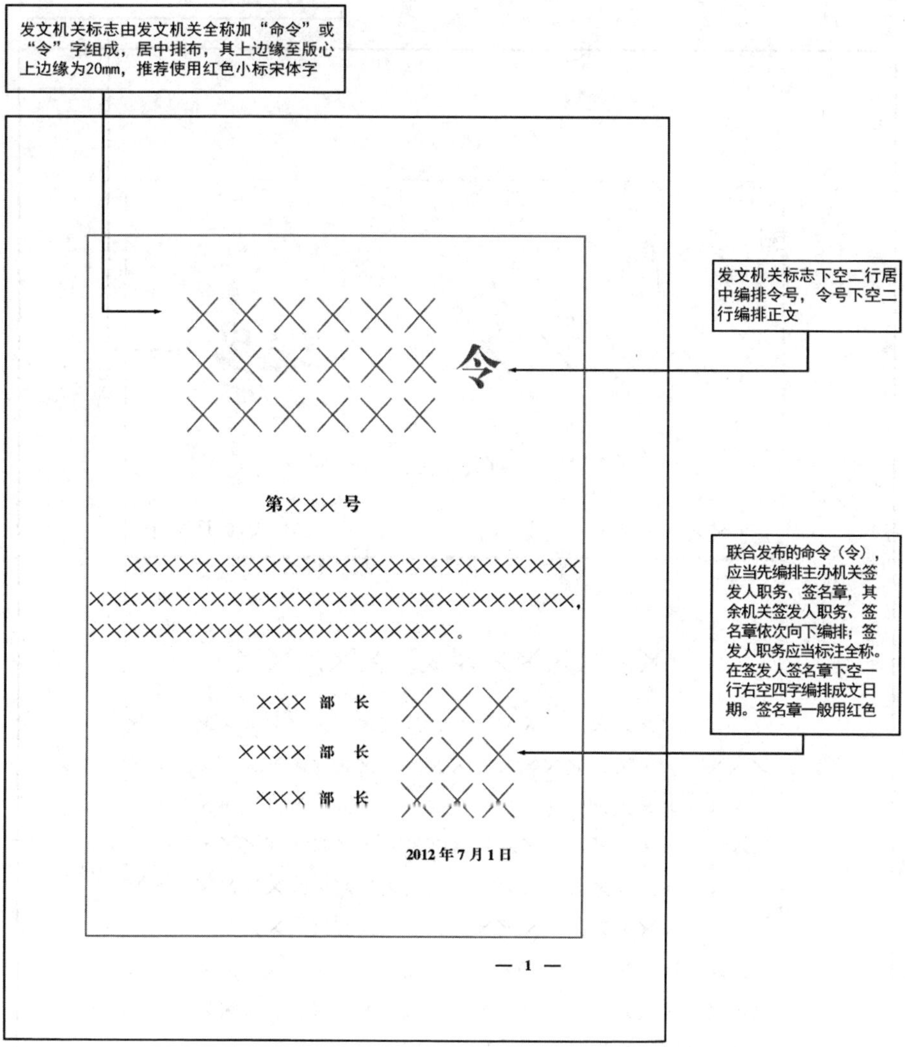

图3-4-4　联合发布命令（令）格式示例

三、纪要格式

纪要格式与通用格式比较明显的区别如下（图3-4-5会议纪要首

页格式示例，图 3-4-6 会议纪要末页格式示例）：

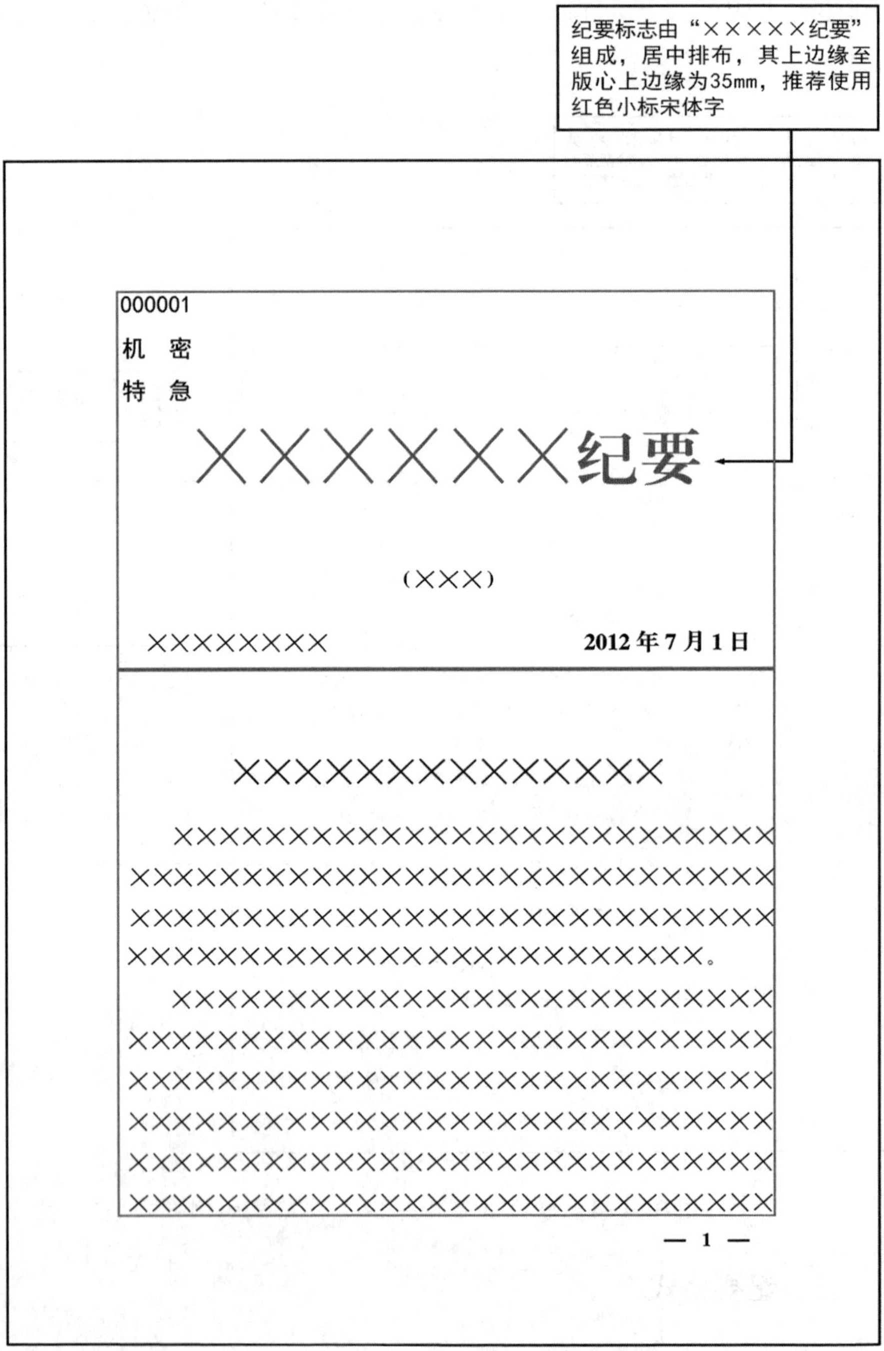

图 3-4-5　会议纪要首页格式示例

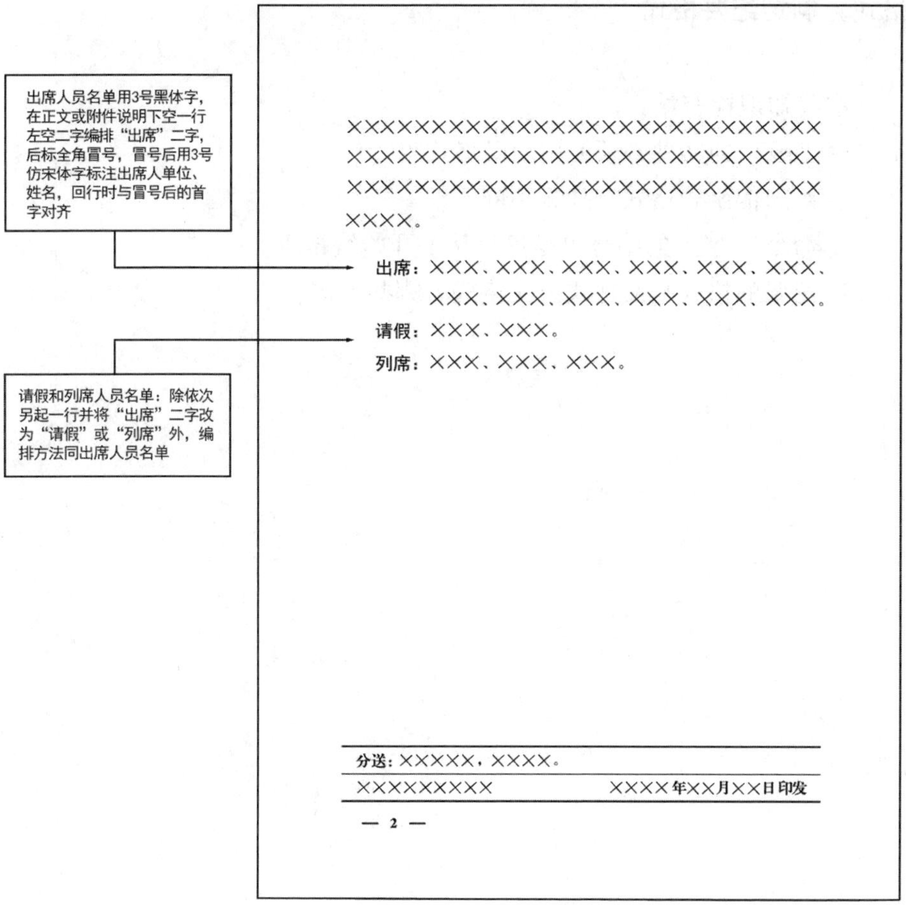

图 3-4-6　会议纪要末页格式示例

1. 在发文机关标志处标注纪要标志，标注的形式为“×××××纪要”。

2. 在纪要标志下空二行居中标注纪要编号，可以采用“第×号”的形式，不编虚位。纪要编号的作用等同于发文字号。

3. 纪要需在正文或附件说明下空一行居左空二字标注出席人员、请假人员和列席人员。

4. 纪要不盖章。

不同单位、不同性质的会议多种多样，一种会议纪要格式难以满足全部要求，所以，各机关单位可以根据实际需要参照《党政机关公文格式》制定纪要格式。

本节知识检查站：

1. “函”的文种必须使用信函格式吗？
2. 函与信函式格式有什么不同？
3. 命令（令）的编号也是每年从1开始编排吗？
4. 纪要的格式与文件式公文格式有哪些不同？

第五节　公文的稿本

公文的稿本是指同一公文在撰写、审核、印制过程中形成的，在内容、形式、作用上有所不同的文稿和文本。

一、公文的文稿

公文的文稿是指公文的撰写过程中形成的不同形式的文字稿，有草稿和定稿之分。

1. 草稿

是文件撰拟过程中最初期的原始稿件，供讨论、修改、审批之用。根据修改次数的不同，可以有一稿、二稿、三稿等多次稿本，由于尚未得到领导的认可（签发），不具有正式公文的效用，一般不必归档保存。但有一些重要文件的修改稿、或带有领导重要修改意见的草稿，具有凭证作用和查考价值，应该归档。

重要公文的起草工作应当慎重，需要送有关领导审核或送相关单位征求意见，然后进行再次修改，这些草稿送审或发出供讨论或征求意见时，需要做相应标注，如草案、征求意见稿、讨论稿、送审稿、初稿等。

2. 定稿

也称为“原稿”，是经领导人审阅签发或经会议讨论通过的最后完成稿，是缮印正本的依据。

定稿反映了文件撰拟、审核、签发的全过程，具有凭证作用，因此，凡需归档保存的公文，其定稿也要归档。

二、公文的文本

1. 正本

是根据定稿缮印，用于向外发出、供受文者使用的正式文本。正本按照格式标准制作，并具备各种生效标志。

有时出于需要，同一份公文根据需要而采用两种或两种以上语言文字的文本，例如汉文文本和少数民族文字文本、中文本和外文本。这些文本的文字虽然不同，但均属于正式文本，即正本。

正本由收文机关根据其查考价值，决定是否需要归档保存，如果需要归档保存具有多种语言文字的文本，则应该将所有文本一并归档。

2. 副本

是正本的副份或复制本，一般是供抄送、传阅、存档备查之用。其中用于与定稿一同归档保存的文本，又称为“存本”，主要用于与定稿对照，查验正本发出后可能出现的问题。

副本一般与正本同时产生，也可以在正本产生之后另行复制，其格式和内容与正本完全或部分相同，并具有与正本相同的效力。

本节知识检查站：

一、请回答下列问题

1. “征求意见稿”属于哪种稿本？

2. 草稿需要归档保存吗？

3. 什么是副本，它与正本是什么关系？

4. 什么是存本？

5. “原稿”是草稿还是定稿？

二、延伸思考

公文定稿的作用是什么，在使用OA系统办公进行公文流转的环境下，公文的定稿与正本所差无几，是否还需要归档？

第二单元　文书工作

第二单元　文书工作

- 文书工作概述
- 行文规则
- 收发文办理

“文书工作”又称“公文工作”“文件工作”，是文书学的研究重点，也是开展文书工作的重要理论和方法指导。本单元标题沿用文书学的传统称谓——“文书工作”，但在文中，也会依据不同语境，交替使用“文书工作”“公文工作”等词语。

第四章 文书工作概述

4 认识文书工作

➢ 文书工作的内容及工作原则
➢ 文书工作机构

文书工作服务于各类组织的管理活动，直接影响组织的工作效率，因此，文书工作组织、工作制度以及办理流程等成为文书学的重要研究内容，也为各类组织开展文书工作提供理论指导。

第一节　文书工作的内容及原则

文书工作一直是我国党政机关和其它各类组织的一项专门工作，在长期的理论研究和实践探索之后，已经形成一套较为完整的组织体系和工作体系，并具有很强的专业性和规范性。

一、文书工作的内容

文书工作又称公文工作、文件工作、文书处理工作、公文处理工作或文件处理工作，是指以文书拟制、办理、管理等一系列相互关联、衔接有序的工作。2012年《党政机关公文处理工作条例》中，将其称为公文工作，包括三项内容：

1. 公文拟制工作

包括公文起草、审核、签发等内容。

2. 公文办理工作

包括收文办理、发文办理和整理归档等内容。

3. 公文管理工作

主要包括公文工作的组织领导、文书人员队伍建设、制度建设等内容，以及涉密公文管理等方面的专门要求。

文书工作以收发文办理为核心内容。

在1949年以前，文书办理流程一般属于各衙门或公署的办事规程。1951年中央人民政府政务院颁布的《公文处理暂行办法》第一次将公文办理列为单独一章，作出统一规定。

1951年的《公文处理暂行办法》、1981年的《国家行政机关公文处理暂行办法》和1987年的《国家行政机关公文处理办法》中，公文办理部分都是将收文和发文作为一项工作进行程序设计；1993年国务院办公厅发布《国家行政机关公文处理办法》，开始将公文办理分为收文和发文两个部分，分别做流程规定；2000年国务院发布的《国家行政机关公文处理办法》将公文办理分为发文办理、收文办理和公文归档三个部分；2012 年《党政机关公文处理工作条例》中，继续维持了这三个部分的划分方式，但将原来发文办理中的公文起草、审核和签发单列为“公文拟制”，独立于公文办理之外。（表 4-1-1 公文办理工作的内容）

表 4-1-1　公文办理工作的内容

<table>
<tr><th>名称</th><th colspan="4">公文办理</th></tr>
<tr><td>1951 年中央人民政府政务院发布的《公文处理暂行办法》</td><td colspan="4">收文、分文、办文、签发、缮校印、发文和归档</td></tr>
<tr><td>1981 年国务院办公厅发布的《国家行政机关公文处理暂行办法》</td><td colspan="4">收文、分办、催办、拟稿、审核、传递、立卷、销毁</td></tr>
<tr><td>1987 年国务院办公厅发布的《国家行政机关公文处理办法》</td><td colspan="4">登记、分办、批办、承办、催办、拟稿、审核、签发、缮印、用印、传递、归档、销毁</td></tr>
<tr><td rowspan="2">1993 年国务院办公厅发布的《国家行政机关公文处理办法》</td><td colspan="2">收文办理</td><td colspan="2">发文办理</td></tr>
<tr><td colspan="2">传递、签收、登记、分发、拟办、批办、承办、催办、查办、立卷、归档、销毁</td><td colspan="2">拟稿、审核、签发、缮印、校对、用印、登记、分发、立卷、归档、销毁</td></tr>
<tr><td rowspan="2">2000 年国务院发布的《国家行政机关公文处理办法》</td><td colspan="2">收文办理</td><td>发文办理</td><td>公文归档</td></tr>
<tr><td colspan="2">签收、登记、审核、拟办、承办、催办</td><td>草拟、审核、签发、复核、缮印、用印、登记、分发</td><td></td></tr>
<tr><td rowspan="3">2012 年中共中央办公厅国务院办公厅发布的《党政机关公文处理工作条例》</td><td rowspan="2">公文拟制</td><td colspan="3">公文办理</td></tr>
<tr><td>收文办理</td><td>发文办理</td><td>整理归档</td></tr>
<tr><td>起草、审核、签发</td><td>签收、登记、初审、承办、传阅、催办、答复</td><td>复核、登记、印制、核发</td><td></td></tr>
</table>

二、文书工作的原则

（一）文书工作原则的提出和发展变化

文书工作的原则是文书工作管理和运行的基本依据，是长期工作实践的总结和理论升华。1949 年中华人民共和国成立以后，在 1951

年由中央人民政府政务院颁布的《公文处理暂行办法》中，开始对文书及文书工作提出专门要求："公文的文字应简明、确切、条理清楚；处理应迅速、准确、周密，手续力求简便，并严格注意保守国家机密"。

1955年《中国共产党中央和省（市）级机关文书处理工作和档案工作暂行条例》中首次明确提出："文书处理工作的基本原则，是及时准确地处理文书；反对积压和紊乱，反对文牍主义。"

1981年以后历次发布的党政机关公文处理工作条例或办法中，都结合工作实际，对党政机关文书工作提出相应要求，其中，准确、及时、安全、保密成为延续不变的基本工作要求；1996年中共中央办公厅印发的《中国共产党机关公文处理条例》中首次在"准确、及时、安全、保密"的要求之上，提出公文处理应当坚持实事求是、按照行文机关要求和公文处理规定进行的原则；2000年国务院发布的《国家行政机关公文处理办法》中，在坚持"实事求是"的原则的同时，又提出了"精简、高效"的原则；2012年中共中央办公厅和国务院办公厅印发的《党政机关公文处理工作条例》中，又将之前公文处理工作的原则和要求进行整合，提出了"实事求是、准确规范、精简高效、安全保密"的原则。（见表4-1-2我国机关文书工作原则的发展变化）。

表4-1-2　我国机关文书工作原则的发展变化

年份	名称	文书工作原则
1951	中央人民政府政务院颁布的《公文处理暂行办法》	公文的文字应简明、确切、条理清楚； 处理应迅速、准确、周密； 手续力求简便，并严格注意保守国家机密。
1955	《中国共产党中央和省（市）级机关文书处理工作和档案工作暂行条例》	文书处理工作的基本原则，是及时准确地处理文书；反对积压和紊乱，反对文牍主义。
1981	国务院办公厅发布的《国家行政机关公文处理暂行办法》	公文处理必须做到及时、准确、安全，由文书部门统一收发、分办、传递、用印和归档；各级国家行政机关的公文处理工作，必须实行严格的保密制度，确保国家机密。

续表

年份	名称	文书工作原则
1987	国务院办公厅发布的《国家行政机关公文处理办法》	公文处理必须做到准确、及时、安全。公文由文书部门统一收发、分办、传递、用印、立卷和归档；国家行政机关的文书工作，应贯彻党政分工的原则；各级国家行政机关的公文处理工作，必须严格执行有关保密规定，确保国家秘密。
1993	国务院办公厅发布的《国家行政机关公文处理办法》	公文处理必须做到及时、准确、安全；公文由文秘部门统一收发、分办、传递、用印、立卷、归档和销毁；各级行政机关的公文处理工作，应贯彻“党政分开”的原则；在公文处理工作中，必须严格执行国家保密法律、法规和有关保密规定，确保国家秘密安全。
1996	中共中央办公厅印发的《中国共产党机关公文处理条例》	公文处理应当坚持实事求是、按照行文机关要求和公文处理规定进行的原则，做到准确、及时、安全、保密。
2000	国务院发布的《国家行政机关公文处理办法》	公文处理应当坚持实事求是、精简、高效的原则，做到及时、准确、安全；公文处理必须严格执行国家保密法律、法规和其他有关规定，确保国家秘密的安全。
2012	中共中央办公厅和国务院办公厅印发的《党政机关公文处理工作条例》	公文处理工作应当坚持实事求是、准确规范、精简高效、安全保密的原则。

（二）文书工作的四项原则

1. 实事求是

实事求是是文书工作最基本的原则，是对文书工作作风的要求。

实事求是，是党的思想路线，是我们党领导全国人民进行不懈奋斗的核心精神。1938 年毛泽东同志在中共六届六中全会上的政府报告中指出，“共产党员应是实事求是的模范，又是具有远见卓识的模范。因为只有实事求是，才能完成确定的任务；只有远见卓识，才能不失前进的方向”。1940 年他在《新民主主义论》中强调“科学的态度是‘实事求是’”。1941 年又在《改造我们的学习》一文中对“实事求是”做了科学阐释：“‘实事’就是客观存在着的一切事物，‘是’就是客观事物的内部联系，即规律性，‘求’就是我们去研究。我们要从国内外、省内外、县内外、区内外的实际情况出发，从其中引出其固有的而不是臆造的规律性，即找出周围事变的内部联系，作为我们行动的向导。”此后，“实事求是”成为中国共产党人思想路线的核心内容。

1978年邓小平同志发表了《解放思想，实事求是，团结一致向前看》的重要讲话，并于1982年在党的十一届五中全会谈到思想路线时说：“三中全会确立了，准确地说是重申了党的马克思主义的思想路线，马克思、恩格斯创立了辩证唯物主义和历史唯物主义的思想路线，毛泽东同志用中国语言概括为‘实事求是’四个大字。实事求是，一切从实际出发，理论联系实际，坚持实践是检验真理的标准，这就是我们党的思想路线”。1992年，江泽民同志在党的十四大报告中指出：“解放思想、实事求是，是建设有中国特色社会主义理论的精髓，是保证我们党永葆生机的法宝。”

习近平总书记也在很多讲话中一再强调：实事求是是马克思主义的精髓，是我们共产党人的重要思想方法。他指出：我国革命、建设、改革的历史反复证明，只有制定符合实际的政策措施，采取符合实际的工作方法，党和人民事业才能走上正确轨道，才能取得人民满意的成效。正是由于我们坚持了解放思想、实事求是、与时俱进、求真务实的基本要求，我们才能不断推动中国特色社会主义伟大事业的发展。可以说：坚持实事求是，就能兴党兴国，就能实现中华民族伟大复兴；违背实事求是，就会误党误国，就会葬送中国特色社会主义伟大事业。

公文，特别是党政机关的公文，是党政机关贯彻党的思想路线，实施领导、治国理政的重要载体和工具。围绕着它所进行的文书工作的起点和最终目的都是为了解决工作中的问题，必须坚持实事求是的工作作风。首先，文书工作要反对形式主义、文牍主义，应该尊重客观事实，注重效用，从实际出发，以解决实际问题为目标，而解决问题的办法就是通过调查研究，在充分占有和分析第一手材料的基础上概括出新思想、新观点、新论断、新举措，只有这样，制发的公文才能有的放矢，取得实际效果。其次，公文是各类组织实施领导、履行职能、处理公务的工具，所承载、传递的必须是准确、全面、客观的信息，不能弄虚作假、报喜不报忧，也不能随意标注公文缓急程度，确属紧急事项的，应在文中注明紧急原因及在本部门的办理过程。

2. 准确规范

准确规范是文书工作的质量要求。

首先，内容准确的公文可以提高沟通发起者的可信度，反映发文机关务实、求实的工作作风，保证决策的正确性和贯彻执行的准确性；形式规范的公文不仅可以防伪，还可以通过各种公文格式要素保证公文信息完整、充分。

其次，公文拟制必须正确反映领导意图和管理意图，做到政策正确，观点正确，内容正确，格式规范，用语准确，不能有任何错误。

再次，文书工作是管理工作的重要组成部分，文书工作质量对管理工作质量有直接影响，多年来，我国党政机关一直将推进公文处理工作科学化、制度化、规范化作为提高机关工作效率和管理水平的重要措施，准确和规范则是对文书工作的基本质量要求。公文办理要遵循相关规定，不能自行其是、随心所欲，做到程序规范，主送、抄送准确，分办准确等。

3. 精简高效

精简高效是对文书工作效率的要求，也是文书工作特性的具体体现。

我国文书工作研究始于20世纪30年代的“行政效率运动”，文书工作改革被当作提高行政效率的有效措施引起各方重视，此后，文书工作也一直与机关办事效率、政府工作效能紧密相连，因此可以说效率是文书工作的生命线。而精简和高效就是效率要求的体现。

“精简”就是精简文件，减少发文数量，将各级领导机关和领导干部从“文山”中解放出来，以便于他们有更多的时间密切联系人民群众，集中精力抓工作。“高效”就是快捷地进行文书处理工作，反对拖拉和积压，将文件中布置的工作落到实处。文书人员要分清轻重缓急，有秩序、快节奏、高效率地处理公文，在收文和发文的每个环节都要迅捷、畅达、不拖延、不停滞。

党中央、国务院一直将准确、及时，克服官僚主义、形式主义、文牍主义作为对文书工作的基本要求。20世纪八九十年代以来，党中央、国务院多次发文，例如《国务院关于克服官僚主义进一步转变工作作风提高办事效率有关问题的通报》（国发〔1999〕9号），《国务院关于进一步精简会议和文件的通知》（国发〔2000〕30号），《国务院办公厅关于进一步做好公文处理工作有关事项的通知》（国办发〔2001〕5号），《国务院办公厅关于国务院办公厅精简会议文件改进会风文风的意见》《中共中央办公厅国务院办公厅关于进一步精简文件和简报的意见》（中办发〔2012〕16号）等，要求从制度上解决，从源头上把关，把过多过滥的发文切实精简下来。国务院领导同志也对公文处理工作提出要求，例如，坚决克服官僚主义、反对推诿扯皮等不良作风，提高办事效率；转变工作方式，改进运转程序，加快公文处理速度；加强督办、催办、讲求实效；充分利用现代化办公手段，提高工作效率等等。

这些要求概括起来主要分为三个方面：第一，坚决克服官僚主义、形式主义，积极采取各种有效措施，使发文少而精；第二，通过转变工作作风和工作方式，改进运转程序等方式，使办文手续严格简便，提高整体的工作效率；第三，采用现代化办公技术，提高工作效率。这些要求被具体化为一系列措施，列入历次发布的《国家行政机关公文处理办法》《中国共产党机关公文处理工作条例》和2012年的《党政机关公文处理工作条例》。

4. 安全保密

安全保密是对文书工作的管理要求和纪律要求。

党政机关、企事业单位和其它各类组织应该保守的秘密主要包括国家秘密、工作秘密及商业秘密。其中，国家秘密是指关系国家安全和利益，依照法定程序确定，在一定时间内只限一定范围的人员知悉的事项。工作秘密是指国家机关、各类组织在公务活动和内部管理中不属于国家秘密但不宜公开扩散的事项。商业秘密是指不为公众所知悉、能为权利人带来经济利益、具有实用性并经权利人采取保密措施的技术信息和经营信息。保密工作是指对这些需要保密的事项采取有效措施，防止失密、泄密和窃密。

公文是党政机关和其它各类组织管理信息、决策信息、经营信息的重要载体，出于党和国家以及各类组织的利益需要，其中有很多内容只能在一定时间内限一定范围内的人员知悉，因此必须树立牢固的保密观念。在文书工作的各个环节建立保密措施，严肃保密纪律，保证公文实体安全和内容安全。涉密公文更须由各机关确定的涉密人员负责起草、印制、传递、保管、销毁和利用等工作。

（1）公文起草阶段的保密工作

在涉密公文的酝酿、讨论、起草阶段，就要对公文的起草意图及内容进行保密，不仅要做到不将它作为一般谈话内容，在酝酿拟写时，还要注意周围环境，避免被不相关的人看到、听到有关内容。

（2）公文印制阶段的保密工作

第一，涉密公文只能在规定的部门如单位内部打字室、经保密部门审查批准的专门印刷单位等印制，不能不加鉴别地委托他人或在其它任何地方印制。

第二，应明确规定涉密公文的印制份数，印制部门须按规定数印制，不能擅自多印多留，万一有超出的份数，要采取合乎规定的手段及时销毁。涉密等级高的公文在印制全过程中，要派专人在现场监督，并履行严格的交接手续。

（3）公文封装时的保密工作

涉密公文要用标有密级和保密标志的公文信封进行装封；装封前还要对发文份数、收文单位等进行认真检查，防止错发或漏发；装封要严密，并符合规定。

（4）公文传递过程中的保密工作

第一，发出和收到涉密公文时，要进行登记，特别是收到公文时，要当面检查核对无误后再签收，并及时登记；在此后的传递、借阅等过程中，也要进行登记，以便于文件在每个流转环节中都能有记载并得到控制。

第二，涉密公文应当通过机要交通、邮政机要通信、城市机要文件交换站或者收发文件机关机要收发人员进行传递，通过密码电报或者符合国家保密规定的计算机信息系统进行传输。涉密公文不能通过快递、一般邮政等渠道传递。

第三，取送涉密公文的人员事先应该经过保密业务培训，并在传送过程中，积极防范，采取各种有效措施对文件的安全负责。绝密文件不许个人携带，在取送过程中，要有两人以上同行。严格禁止工作人员一般外出时随身携带涉密文件，更不允许将绝密文件带回家中或公共场所。

（5）公文保管阶段的保密工作

第一，应当建立机要保密室和机要阅文室，并按照有关保密规定配备工作人员和必要的安全保密设施设备，按照所定密级严格管理涉密公文。绝密级公文应当由专人管理。

第二，复制、汇编机密级、秘密级公文，应当符合有关规定并经本机关负责人批准。绝密级公文一般不得复制、汇编，确有工作需要的，应当经发文机关或者其上级机关批准。复制、汇编的公文视同原件管理。复制件应当加盖复制机关戳记。翻印件应当注明翻印的机关名称、日期。汇编本的密级按照编入公文的最高密级标注。

第三，涉密公文应当按照发文机关的要求和有关规定进行清退或者销毁。对涉密文件要定期检查，一般要做到日理月清，绝密文件则要日清日理；发文机关规定要收回的文件，要按时如数清点退回；借出或暂时发出的涉密文件，要按期收回。

（6）涉密公文的销毁

销毁涉密公文必须严格按照有关规定履行审批登记手续，确保不丢失、不漏销。个人不得私自销毁、留存涉密公文。其它不具备归档和保存价值的公文，经批准后可以销毁。

本节知识检查站：

一、请回答下列问题：

1. 文书工作包括哪几项内容？

2. 公文办理工作主要包括哪三项内容？

3. 文书工作的原则有哪些？

4. 涉密公文应如何管理？

二、延伸思考：

1. 如何看待我国党政机关历次发布的公文处理办法或条例中文书工作原则的内容变化？这些原则变化的背景是什么？

2. 文书处理工作如何做到高效、便捷？

第二节 文书工作机构

文书工作机构又称文书机构或文书部门，是指在党政机关企事业单位和其它各类组织中负责办文的部门。既包括专门负责文书处理工作的部门，如办公室、以及秘书、保密、机要、文印、收发、文电等处（科）室，也包括因经管某项业务、承担某项职能而形成文书、存在相应文书工作的部门。

一、文书工作机构类型

我国党政机关和各类组织的文书工作机构通常可以分为文书工作的中心机构、分支机构和专门机构三种类型（见图 4-2-1 文书工作机构类型）：

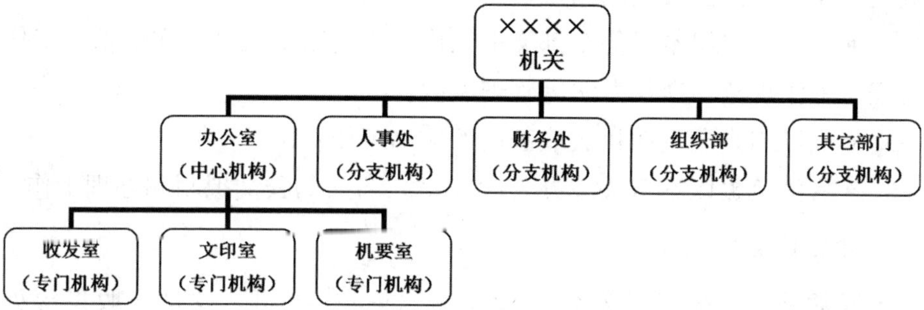

图 4-2-1 文书工作机构类型

（一）中心机构

是指各类组织的办公厅（室）或承担类似工作的其它名称的部门。我国没有全国性的文书工作领导机构，各类机关、企事业单位及其它各类组织分别对本系统、本单位文书工作进行领导和管理，具体方式如下：

1. 本系统最高层级办公厅负责本系统文书工作

如中共中央办公厅和国务院办公厅负责指导党政机关的文书工作，通过发布《党政机关公文处理工作条例》和有关文件、召开全国秘书长和办公厅主任会议等对全国党政机关文书工作进行领导。

2. 本机关办公厅（室）负责本机关的文书工作

机关内的文书工作，由秘书长或办公厅（室）主任在机关分管领导的指导下具体负责。秘书长或办公厅（室）主任根据本机关的具体情况制定必须的文书工作方案、制度、工作流程等，并对日常文书工作进行监督、检查。机关办公厅（室）依据本机关文书工作组织形式承担相应的文书工作，并对同级各部门的文书工作进行监督指导。

3. 上级机关的办公厅（室）有责任对所属下级机关的文书工作进行业务指导，下级机关的办公厅（室）在上级机关办公厅（室）的指导下主持开展本机关文书工作。

总之，各类组织中的综合办公部门——办公厅（室）在文书工作中具有重要作用，承担着建立健全本机关文书管理制度，确保管理严格规范，充分发挥公文效用的职责，其具体工作包括：

- 领导与组织本机关全部文书工作，负责制定文书工作要求、工作流程、工作规范、考核办法等管理制度；
- 领导与指导下属机关或部门的文书工作；
- 具体负责以本机关或办公厅（室）名义的公文拟制和办理工作。

（二）专门机构

通常是在办公厅（室）下设秘书、文电、机要、文印、收发等处（科）室，承担相应的某一项或几项文书工作。

（三）分支机构

是指采取分散式或复合式（详见下文“文书工作的组织形式”）的组织内，各职能部门设置的相应文书工作机构或岗位。这些机构要接受办公厅对文书工作的指导和监督，同时由于它们在承担文书工作的同时，大多还承担其它工作，所以有些场合又称之为兼职文书机构。

二、文书工作的组织形式

文书工作的组织形式是指一个组织内文书工作机构设置和工作分工的形式安排，确定文书工作的组织形式应以最大限度地满足组织各项工作需要，保证文书工作效率为原则。我国党政机关和其它各类组织文书工作的组织形式基本上有三种类型：

1. 集中式

集中式是指在一个组织内，职能部门只负责公文的承办和代拟，办公厅（室）承担其它文书工作和文书工作管理职责。

在这种组织形式下，文书工作的整体性强，便于对文书工作实行集中统一管理，但灵活性较差。主要适用于规模不大、职能简单、业务量和公文量不多、驻地集中的中小型组织和基层单位，同时也适用于职能单一、组织机构层级不多、分工不明确、驻地集中的大中型组织。

2. 分散式

分散式是指按组织机构划分对文书工作进行分工，在组织内部，每个职能部门都是一个相对独立的文书工作部门，办公厅（室）通常只负责领导层各项公文服务工作和机关总部的文书工作，并对各部门的文书工作进行指导监督。

这种文书工作组织形式灵活性强，公文办理周转时间通常要短于集中式，但不利于办公厅（室）对于整个文书工作的掌控。通常这种组织形式适用于规模大、公文数量多、分工明确的大型组织，以及各职能部门、分支机构驻地分散的大中型组织。

3. 复合式

即一个组织内同时采用分散式和集中式两种组织形式，例如，在采取集中式的组织形式的同时，允许一些驻地在外或公文量较大的职能部门成为相对独立的文书工作实体；或者由办公厅室负责领导层公文服务工作、综合性公文的处理和管理、重要公文的收发办理、以及对各部门的文书工作进行指导监督，各职能部门文书工作相对独立，承担本部门职权范围内的各项文书处理和管理工作，但文书的收发及部门重要公文的审核仍需由办公厅（室）负责。

复合式兼收集中式和分散式之长，我国大多数大中型组织均采取这种组织形式。

确定文书工作机构及文书工作的组织形式，不仅是科学开展文书工作的需要，也是落实上个世纪五十年代我国确立的“由文书或业务部门负责立卷归档”制度的基础措施：明确了文书工作机构，就明确了归档文件收集、整理、移交的责任部门；明确了文书工作的组织形式，就为档案部门组织归档工作提供了抓手。

本节知识检查站：

一、请回答下列问题

1. 什么是文书工作机构？

2. 什么是文书工作的分支机构？

3. 文书工作的中心机构是哪个部门，具有哪些职责？

4. 文书工作的组织形式有哪几种？

二、延伸思考：

1. 确定文书工作机构及文书工作的组织形式，对归档工作有哪些积极意义？

2. 为什么我国大多数大中型组织的文书工作均采取复合式的组织形式？在普遍实现了办公自动化、网络化的今天，这种情况是否会发生变化？

第五章　行文规则

认识文书工作

5

- 精简公文的规则
- 根据隶属关系和职权范围确定行文关系的规则
- 向上、向下及联合行文的规则

“行文”是指各级机关撰制公文，向受文机关运行的活动，对发文和收文机关的工作效率均产生重要影响，需要在行文关系和行文方式约束下进行，从制度上加以规范。“行文规则”即公文运行时应该遵守的各种规则，它根据机关的组织系统、工作关系和职权范围规定各级机关的行文关系，从效率出发规定公文制作和传递的路径、方式。

1951年中央人民政府政务院颁布《公文处理暂行办法》，首次通过“行文关系”一章就公文运行做出规范，1987年国务院办公厅发布的《国家行政机关公文处理办法》中将“行文关系”一章改称“行文规则”，此后“行文规则”成为历次发布的公文处理办法或条例中的固定内容。

第一节 精简公文的规则

我国党政机关一直以精简公文为提高机关行政效率的重要措施，并在《党政机关公文处理工作条例》的行文规则中明确规定行文应当确有必要、讲求实效、注重针对性和可操作性。

一、2000 年以来我国党政机关精简公文的重要文件

2000 年以来，我国党和政府将精简会议和文件做为治理公文的一个重要内容，发布了一系列文件。2000 年，国务院发布《关于进一步精简会议和文件的通知》（国发〔2000〕30 号），通知指出，文件多，会议多，既造成浪费，也使不少机关和领导干部陷入“文山会海”，不能集中精力想大事、议大事、抓大事，同时还会助长官僚主义、形式主义、文牍主义，影响机关的工作效率，影响党和政府的形象。并针对部门内设机构越权发文造成文件过多等现象，提出了五条精简文件的措施，这是以文件形式对 1999 年发布的《国家行政机关公文处理办法》中多条行文规则进行的再次强调：

1. 各部门要在进一步转变管理职能和减少审批事项上多下功夫。在此基础上，采取有力措施，坚决把本部门的发文总量减下来。

2. 各部门要严格控制向地方政府发文。除与地方政府商洽工作、征求或回复意见外，未经国务院批准，各部门一般不得向地方政府正式发文。

3. 严格控制部门内设机构发文。部门内设机构除办公厅（室）外，不得对外正式行文。冠有“中华人民共和国”字样、代表国家行使行政管理职能的部门内设机构，可以对外行文，但必须严格限定在职责范围内。各部门要加强对内设机构

发文工作的监督检查，发现擅自对外的正式行文，要立即予以撤销。

4. 各部门要各司其职、各负其责。凡本部门权限范围内能够解决或通过部门间协商能够解决的事项，一般不要请示国务院；凡本部门发文或几个部门联合发文能够解决的，不得要求国务院批转或国务院办公厅转发。

5. 要认真做好各种简报的清理、整顿工作。各部门应根据工作需要，大力压缩简报的种类和数量。一个部门应集中力量办好一至二种简报。简报的内容要言之有物，实事求是，反对空话套话，力戒形式主义。要尽量利用信息报送渠道反映情况，凡可以通过网络传递的，不再以纸质形式传递。

2001 年中共中央办公厅、国务院办公厅又联合制发《关于进一步精简会议和文件的意见》（中办发〔2001〕27 号），提出四条精简各类文件、简报的规定和要求：

1. 大力压缩发文数量。发文应当注重实效，切实解决实际问题，坚持少而精的原则，可发可不发的公文坚决不发，可长可短的公文一定要短。凡是法律法规已有明确规定的一律不再发文，已全文公开播发见报的不再印发文件。对党中央、国务院文件，各地区、各部门要结合实际提出具体贯彻落实意见，不得照抄照搬，层层转发。对现有的简报要清理压缩，该停的停，能并的并。对确定印发的文件简报，要从内容、形式、发送范围、印数等方面拟定具体改进措施。

2. 进一步压缩文件简报报送范围。各地区、各部门的文件简报可以报送党中央、国务院，省部级内设机构和下属单位的文件简报一律不得直接报送党中央、国务院。各地区、各部门需要报送党中央、国务院或中共中央办公厅、国务院办公厅的文件简报，应向中共中央办公厅、国务院办公厅备案，今后凡不在备案之列的文件简报一律不予受理。

3. 严格按照隶属关系和职权范围行文。各地区、各部门向党中央、国务院报文，属于党委职权范围以内的工作以党委（党组）名义报党中央，属于政府职权范围以内的工作以政府或部门名义报国务院。凡本部门发文或几个部门联合发文能够解决的，不得要求党中央、国务院批转或由中共中央办公厅、国务院办公厅转发；未经党中央、国务院批准，中央和国家机关各部门不得向地方党委、政府发文，也不能要求地方党委、政府向本部门报文；部门的内设机构除办公厅（室）根据授权可以对外正式行文外，其它内设机构不得对外正式行文。

4. 下大气力提高文件简报质量。各地区、各部门印发的文件简报既要加强对全局工作的指导性，又要注重在上体工作中的可操作性，切实提高针对性和时效性。要注意改进文风，文件简报要简明扼要，分析问题要切中要害，所提建议要切实可行。

2007年《国务院办公厅关于国务院办公厅精简会议文件改进会风文风的意见》再次从精简文件、改进文风的目的出发，提出以下六条意见：

1. 控制文件规格。能以国务院办公厅名义印发的，不以国务院名义印发；能以函的形式（指公文格式中区别于“文件格式”的“信函格式”）印发的，不以文件形式印发；能以“白头”文件（指没有《国家行政机关公文格式》规定的眉首即没有“红头”部分的文件）印发的，不印发红头文件；属于部门职责范围的，原则上均由部门发文。

2. 减少文件数量。凡能通过电话、传真、政府专网解决问题的不印发文件。要控制文件发送范围，减少发文份数；给部门增加文件份数，要严格按有关规定办理。国务院领导同志的讲话，不宜公开发布的，以《内部情况通报》形式印发；可公开发布的，应在中国政府网及时发布，并即由新华社公开报道；已在中国政府网发布的，一般不再印发《内部情况通报》。凡已及时公开发布的文件，各地区、各部门不得层层发文转发。

3. 压缩文件篇幅。国务院印发的普发类文件一般不超过5000字，国务院办公厅印发的普发类文件一般不超过4000字。起草国务院领导同志在全国性工作会议上的讲话稿，一般不超过8000字；在其他会议上的讲话稿，一般不超过5000字。领导同志讲话印发《内部情况通报》时应视情做必要的精简，原则上不超过5000字。

4. 提高文件质量。起草文件和讲话稿要注重针对性、指导性和可操作性，突出主题，不搞“穿靴戴帽”，尽量减少关于重要性或意义的一般性论述。倡导清新简练的文风，做到意尽文止、条理清楚、文字精炼。

5. 精简简报。国务院召开的会议一般不出简报、快报。此外，除新成立的部门外，原则上不再为部门增加备案简报种类。国务院办公厅各司局要办好现有简报，一般不再增加新的简报种类；简报一般不超过1500字，调研报告一般不超过4000字。

6. 提高公文传输效率。在严格安全保密的前提下，充分利用政务信息化系统，减少纸质公文数量，提高公文处理时效。

2012年12月4日，中共中央政治局召开会议，审议通过了中央政治局关于改进工作作风、密切联系群众的八项规定，再次提出要精简文件简报，切实改进文风，没有实质内容、可发可不发的文件、简报一律不发。

党的十八大以来，习近平总书记就加强党的作风建设，力戒形式主义、官僚主义作出一系列重要指示。2019年，习近平总书记专门作出重要批示，强调2019年要解决一些困扰基层的形式主义问题，切实为基层减负。为贯彻落实习近平总书记重要指示批示精神，更好为基层干部松绑减负，激励广大干部担当作为、不懈奋斗，经中央领导同志同意，决定将2019年作为“基层减负年”，为此，中共中央办公厅印发《关于解决形式主义突出问题为基层减负的通知》，将严格控制层层发文、层层开会，着力解决文山会海反弹回潮的问题做为一项重要工作。通知要求：

认真贯彻落实中央八项规定及其实施细则精神，从中央层面做起，层层大幅度精简文件和会议，确保发给县级以下的文件、召开的会议减少30%-50%。发扬“短实新”文风，坚决压缩篇幅，防止穿靴戴帽、冗长空洞，中央印发的政策性文件原则上不超过10页，地方和部门也要按此从严掌握。地方各级、基层单位贯彻落实中央和上级文件，可结合实际制定务实管用的举措，除有明确规定外，不再制定贯彻落实意见和实施细则。科学确定中央文件密级和印发范围，能公开的公开。少开会、开短会，开管用的会。上级会议原则上只开到下一级，经批准直接开到县级的会议，不再层层开会。严禁随意拔高会议规格、扩大会议规模，未经批准不得要求党委和政府主要负责同志以及部门一把手参会，减少陪会。提倡合并开会、套开会议，多采用电视电话、网络视频会议等形式。提高会议实效，不搞照本宣科，不搞泛泛表态，不刻意搞传达不过夜，坚决防止同一事项议而不决、反复开会。进一步改革会议公文制度，选择一些地方和单位开展治理文山会海工作试点。

2020年中共中央办公厅印发《关于持续解决困扰基层的形式主义问题为决胜全面建成小康社会提供坚强作风保证的通知》（中办发〔2020〕15号），继续将防止文山会海反弹回潮做为重要措施之一：

切实防止文山会海反弹回潮。中央层面继续发挥示范带动作用，守住精文减会的硬杠杠，对各地区各部门发文开会情况实施动态监测，对出现超发超开苗头的及时预警，确保比2019年只减不增。加强对疫情防控、复工复产工作中发文开会的统筹管理，避免多头发文、层层开会。既要严格控制向县级以下发文的数量，又要精减基层向上级报文报表的数量。着力提高文件、会议质量，进一步明确精文减会的标准和尺度，完善负面清单，不发不切实际、内容空洞的文件，不开应景造势、不解决问题的会议，做到真减负、减真负。防止用形式主义做法解决形式主义问题，对在发文开会方面改头换面、明减实不减的，及时督促纠正。

二、精简公文的原则

2012 年《党政机关公文处理工作条例》中规定，行文应当确有必要，讲求实效，注重针对性和可操作性。

“确有必要”是指制发公文必须是确实出于工作需要，同时行文必须有充分理由和依据，具备成熟的行文条件。提出这一原则的目的是尽量减少不必要的发文，把领导和员工从批文件、写文件、看文件中解放出来，它是反对文牍主义、治理文山会海、提高工作效率的一项重要措施。

“讲求实效”是指公文必须服务于工作实际，一切从实际出发，制定的方针政策措施办法等切实可行，要能解决实际问题，坚持少发文，发短文，做到文约事丰。

“注重针对性和可操作性”是指公文中所制定的方针政策措施办法等要针对特定的任务，解决某些具体问题，拟制公文必须依法依规，注重调研，发扬民主，科学论证，严格把关。不符合上述要求的公文坚决不发。

本节知识检查站：

一、请解释以下概念

1. 行文

2. 行文规则

二、回答下列问题

1. 精简公文可以采取哪些措施？

2. 可以采取哪些措施压缩发文数量？

3. 如何理解“行文应当确有必要，讲求实效，注重针对性和可操作性”的规则？

第二节　根据隶属关系和职权范围确定行文关系的规则

机关之间相互往来文件，构成一定的行文关系，这种关系由机关之间的隶属关系和职权范围决定。

一、隶属关系

隶属关系是指本机关在其组织系统中所处的位置及与其它机关之间的工作关系，它决定着行文工作中的行文关系、行文方向和行文方式。

1. 行文关系

行文关系是机关、团体、企事业单位之间在公文往来中的工作关系，具体包括四种关系情况：

（1）领导与被领导关系：同一组织系统中的上、下级机关之间形成的行政隶属关系，例如国务院和国务院各部委、市政府和区政府等。上级机关可以直接向下级机关发布指示性、指挥性公文，下级机关应该向上级机关请示工作、报告情况。上级机关有权纠正或撤销下级机关所发的不妥公文。

（2）指导与被指导关系：同一组织系统中的上级业务主管部门与下级业务主管部门之间的业务指导关系，例如财政部与各省财政厅、北京市教委和北京市海淀区教委等。上级业务主管部门向下级机关的相关部门进行业务指导、答复问题、布置工作时，必须受职权范围的约束；下级机关的部门可以向上级业务主管部门请示问题或联系工作，但重大事项须经本级党委或者政府同意或授权后，才能向上级主管部门请示、报告。

（3）平行关系：同一组织系统中同级机关或部门之间形成的关系，如国务院各组成部门之间、各省政府之间等。为了完成共同的或各自的任务，同级机关和部门之间需要相互联系和支持、协作。

（4）不相隶属关系：非同一组织系统的任何机关或部门之间形成

的关系，如国家行政机关与解放军机关之间、医院和学校之间等。这些机关单位不存在共同的上级机关，但是也会因为某种工作需要相互联系、接洽工作。

2. 行文方向

行文关系决定了公文的行文方向，即以发文机关为立足点向不同机关运行的去向，一般分为以下三种：

上行，指公文向上级机关单位运行。

下行，指公文向下级机关单位运行。

平行，即公文向同级或不相隶属的机关单位运行。

机关之间的工作关系和行文方向，体现为不同的行文关系，例如：国务院与国务院各部委及各省、自治区、直辖市人民政府之间属于领导与被领导关系，它们在行文上构成有隶属关系的上行文和下行文的关系；财政部与各省财政厅之间属于业务指导关系，在行文上构成主管与被主管的上行文和下行文的关系；省人民政府所属各厅、局之间属于同一系统的平级机关，在行文上构成平行的行文关系；某省党委与某县政府分属党的机关和行政机关两个不同系统，彼此之间属于不相隶属关系，在行文上构成不相隶属的平行关系（表 5-2-1 工作关系与行文关系）。

表 5-2-1　工作关系与行文关系

机关之间的工作关系		行文方向	行文关系
上下级	隶属：领导和被领导机关	上行或下行	上行文和下行文
	业务指导：主管和被主管机关		
平级或不相隶属	同一系统中的同级机关（平级）	平行	平行文
	非同一系统中的机关（不相隶属）		

3. 行文方式

行文方式即行文的方法和形式，是公文传递路线的结构形式。根据行文方向和实际工作需要，主要有以下方式：

（1）逐级行文

即采取逐级行文的方式或只对直属上级或下级机关行文。我国党政机关采取的是一级管一级的直线职能制管理方式，所以逐级行文是上行文和下行文的常用方式。

（2）多级行文

同时将公文下发到所属若干级机关的方式。这种行文方式可以减少中间环节，避免逐级转发。有时一级上级机关会同时向所属各级机关及部门、单位行文，直达基层组织和民众。

（3）越级行文

是指越过直接上级或下级机关，向上或向下行文。各类机关一般不得越级行文，以免打乱正常的领导关系，造成工作脱节或抵触。特殊情况需要越级行文的，应当同时抄送被越过的机关。

特殊情况主要包括：由于情况特殊紧急，如逐级上报下达会延误时机造成重大损失；向非直接下级机关询问或交办事项；经多次请示直接上级机关而问题长期未予解决；由上级机关交办并指定直接越级上报的具体事项；出现需要直接答复询问或联系的具体事项；需要检举、控告直接上级机关等。

（4）直接行文的方式

同级或不相隶属的机关之间互相行文应采用直接行文的方式互发平行文，以减少中间环节，提高办事效率。按组织系统先上报到共同的上级机关，再由上级机关下发文件布置工作的行文方式，会影响上级机关的工作效率，使行文路线无谓延长。

（5）同时上报下达的行文方式

是指将同一文件同时向上级机关和所属下级机关行文，例如向下级机关的重要行文，应当同时抄报直接上级机关。

二、职权范围

职权是指一个机关在其组织系统中所负有的职能和所具有的权力，它是各级机关处理本机关内有关公务的必要条件，同时也是处理与有关公务相关公文的依据。职权分为以下两种：

1. 本机关职权

是指一个机关依照法律规定或依照法律程序确定而具有职责和权

力，因是其完成本职工作经常性使用的职权，故又称经常性职权。

2. 上级机关授权

授权是上级机关为进行某一项工作或完成某一项任务而有条件或有限制地把原属于上级机关的部分职权在一定时间内授给下级机关的行为。这种职权，称为临时性职权。在公文处理过程中，各级机关授权大多为以下两种形式：

（1）授权办公厅（室）行文。即党委或政府机关授权本机关办公厅（室）根据本机关领导机构的意见向本机关各部门或下级机关正式行文。

（2）授权部门行文。即党委或政府授权本机关有关业务主管部门根据本机关领导机构的意见就重要业务问题向下级机关正式行文，多为答复下级机关的请示。

办公厅（室）或业务主管部门在得到领导机构授权向有关部门或下级部门正式行文时，必须在文中注明已经得到领导机构或领导的同意或批准。

任何职权都有边界，在本机关职权范围内，应当行文而不行文是失职，超越本机关职权范围行文即是越权。

本节知识检查站：

一、请解释以下概念

1 行文关系

2. 行文方向

3. 行文方式

4. 上级机关授权

5. 指导与被指导关系

二、回答下列问题

1. 什么情况下才可以越级行文？

2. 在公文处理过程中，各级机关授权分为哪些方式？

第三节　向上、向下行文及联合发文的规则

行文规范是对制发公文活动的规定。各类组织制发公文是组织间传递正式信息，进行组织沟通的重要活动方式，特别强调通过制度规范来保证信息上下、水平流动时的秩序、安全和效率。因此，行文规则中对上行、下行及联合行文做出了严格规定。

一、向上级机关行文的规则

管理沟通研究认为，各类组织的上行沟通普遍容易出现以下问题：

第一，管理者总是被各种信息包围，因而容易忽略下级传递上来的某些重要信息；

第二，下级不按组织程序及领导分工选择沟通对象，沟通对象失当；

第三，下级不作为或少作为，只做二传手，将问题矛盾上交；

第四，下级畏惧权威，不敢畅所欲言，或者报喜不报忧。

针对这些问题，在行文时要注意以下方面：

1. 原则上主送一个上级机关，根据需要同时抄送相关上级机关和同级机关，不抄送下级机关。

下级机关向上级机关请示工作、报告情况、提出意见时，应该根据公文的内容及行文关系正确选择一个主送机关，其它需要了解情况和支持工作的上级机关和同级机关，可以列为抄送机关。这样可以明确主办机关的责任。多头主送会造成上级机关的交叉、重复批示，甚至造成多个受文机关之间的推诿、抵触。

2. 党委、政府的部门向上级主管部门请示、报告重大事项，应当经本级党委、政府同意或者授权。属于部门职权范围内的事项应当直接报送上级主管部门。

重大事项是指涉及国计民生的事项，党委、政府的部门向上级业务

主管部门请示和报告重大事项时，必须首先取得本级党委、政府的同意和授权，以加强党和政府的集中统一领导。而属于部门职权内的事项，则应根据责权划分和责任范围直接报送上级主管部门，以避免行文升级。

3. 下级机关的请示事项，如需以本机关名义向上级机关请示，应当提出倾向性意见后上报，不得原文转报上级机关。

这一规范可以有效约束转报机关的行文行为，落实中间机关的责任，避免中间机关的不作为。

4. 请示应当一文一事。不得在报告等非请示性公文中夹带请示事项。

一份公文请示多个事项，会造成请示在上级机关多个部门间的流转，不仅会延误答复时间，还会造成公文主旨不突出、承办部门不明确等问题。

在非请示性公文中夹带请示事项，往往是下级机关利用非请示性公文可以直接报送给领导者个人的特点在其中夹带请示事项，绕过文秘部门的登记、拟办环节，貌似快捷却打乱了收文办理秩序，而且请示往往被上级机关列为督办事项，夹带在报告等非请示性公文中反而会影响上级机关的及时答复。

既想向上级汇报工作，又想请示解决问题，一般有两种解决方法：一是将“报告”和“请示”分开，形成两份公文分别上报；二是以请示公文为主，将报告的内容作为附件，附在请示后面作为背景材料，方便上级了解请示的充分理由。

5. 除上级机关负责人直接交办事项外，不得以本机关名义向上级机关负责人报送公文，不得以本机关负责人名义向上级机关报送公文。确需向上级领导同志个人报送公文时，一般不得多头分送，因情况紧急确需分送的，应在首页注明分送情况。向上级单位报送情况报告，一般不得抄送领导同志个人。

直接向上级领导同志个人报送，其危害性大体上有三点：

一是未经文秘机构签收、登记，成了“帐外公文”，公文的流向、处理情况不得而知，查无踪迹，成了“断线的风筝”。

二是如果上报的公文没有经过收文机关文秘部门的分办，直接送领导者个人，领导同志也颇为难批，没有部门的审批意见，只能以经验、凭感觉办事，往往失去决策的科学性，并有可能造成领导者越权批示；不批，也有可能影响报送单位的工作。

三是现实中一些单位拿着直送领导的批示件当“尚方宝剑”，到有关部门要钱要物，借领导批示向对方施加压力，引起矛盾。所以，领导同志一般不受理这类直报的请示，而退给文秘机构统一签收、登记、分办，这便形成了“公文倒流”，它破坏了公文处理的正常程序，造成了不必要的紊乱。

6. 受双重领导的机关向一个上级机关行文，必要时抄送另一个上级机关。

受双重领导的机关是指纪检、监察、信访等机关同为党委、政府的工作部门，要接受党委和政府的双重领导。受双重领导的机关向一个上级机关行文，同时抄送给另一个上级机关，可以方便上级机关之间及时沟通情况，开展工作。

7. 严格按照隶属关系和职权范围报送公文。

例如《国务院办公厅关于进一步规范公文处理工作若干事项的通知》（国办函〔2007〕8号）规定：要严格按照隶属关系和职权范围向国务院或国务院办公厅报送公文。应报送国务院审批的事项，不得报送国务院办公厅；明确要求报送国务院的情况报告，不得报送国务院办公厅。各部门不得以办公厅（室）的名义向国务院办公厅报送公文；部委管理的国家局、中央企业以及行业协会等一般不直接向国务院或国务院办公厅报送公文。

二、向下级机关行文的规则

1. 主送受理机关，根据需要抄送相关机关。重要行文应当同时抄送发文机关的直接上级机关。上级机关向受双重领导的下级机关行文，必要时抄送该下级机关的另一个上级机关。

重要行文是指涉及全局性工作的下行文。在向下级机关部署重要工作时，同时抄送该机关的其它上级机关，是为了及时沟通，防止决策失误和指挥失灵。

2. 党委、政府的办公厅（室）根据本级党委、政府授权，可以向下级党委、政府行文，其他部门和单位不得向下级党委、政府发布指令性公文或者在公文中向下级党委、政府提出指令性要求。需经政府审批的具体事项，经政府同意后可以由政府职能部门行文，文中须注明已经政府同意。

党委、政府授权办公厅（室）或政府职能部门行文，是减少以党委、政府名义发文数量的一个重要措施。办公厅（室）及职能部门只有在得到授权的情况下，才能向下级党委、政府行文。

3. 党委、政府的部门在各自职权范围内可以向下级党委、政府的相关部门行文，除以函的形式商洽工作、询问和答复问题、审批事项外，一般不得向下级党委、政府正式行文。因特殊情况确需向省级人民政府正式行文的，应报请本级党委、政府批准，行文时应在文中注明经本级党委、政府同意。超越职能部门职权范围的事项，应报请本级党委、政府行文。

4. 各部门应在职责范围内行文，如果有涉及其它部门职责范围的事项又未与其它部门协商，或虽经协商但未达成一致意见，不可以单独向下行文。擅自行文会构成侵权行为，造成工作中的“文件打架”“政出多门”。上级机关如发现这种情况，有权责令纠正或撤销这类公文。解决这类问题，应提倡部门之间多协商、多对话、多沟通，通过联合行文或授权行文的方式解决。

5. 政府各部门（包括议事协调机构）内设机构除办公厅（室）外，与相应的其他机关进行工作联系确需行文时，只能以函的形式行文，一般不得对外正式行文。

不得对外正式行文的含义是：部门内设机构不得向本部门机关以外的其他机关（包括本系统）制发政策性和规范性文件，不得代替部门审批下达应当由部门审批下达的事项；不得向下一级政府正式行文；如需行文，应报请本级政府批转或由本级政府办公厅（室）转发。因特殊情况确需向下一级政府正式行文的，应当报经本级政府批准，并在文中注明经政府同意。

三、联合行文的规则

联合行文是指以两个或两个以上机关的名义制发公文，既可联合向上行文，也可联合向下行文。联合行文需遵守下列规范：

1. 联合行文的机关之间不相隶属且层级相当。

同级政府之间、同级政府各部门之间、上级政府部门与下一级政府之间可以联合行文；政府与同级党委和军队机关可以联合行文；政府部门与相应的党组织和军队机关可以联合行文。党委、政府的部门根据工作需要，就某些互相有关的业务，经过会商一致后，可以与同级具有行政管理职能的事业单位、人民团体联合行文。但党政机关一般不与企业联合行文。

2. 有共同的管理事项或有关联的事项。

3. 联署机关不宜过多，必须确有必要。

4. 同级党政机关、党政机关与其他同级机关必要时可以联合行文。属于党委、政府各自职权范围内的工作，不得联合行文。

本节知识检查站：

1. 向上级机关行文时，如何确定主送机关？
2. 下级机关的请示事项，本级机关可以原文报送给上级机关吗？
3. 为什么请示要“一文一事”？其它公文是否也要遵守这个要求？
4. 为什么请示不能直接报送领导者个人？
5. 什么情况下可以抄送公文？
6. 党委、政府的部门向下行文时要遵守哪些规则？
7. 联合行文需遵守哪些规范？

第六章　收发文办理

认识文书工作

> 收文办理流程
> 发文办理流程
> 办毕文书处置

2000 年发布的《国家行政机关公文处理办法》中，公文办理（包括收文办理及发文办理）和公文归档为两项并列的工作，2012 年发布《党政机关公文处理工作条例》时，将整理归档归入公文办理工作，并将公文拟制（公文起草、审核、签发）从发文办理工作中独立出来，与公文办理工作相并列。

由于公文拟制和整理归档两项工作自成体系且内容较多，本教材将公文写作和公文整理归档工作设计为两个单元，本章只介绍收文和发文办理流程，并将公文起草、审核和签发的工作内容及要求列为发文办理工作的部分内容。

第一节　收文办理流程

2012 年发布的《党政机关公文处理工作条例》规定，收文办理工作分为签收、登记、初审、承办、传阅、催办、答复七个环节。

一、签收

文秘部门（以党政机关、企事业单位及其它各类社会组织中的办公厅或办公室为主要代表）收文人员收到来文后，应逐件清点收到的公文，核对无误后在公文签收单（或公文投递单、发文通知单、发文清单等）上签字或者盖章，并注明签收时间。具体分为三个步骤（见图 6-1-1 公文签收方法）：

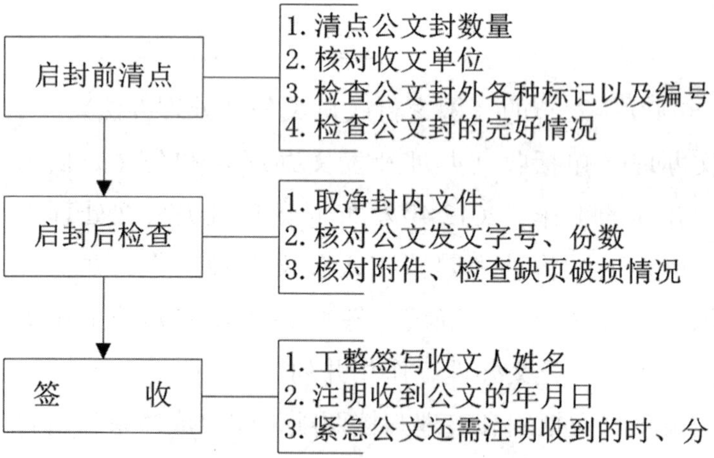

图 6-1-1　公文签收方法

1. 公文启封前的清点工作

清点工作包括：按照公文签收单上的记载清点收到公文信封的数量和来文单位，检查公文封外的各种标记是否正常，带有密级的公文，还应核对公文信封上的编号。如果发现来文数量与公文签收单不符、公文封破损或发现错投件等情况应及时声明。

2. 启封公文并进行检查

拆启信封后，先要确定信封内的文件已全部取出，然后逐份清点所收公文的发文字号、份数等是否与公文签收单上的记载相符，并检查公文的附件是否齐全、是否有缺页破损等情况，如有差错要及时与发文单位联系、查询。

3. 在公文签收单上签收

经清点检查无误后，收文人员在公文签收单上签名表示公文已接收。签名时应签全名，并注明收到公文的年月日，紧急公文还应注明时和分。

二、登记

收文登记工作一般包括加盖收文章、登记和收文分类三项工作。

1. 加盖收文章

收文章是收文机关加盖在收文首页的印章，一般包括本机关名称、收文编号、收文日期三项内容，收文编号一般是在同一年度内按照收文顺序流水编号，如果每年收文较多，还可以按文件来源等标准分类，再在每一类下分别按照收文顺序流水编号。

2. 填写收文登记表

收文登记应当做到及时、准确、登记信息完整，还要在后续办理过程中继续登记和记录公文的办理情况，以便于平时核对、统计、催办及日后的查找利用，是对来文进行管理的重要手段和工具（见表 6-1-1 收文登记表示例）。

收文登记的内容主要包括两类，一类是来文的主要信息，如收文时间、来文单位、来文号（来文的发文字号）、标题、密级、紧急程度、成文日期、份数、附件等，另一类是来文的办理信息和其它管理信息，各单位可以根据实际情况和具体需要自行设计登记项目。例如，可以设计分送时间、承办部门、催办情况、办理结果、答复情况等项目，以掌握来文办理情况；可以附加是否归档、归入类别、保管期限等信息与后续归档工作相衔接。

表 6-1-1　收文登记表示例

××机关收文登记表												
编号	收文日期	来文单位	来文标题	发文字号	密级	附件	份数	承办部门	分送时间	催办情况	办理结果	答复情况

××机关收文登记表												
编号	收文日期	来文单位	来文标题	发文字号	密级	附件	份数	承办部门	是否归档	归入类别	保管期限	备注

3. 分办并填写公文处理单

文秘部门应按照不同办理方式对来文进行分类（见图 6-1-2 收文分类方式 1，图 6-1-3 收文分类方式 2）：

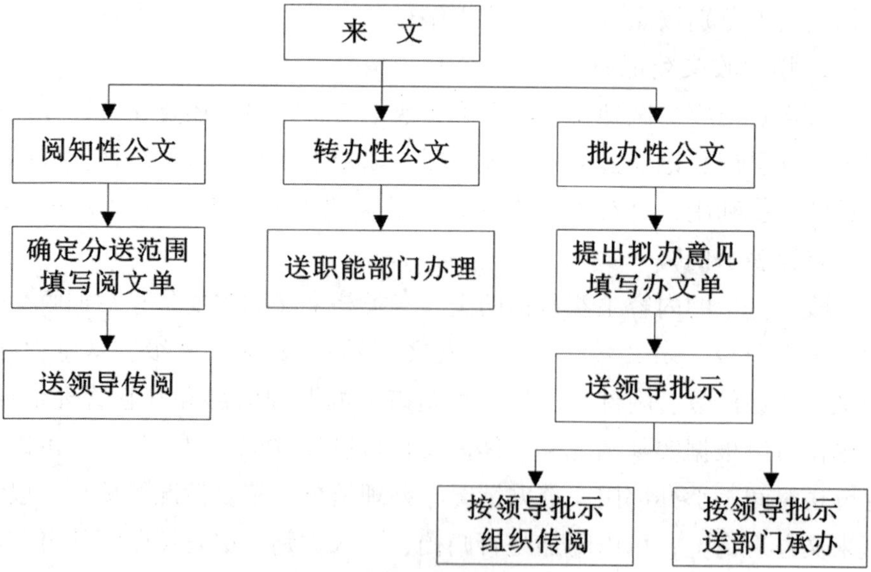

图 6-1-2　收文分类方式 1

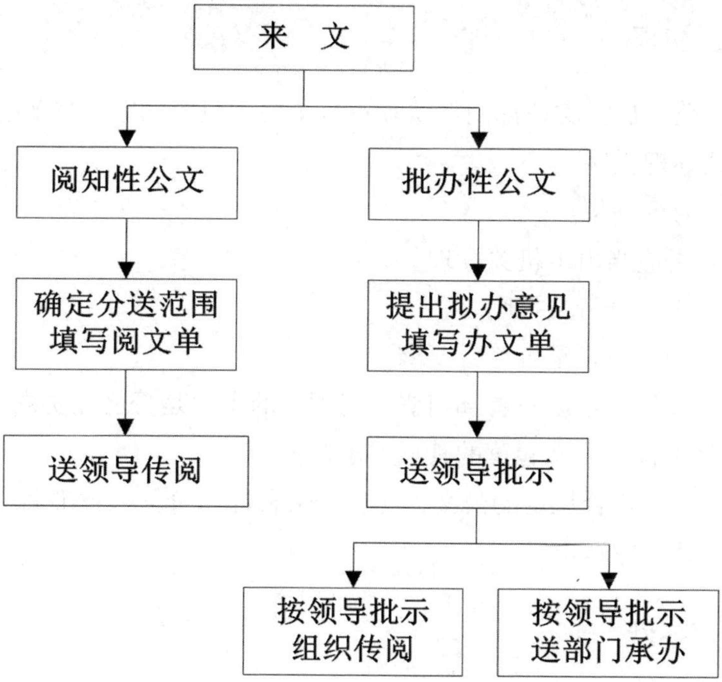

图 6-1-3　收文分类方式 2

1. 阅知性公文，是指需按规定交领导或有关部门、有关人员阅知，不需答复或办理的收文。

2. 办理性公文，是指需要由本机关答复或办理的公文，包括批办性公文和转办性公文两类。

（1）批办性公文，是比较重要的收文，需要由文秘部门提出处理建议，送领导批示，再按领导批示送有关部门、有关人员办理。

（2）转办性公文，是属于部门职权范围内的事项或已经上级机关授权、委托由部门办理事项的公文，由文秘部门直接转请有关部门办理，不需送领导批示。

但也有一些单位为了方便领导了解全局情况，不设转办性公文分类，所有需要办理的来文均按批办性公文处理。

然后，在公文批办单上填写来文基本信息，附在来文之上进入后续办理环节。

三、初审

签收公文后，文秘部门要认真审核来文，只有初审合格的公文才能进入后续办理程序。

审核的重点是：

1. 是否应当由本机关办理。

2. 是否符合行文规则。

3. 文种、格式是否符合要求。

4. 涉及其他地区或者部门职权范围内的事项是否已经协商、会签。

5. 是否符合公文起草的其他要求。

经初审不符合规定的公文，应当经文秘部门负责人批准后及时退回来文单位并说明理由。

四、承办

是指对来文进行签收、登记、初审后，对公文进行实质性处理的一系列活动，包括文秘部门拟办、领导批示、有关部门承办等，它们是收文办理活动中最为关键的工作。具体包括拟办、批办和承办等环节。

（一）文秘部门拟办

即由文秘部门对来文提出办理意见，这项工作体现了对领导活动的辅助和参谋作用。

1. 阅知性公文的拟办

文秘部门在阅文单“拟办意见”处标注分送范围，与待阅公文一起送阅。分送范围根据来文的内容、要求以及本单位领导分工确定，要保证做到不漏送、不错送，不扩大送阅范围。

2. 批办性公文的拟办

文秘部门在批办单上填写拟办意见报本机关负责人批示或者转有关部门办理，如“拟请××同志批示”、“拟请提交××会议审议”、“拟请××部门研办”等，若需要两个以上部门办理时，应当明确主办部门，如“拟请××部门主办，××部门协同办理”，紧急公文还需要明确办理时限。如果是内容比较重要，或情况比较复杂的公文，还需要另外附送关于背景情况、有关法律法规、工作程序、工作建议等方面的书面材料。

（二）领导批办

领导在批办单上明确填写批示意见。上级来文，要提出贯彻落实上级精神的具体措施；比较重要的公文，批交分管领导或其它有关部门领导提出处理意见。领导填写批示意见，要使用钢笔或签字笔，签注姓名和审批日期。2014 年审计署办公厅印发的《常见公文批示用语》（审便函〔2004〕7 号）可以为学习了解批示和拟办用语提供参考。

常见公文批示用语

一、审批公文用语的一般规则

（一）圈阅即表示同意（签发文件除外）。

（二）如果文件上出现审批人姓名，审批人在自己姓名上划圈即代表签字；如果文件只出现审批人所在单位名称或职务统称（如：办公厅、人教司、署领导、司领导等），审批人应当在单位或职务上划圈并在近旁签字。

（三）批示应该注明年月日。

（四）批语对象是上级的，一般称职务；是平级、下级的，一般称同志。

（五）批语对象为多人的，区别以下情况表述：

1. 如果是任选的组合，应按惯例排序，可用“并”字按一定标准分类。例：按职务分类如“××、××、××副审计长并××、××、××同志（司长）”；按性质分类如“××、××、××司（以上为署内单位）并××、××、××特派办（以上为派驻单位）”。

2. 如果是工作流程组合，可按照流程顺序排列。例：“××局长并×副审计长”；“×主任并×副审计长、审计长”。

3. 如果是多个对象承办事项，须明确主办人。例：“××负责（或牵头），××、××会同（或配合）办理”。

此外，审批公文应使用符合档案规范的书写工具。

二、几种常见情况的批示用语

（一）署领导、办公厅主任签发文件

1. 直接签发：签发人批示“发”“同意”“速发”等，签字并注明年月日。(如不同意发文，可批示“不发”“缓发”“修改后重报”等，签字并注明年月日。)

2. 请他人审阅后再发：签发人批示“请××阅后发”，签字并注明年月日。

3. 改请他人签发：在发文单“签发”栏之外批示“请××签发”。

4. 请补充、修改后发：签发人批示需要补充或修改的意见后，先行签字并注明年月日。（只适用于做简单补充修改的情况。如果需要做较多重大修改，则应批示退回办文单位重办。)

（二）请署领导签发文件

1. 直接签发：“请××签发。”

2. 请他人审阅后再报签发人签发：“请××（单位或个人）审阅并报××签发。”

3. 先会签（复核）后签发：“请××（单位）会签（复核）并报××签发。”(适用于各会签单位事先已经基本协调一致的情况。)

（三）请办公厅签发文件

1. 直接签发：“请办公厅签发。”（如确知主任在署内，也可直接批示“请××主任签发”、“请××同志签发”。)

2. 请他人审阅后再签发：“请××（单位或个人）审阅并请办公厅签发。”

3. 先会签后签发：“请××（单位）会签并请办公厅签发。”(适用于会签单位事先已经基本协调一致的情况。办公厅签发文件即已包含自己的会签职能在内，无须在此处另外出现“请办公厅会签”字样。)

（四）批示阅读文件

认为需要送他人阅读的文件，通常批示“请××阅”、“请××、××阅”、“请××阅研”。如必要，可以注明送阅的理由或提出自己的意见、建议、要求。(此类阅件通常不须回复意见。)

（五）批示办理文件

1. 对需要由上级作出批示的办件，可批示拟办意见“拟……，请××阅示”、“建议……，请××批示”；上级批复“同意”或其他意见。

2. 对一般办件，通常批示“请××阅处”、“请××办理”。

3. 对需要研究的办件，通常批示“请××研办”、“请××提出意见”，也可以在批示中提出自己的意见。

4. 对需要司外会商、会签的办件，通常批示“请商××办理”、“请××提出意见，并送××会签”、“请××办理，可先请××提出意见”；派出审计局送审的审计业务文书，可批示“请行政事业司审核，并送法制司复核”。

5. 对需要他人共同作出批示的办件，在自己作出批示后，可写“请××核批”。

6. 对有时限要求的办件，通常批示“请××于×年×月×日前研复”、“请××于×年×月×日前办结”。

（六）批示送审文件

1. 送审征求意见的文件，对上级通常批示“请××阅示”、“请××审示”；对平级或下级通常批示“请××审阅”、“请××阅改”。

2. 送审内容已经基本确定的文件，对上级通常批示“请××审定”，对平级或下级通常批示“请××审核”、“请××复核”。

（七）批示会签文件

1. 单方会签的，通常批示“请××会签”、“请××审签”。

2. 多方会签的，一般批示“请××、××、××会签”。

（八）请示的结束语

1. 请示由自己办理的事项，结束语通常为“请批复”、“请指示”、“妥否，请批示”。

2. 请示需要他人办理的事项，结束语可为“以上如可行，建议批转××办理”。

（三）部门承办

有关部门收到文秘部门送来的转办件，以及经领导批示发交办理的批办件后应当及时办理，不得延误、推诿。

凡属承办部门职权范围内可以答复的事项，承办部门应当直接答复来文机关；凡涉及其他部门业务范围的事项，承办部门应当主动与有关部门协商办理；凡须报请上级机关审批的事项，承办部门应当提出处理意见并代拟文稿，一并送请上级机关审批。紧急公文应当按时限要求办理，确有困难的，应当及时予以说明。如果发现不属于本单位或部门职权范围或者不宜由本部门办理的，应当及时退回交办的文秘部门并说明理由。

办理完毕后，承办部门应该在批办单上注明承办结果或落实情况，并连同办毕文件一起送还文秘部门。

五、传阅

即根据领导批示和工作需要将公文及时送传阅对象阅知或者批示的工作，一般由文秘部门组织实施。

组织传阅时，应该注意以下事项：

1. 把握送阅顺序

如果传阅的是阅知件，应按照领导排序从前向后送阅；如果传阅的是批办件，则要按照领导排序从后向前送批。

2. 维护送阅秩序

文秘部门在公文传阅过程中要担当起传送中心的角色，按照送阅顺序依次送阅，防止发生漏传、误传或延误等情况，同时还要随时掌握公文去向，避免阅文者之间横传导致公文丢失。必要时可以对送阅或送批情况进行记录或登记。

六、催办

催办是对公文办理过程的查询和督促工作。在催办工作产生之初，主要工作对象是对承办部门，目的是提醒和督促承办部门、承办人员在规定的时限内将领导批办的事项办理完毕，后来逐渐扩大到公文办理的各个环节。

公文催办工作具体包括两个方面，第一，对内催办，即对本机关内部收、发文办理工作的催办，主要由办公厅（室）负责。第二，对外催办，即对本机关发往外单位并需要回复的公文进行催办，一般由主管业务部门负责。

办公厅（室）对内催办的范围主要包括：

（1）上级机关主送本机关需要具体实施、贯彻执行的公文。

（2）所属部门及下级机关主送本机关的请示及其他需要办理的公文。

（3）平级或不相隶属机关发来的商洽、征询事务，需要办理或答复的公文。

凡需催办的公文，需由专门人员负责登记催办，负责催办的人员需要及时了解掌握公文的办理进展情况，定期或不定期询问办理情况，催报办理结果，督促承办部门按期办结，同时还要随时或者定期向领导人反馈办理情况。催办方式主要有电话催办、登门当面催办、会议催办、发《催办单》催办等。

公文催办工作对克服文牍主义、形式主义、官僚主义，提高工作效率，保证党和国家各项方针政策及各类组织管理意图的实施，具有重要意义，也是避免公文积压、加速公文运行的有效手段。

七、答复

公文办理完毕后，应当及时将办理结果答复来文单位，并根据需要告知相关单位。重要事项需要根据有关规定和程序制发答复公文，有些情况下也可以采取将本机关领导在批办单上的批示复印后送给来文单位的方式答复。

八、存档

收文办理工作结束后，要及时将办理活动中形成的各种文件材料收集齐全、妥善保存以备归档。存档的材料包括收到的公文、办理过程中填写的批办单或阅文单，如果因为此次收文办理形成了新的公文，还应将发文工作中形成的正本、定稿、发文稿纸、清样、正文、附件以及在办理过程中利用的或办理完毕后具有保存价值的其它各种材料收集保存。收集工作一定要做到主动及时、齐全完整、宁宽勿严，为平时利用和归档奠定基础。

本节知识检查站：

一、请回答下列问题：

1. 收到来文进行初审时，重点要做哪些审核？
2. 收文登记环节主要包括哪些工作？
3. 按照不同办理方式，收文可以分为哪几类？
4. 什么是承办，具体包括哪些工作？
5. 如何确定公文的送阅顺序？
6. 收文办理主要包括哪些工作环节？

二、延伸思考

1. 收文登记薄（表）在公文管理工作中可以发挥哪些作用？

2. 文书人员在公文送阅工作中具有哪些作用，在 OA 环境下，公文送阅如何在提高效率的同时，实现文书人员对公文流向和办理情况的控制？

3. 什么是催办，催办在机关工作中可以起到什么作用？如何在 OA 系统中将催办工作融入各工作环节？

4. 如果将公文传阅改为同时向各有关领导发送，如何避免出现同一份公文产生多张公文处理单的情况？

第二节　发文办理流程

发文工作包括公文拟制（拟稿、审核、签发）和发文办理（复核、登记、印制、核发）工作。

一、拟稿

即起草公文的工作。承办公文起草工作的部门应视公文内容和内部职能分工确定，具体起草公文的人应当是掌握政策、熟悉业务、了解全局的人员。

• 重要公文需以本机关名义制发，其中重要公文的起草工作由机关负责人主持、指导；综合性公文由办公厅（室）负责起草；业务性公文则由职能部门起草，其中，重要政策性公文应当由业务处长亲自起草或者司局主要负责人主持起草，然后送本机关负责人签发。

• 事务性公文以办公厅（室）名义制发，由办公厅（室）相关人员起草送办公厅（室）负责人审核签发；

• 一般业务性公文以职能部门的名义制发，由职能部门有关人员起草，部门负责人审核签发。

在拟稿环节主要有以下三项工作：

1. 公文起草

《党政机关公文处理工作条例》规定，起草公文应当做到：

（1）符合国家法律法规和党的路线方针政策，完整准确体现发文机关意图，并同现行有关公文相衔接。

（2）一切从实际出发，分析问题实事求是，所提政策措施和办法切实可行。

（3）内容简洁，主题突出，观点鲜明，结构严谨，表述准确，文字精炼。

（4）文种正确，格式规范。

（5）深入调查研究，充分进行论证，广泛听取意见。

2. 会商

为了提高工作效率，如果公文涉及其它机关或者本机关内部其它部门职权范围内的事项，起草部门必须征求相关机关或者部门意见，力求达成一致。这项工作称为会商工作。

如果有会商需要，公文起草人员必须保证所起草的公文已完成会商，如果是请示性公文，上报时还需附上与其他部门协商一致或者不同意见的书面材料。

3. 填写发文稿纸

发文稿纸又称文件签发单，是机关发文经办过程有关信息的详细记载，具有重要的查考和凭据作用。起草人应该在发文稿纸上填写公文标题、拟稿部门、拟稿人、主送及抄送单位、附件等项目。

如果本次制发的公文是对收到来文的答复或因为收到来文导致的本机关发文，还应该在发文稿纸上标注来文标题及来文的发文字号，以便于保持文件之间的有机联系，并方便相关人员了解发文背景。

二、审核

是公文起草部门和文秘部门对起草的公文进行全面检查的工作。为了保证送签公文的质量，起草完成的公文在报机关负责人签发之前，先要经起草部门负责人审核，审核通过后再送文秘部门审核；需要发文机关审议的重要公文文稿，审议前由发文机关文秘部门进行初核。

审核的重点是：

1. 行文理由是否充分，行文依据是否准确。

2. 内容是否符合国家法律法规和党的路线方针政策；是否完整准确体现发文机关意图；是否同现行有关公文相衔接；所提政策措施和办法是否切实可行。

3. 涉及有关地区或者部门职权范围内的事项是否经过充分协商并达成一致意见。

4. 文种是否正确，格式是否规范；人名、地名、时间、数字、段落顺序、引文等是否准确；文字、数字、计量单位和标点符号等用法是否规范。

5. 其他内容是否符合公文起草的有关要求。

经审核不宜发文的公文文稿，应当退回起草单位或部门并说明理由；符合发文条件但内容需作进一步研究和修改的，由起草单位或部门修改后重新报送。

经审核合格的公文文稿，起草部门负责人、文秘部门负责人要在发文稿纸相应栏目填写意见并签字，文秘部门负责人还要根据领导分工注明送哪位领导签发。

三、签发

是机关负责人对送签公文进行全面审核并签署发文意见的工作。公文必须经本关领导审批签发后才能制作发出，其中，重要公文和上行文由机关主要负责人签发，机关办公厅（室）制发的公文由办公厅（室）主要负责人签发，部门制发的公文由部门负责人签发，联合发文由所有联署机关负责人会签。

公文签发是公文生效的必要条件，公文文稿一经领导签发即为定稿，开始具备正式公文的效用，是缮印正式文本的依据。

领导签发公文时，必须明确签注同意制发的意见，如“发”，“同意”等，同时还要签注姓名及签发日期以示负责，如果只是圈阅或者签名的，则视为同意。公文的签发日期则成为公文的成文日期。

如果是联合发文，主办机关领导签发后，还要送其它联署机关领导会签。

四、复核

已经发文机关负责人签批的公文，印发前应当由文秘部门对公文再次进行全面检查，核查的重点是公文的审批手续、内容、文种、格式、附件材料等，是否遗漏相关负责人审批。如果发现未经文秘部门审核报批的公文，应退回按规定程序上报审批；如果需作实质性修改的，应当报原签批人复审。

复核无异后，要确定发文字号、分送范围和印制份数，并在发文稿纸上填注。如果是涉密公文或有特殊办理时效要求，还需要填注密级、紧急程度。

五、登记

完成复核的公文，需要进行发文登记。发文登记是对本机关发出公文的信息登记，并在公文管理工作中具有重要作用。

同收文登记一样，发文登记的内容主要包括两类，一类是发出公文的基本信息，如发文字号、标题、密级、紧急程度、签发人、主送和抄送单位、成文日期、印发日期、分送范围和印制份数等。另一类是必要的公文管理信息或归档信息。

六、印制

公文印制工作是将公文定稿按照规范的格式印制成正式文本的有关工作，主要包括打字排版、校对、正式印刷、用印等。未经领导签发的公文不能进入印制环节。

校对工作是以公文定稿为依据对校样进行全面核对，是公文印制环节的一项重要工作。公文的校次一般应在三次以上，如果是特别重要的公文，还需要适当增加校次。打印人和校对人要在发文稿上签名以示负责。

按照规定，印刷完成的正式文本还需要在有发文机关署名和成文日期处加盖机关印章，有些以机关负责人名义发出的公文，则需要加盖签发人的签名章。加盖印章需遵守公文格式标准的有关规定。有特定发文机关标志的普发性公文和电报可以不加盖印章。

七、核发

印制完毕的公文要装入公文封中发送。装封人员需要认真清点，对公文的文字、格式和印刷质量进行检查，所以称为“核发”。核发工作应仔细校核公文的投递单位、份数、版头、页码、签署、附件等情况，检查无误后方可发送。

为了保证公文的安全，公文必须按规定的途径递送。国家机关交寄送达公文可以通过直接送达、邮寄送达、机要送达、交换箱送达等多种形式，非邮政快递企业不得从事该项业务。

涉密公文应当通过机要交通、邮政机要通信、城市机要文件交换站或者收发件机关机要收发人员传递，通过密码电报或者符合国家保密规定的计算机信息系统传输。

八、存档

发文办理工作结束后，要及时将办理活动中形成的各种文件材料收集齐全、妥善保存以备归档。存档的材料包括文件正本、发文办理过程中形成的定稿、发文稿纸、清样、正文、附件以及在办理过程中利用的具有保存价值的其它各种材料。

本节知识检查站：

一、请回答下列问题

1. 发文办理有哪些环节？
2. 什么是会商？
3. 以机关名义的发文需要经过哪些审核环节？
4. 什么是复核，复核阶段的审核重点是哪些？
5. 什么是定稿，它和草稿的区别是什么？
6. “核发”环节的“核”是指什么？

二、延伸思考题

1. 发文办理时，为什么要使用发文稿纸，它具有什么作用？
2. 公文起草时为什么要有会商工作？
3. 为什么起草的公文经领导签发后还要进行复核？
4. 制发公文时，为什么在复核阶段编制发文字号更合适？

第三节　办毕文书的处置

一、办毕文书的界定

“办毕文书”就是办理完毕的文书，按照档案部门规定，只有办毕文书才能整理归档。在实践中，对“办毕文书”有多种界定，并对归档整理工作产生相应影响。

1. 一项工作结束后的相关文书

在传统的文书工作中，“办毕”是指一项工作、一个活动、一个案件、一次会议的完结。即需要等该项工作结束，不会再有相关文书产生，才算办毕。

这种界定方法服务于立卷要求，即将一项工作、一个活动、一个案件、一次会议形成的文件材料组为一卷，可以有效保持文件之间的有机联系。

2. 完成了收文和发文办理程序的文书

2000 年国务院发布的《国家行政机关公文处理办法》中，将“公文处理”定义为“公文的办理、管理、整理（立卷）、归档等一系列相互关联、衔接有序的工作”，其中，公文办理只包括收文办理和发文办理，归档则是与公文办理相并列的另外一项工作，所以“办毕”就被界定为“完成了收文和发文办理程序的文书”。虽然 2012 年《党政机关公文处理工作条例》中，重新将归档与收、发文办理列为公文办理内容，这种界定依然适用。

另外，在文书工作实践中，如果一项工作周期长，由于工作不规范、保管不力等原因，文件材料长期不归档容易出现文件散乱丢失、归档材料不全的情况，也不方便本单位的查考利用。所以，允许将完成了收文和发文办理程序的文件逐年归档，不必等一项工作全部结束以后再集中归档，这也是将“完成了收文和发文办理程序的文书”界定为

“办毕”的重要理由。根据办理情况的不同，可以分为以下几种情况具体处理：

（1）单向公文（不必办复的各类周知性、执行性公文）

在发文机关完成全部发文办理程序，公文已经发出之后，或收文机关收到后分送有关领导阅知、有关部门传阅后无批示或其他意见的，即为办理完毕。

（2）双向公文（指问复性质的公文）

只有当发文单位收到复文（或结论性公文）或收文单位发出复文之后，才可视为办理完毕。

（3）各类交办公文

已办理完毕答复来文单位，或已按职能分工转交有关业务主管部门或相关单位办理，即为办理完毕。

这种界定方法有利于执行按年度归档的要求，在一定程度上避免文件的丢失和归档材料不完整，与目前广泛采取的按件整理的归档文件整理方法相匹配，但是保持文件之间有机联系的功能被弱化，需要研究采取其它有效措施加以弥补。

另外，由于存在发出的请示、问函长时间得不到答复的情况，也由于很多单位设计的办文系统采取的是收、发文两条线的设计方式，所以采取了与单向公文相同的认定方法，在这种情况下如何保持文件之间的有机联系，也是需要进一步研究解决的具体问题。

二、办毕文书的处置方式

在各类组织中，办毕文书主要有四种处置方式：归档、暂存、销毁、清退。

1. 归档

将办理完毕属于机关文件材料归档范围的文件材料规范整理后，移交给档案部门保存。

2. 销毁

不具备归档和保存价值的公文，经批准后可以销毁。

3. 清退

根据有关规定和要求，将某些办毕公文，定期或不定期地退还原发文机关或由其指定的专门部门。另外，工作人员离岗离职时，所在机关应当督促其将暂存、借用的公文按照有关规定移交、清退。

4. 暂存

有些既不在归档范围之列也不必清退的公文，在现实工作中具有利用价值的公文（如需频繁查阅的已归档文件的副本），可以由文书或业务部门暂时保管和提供利用。

本节知识检查站：

一、请回答下列问题

1. 什么是办毕文书？
2. 办毕文书有哪些界定方法？
3. 办毕文书主要有哪些处置方式？
4. 什么是归档？
5. 什么是清退？

二、延伸思考

1. 你对界定“办毕”的两种方法有什么看法？
2. 在OA环境下，还需要界定办毕文书吗？

第三单元　归档工作

第三单元　归档工作

◉ 归档工作概述

◉ 以案卷为单位的归档文件整理办法

◉ 以件为单位的归档文件整理办法

国家档案局发布的《归档文件整理规则》中将“归档文件”定义为“立档单位在其职能活动中形成的、办理完毕、应作为文书档案保存的文件材料，包括纸质和电子文件材料”，因此本单元也使用“归档文件”来指称需要归档的各种文书材料。

第七章 归档工作概述

7 认识归档工作

- 文书部门立卷归档的制度
- 归档工作制度
- 归档工作的组织分工

归档是将办理完毕且具有保存价值的文件，经系统整理后交档案部门保存的过程。20 世纪 50 年代，我国确立了由文书或业务部门负责立卷向档案部门归档的制度，并要求文书或业务部门按照有关档案法律法规，以及机关档案管理规定完成归档工作。

第一节 文书或业务部门立卷归档制度回顾

20 世纪 50 年代，我国确立了由文书或业务部门负责立卷归档的制度，并在全国推行，其核心内容包括三个方面：一是采用“立卷”的方法进行归档文件整理，二是由文书或业务部门负责立卷，三是定期向档案部门归档。2000 年，国家档案局推出按“件”整理归档文件的方法，“由文书或业务部门负责立卷归档的制度”遂改称为“由文书或业务部门负责收集、整理和归档的制度”。本节主要是对“由文书或业务部门负责立卷归档的制度”进行回顾，以便于学习者了解其制度推出的背景和用意，规范地推进归档工作，因此，仍使用“由文书或业务部门负责立卷归档的制度”的提法。

一、文书或业务部门立卷归档制度的确立

1. 集中管理机关档案原则的确立

1951 年，中央人民政府政务院颁布的《公文处理暂行办法》，首先确立了集中管理机关档案的原则，要求各机关在秘书部门之下设置档案机构，以集中管理为原则管理机关档案；文件批存或稿件缮发后，即由收发单位归档；档案机构收到归档文件后以一案一卷为原则，按收发文的次序，先作临时装订，俟全案结束后，再作正式装订；调阅档案应建立制度，手续力求简便，原承办人调阅经办文卷时，由承办人签名盖章，如调阅非本人经办的文卷或其他单位主办的文卷时，须有本单位负责人签名盖章。

这种方法可以将原来分散保存在各经办人手中的文件集中保管起来，防止散乱丢失、损坏和任意销毁，也减少了档案人员和设备的配备，但是其不足之处也逐渐显现出来：一是由一二名档案人员负责整个机关全部文件的整理立卷，不仅任务繁重，而且由于不了解工作实际情况，导致分类和立卷质量不高；二是随办随归，没有年度清理要求，导

致有些人归档随意性较强，要么几年不归档，要么归档过于频繁；三是有些部门和人员认为到档案部门查阅利用档案不便，不愿向档案部门归档；四是档案人员疲于应付归档接收整理、调卷还卷、文件归入和借阅登记等，没有时间整理积压档案和开展其它档案工作。

为了继续坚持集中管理机关档案原则，解决上述工作中的不足，在经过研究和试点之后，我国开始在全国推行文书或业务部门/人员负责立卷的制度。

2. 文书处理部门/人员负责立卷制度的确立

1955 年中共中央批准的《中国共产党中央和省（市）级机关文书处理工作和档案工作暂行条例》提出档案工作的基本原则是："集中统一地管理机关的档案，维护档案的完整与安全，便利机关工作；反对分散保存"。同时首次明确了文书处理工作和档案工作的分工，将立卷归档工作确定为文书处理部门的工作。该条例规定，"机关内各单位办理（或领导人亲办）完毕的文书材料，均应汇交本单位文书处理工作部门或文书处理人员立卷保存"，"机关内各单位的文书立成案卷后，应按一定顺序排列编号，制成案卷目录，于第二年向机关档案室归档"。

1956 年国务院发布《关于加强国家档案工作的决定》，再次明确要求各机关"全面推行文书处理部门立卷，以建立统一的归档制度。各机关办完的文书材料，应该由文书处理部门整理立卷，定期向机关档案室归档，改变把零散文件随办随归档和成堆归档的错误作法"。这两个文件确立了我国的文书或业务部门立卷归档制度。

1957 年国务院批准的《国家机关文书立卷工作和档案室工作暂行通则》中规定：机关工作中所形成的文书材料，只有处理完毕并由文书处理部门立成案卷以后才能向机关档案室归档。

1983 年中共中央办公厅、国务院办公厅印发《机关档案工作条例》，规定"凡相关工作活动中形成的具有保存价值的文件材料，均由文书部门或业务部门进行整理、立卷，并定期向档案部门归档"。

此后我国党政机关历次发布的公文处理办法或条例，以及档案主管部门制定的各种规范制度中也一直将整理归档工作列为文书或业务部门的工作。例如，2018 年国家档案局第 13 号令发布的《机关档案管理规定》中规定："机关文书或业务部门应当指定人员，承担相应部门文件材料的收集、整理和归档工作。"

二、文书或业务部门立卷归档制度的指导思想

文书或业务部门立卷归档制度的指导思想是保持文件之间的历史联系。所谓"立卷"的方法，就是将一项工作、一个活动、一个事件、一次会议中形成的全部文件材料组成案卷，卷内文件的排列顺序实际就是机关业务活动过程的原始顺序，这种方法可以有效保持文件之间的历史联系，客观记录和反映当时开展工作、处理业务的全貌。

规定由文书或业务部门负责整理归档，是因为文书或业务部门了解文件的产生情况，能更好地保持文件之间历史联系；将文件批存或稿件缮发后，即由收发单位归档的方式改为定期归档，也更有利于将一件工作、一项活动中形成的全部文件材料立卷归档，从而保持文件之间的历史联系。

这种理念也见诸于西方国家的档案工作，例如，英国著名的档案学家、古典档案管理学派的代表人物查尔斯·希拉里·詹金逊（Sir Charles Hilary Jenkinson）认为，档案各部分之间，有着对它本身的意义不可或缺的结构、关节和自然联系；从一个档案组合中抽出来的单独一份文件本身所能告诉我们的，并不会比脱离了某种已经绝迹的不知名的古动物整副骨骼的一块骨头所能告诉我们的更多一些[4]。德国的登记室原则也是在全宗内部档案整理问题上保留档案在形成机关业务过程中的原始顺序和整理标记。很多国家实体文件整理方法，长期采用的是"按主题或职能组卷"或"按业务活动组卷"的方法，归档文件整理的基本单位也都是"卷夹""文件组合"，这种"形成机关业务过程中的原始顺序"，体现的也是文件之间的历史联系。

1953 年吴宝康先生指出，"做立卷工作的人必须深刻地认识所谓案卷就是与某一问题或实物有联系的全部文件的组合；必须随时记着，保

4　转引自：谭必勇．"证据的神圣性"：希拉里·詹金逊古典档案思想成因探析［J］．档案学通讯，2017（02）：19-22.

持文件之间的联系的原则，乃是立卷工作最重要的原则，……立卷时能保持了原来机关内工作活动的状况与面貌，就是保持了文件之间的联系。……机关的来往文书、来文与复文是无论如何不能分开的，否则就破坏了历史的联系”[5]。

1962 年曾三同志在全国档案工作会议上作的五年工作总结报告中也指出，档案是在一项一项工作和生产活动中形成的，一项工作和生产活动形成的档案，都具有密切的不可分割的联系，我们在收集、整理档案时，必须保持它们的历史联系，而不能随意分割和打乱其中的联系[6]。

三、文书或业务部门立卷归档制度的主要内容

1. 由文书或业务部门负责立卷归档

鉴于文书或业务部门掌握文件登记情况、有关业务和文件处理过程，在保证归档文件材料齐全完整、按文件之间的联系合理立卷等方面具有档案部门无法比拟的优势，将机关档案部门立卷改为由文书处理部门（后称为文书或业务部门）立卷。

2. 用立卷的方法整理归档文件

以保持文件之间历史联系为原则，将一组互有联系的文件组合为一个案卷，以反映机关工作活动的状况与面貌。

3. 定期归档

各文书或业务部门由专人负责集中保管本部门在本年度形成的文件材料，于第二年上半年向机关档案部门归档，从而改变承办人员分散保存文件的现象，保证文件的安全，并便于本部门的日常查考和利用，从而大大减少业务部门和档案部门之间频繁的归档和调卷手续。

文书或业务部门立卷归档制度明确了文书或业务部门和档案部门的工作分工，对提高工作效率和立卷质量等具有重要作用。

---

5 吴宝康. 中国人民大学档案专修班立卷实验工作的初步研究［J］. 档案工作，1953（02）：11-18.

6 王景高. 新中国早期档案理论建设的回顾［J］. 档案学研究，2010（05）：19-22.

四、文书或业务部门立卷归档制度下归档工作与档案工作的关系

1. 归档工作是文书工作和档案工作的结合点

归档工作是公文办理工作内容之一，公文办理完毕后，文书或业务部门对之进行整理，通过必要的手续移交到档案部门后，成为档案。

档案收集工作是档案部门的一项重要业务工作，按照国家的有关规定，通过对归档文件的系统接收和对零散文件的收集等办法，把分散在本机关内各单位和个人手中的文书档案集中在档案部门，实行集中统一管理。

因此，归档工作是文书工作和档案工作的结合点。各部门办理完毕的归档文件是档案部门保管文书档案的主要来源，档案部门接收归档文件是文书材料转化为文书档案的关键环节。

2. 文书或业务部门立卷归档制度对档案工作具有重要意义

首先，文书或业务部门向档案部门归档移交为档案工作提供了实际管理对象，为开展档案整理、鉴定、保管、统计、编研和提供利用等其它档案管理工作奠定了基础。长期稳定的归档工作是档案部门存储档案，进行档案资源建设的主要途径，是实现档案集中统一管理、维护档案的完整与安全、便于各方面利用的基本手段。

其次，归档文件的质量决定了档案的质量，并对整个档案工作的质量产生重要影响。档案部门所保存档案的质量是衡量一个机关档案管理水平的重要指标，由文书或业务部门负责立卷归档，有利于档案材料收集齐全完整、整理规范系统、价值鉴定得当，有利于后续各项工作的展开。

再次，文书或业务部门负责立卷和定期归档，可以使档案部门有时间和精力研究档案业务，做好档案收集、保管和提供利用工作，更好地发挥档案部门的作用。

五、文书或业务部门立卷归档制度的条件保障

第一，合理确定本部门负责立卷的人员。各部门办理（或领导人

亲办）完毕的文书材料，均应汇交本部门文书人员立卷保存，本部门文书人员负责文电的收发、登记、运转、催办、拟办、整理和临时保管等工作，是最合适的立卷人选。

第二，承办人妥善保管办理中的文件，办毕交送立卷人。承办人在将文件交给立卷人之前，应该妥善保管文件，承办完毕后将结案文件及相关文件集中整理，按日期先后或问题的处理过程排好顺序，向立卷人交待清楚，为其立卷工作提供方便。

第三，预先拟制案卷类目，并为每个条目预先准备案卷盒（夹）。案卷类目就是在机关内实际文件还没有形成之前，根据一年内可能产生的所有文件，按照立卷原则编成的案卷名册，或称案卷一览表，立卷人接到文件以后，应该及时地归入案卷。

第四，立卷人随时立卷。归档前突击清理实际上仍然是变相的整理积存文件，只有做好随收随整理，化整为零，才能避免突击整理中的各种弊端。

建立承办人办毕整理交送立卷人——立卷人预立案卷类目、做好平时归卷、随时立卷、定期向档案部门移交的工作流程，明确承办人和立卷人的责任，是开展文书或业务部门立卷归档工作的条件保障。

本节知识检查站：

一、请回答下列问题

1. 什么是文书或业务部门立卷归档制度，具体包括哪几方面内容？
2. 我国是通过哪些文件确立文书或业务部门立卷归档制度的？
3. 为什么说归档工作是连接文书工作和档案工作的纽带？

二、延伸思考

1. 文书或业务部门立卷制度是否合理，为什么？
2. 在电子文件时代，定期归档是否可以改为随时归档的方式？

第二节　归档工作制度

归档工作制度是档案部门组织归档工作的基础，也是文书或业务部门开展归档文件整理和移交档案的依据和指南。

归档工作制度由档案部门制定，主要包括文件材料归档范围和文书档案保管期限表、归档时间、归档文件整理原则、归档质量和归档手续等，这些必须符合国家、地方有关法律法规文件的规定、符合本机关工作的实际情况，充分考虑文件形成的规律及特点并同本机关的其他相关制度保持相关内容的统一。

一、文件材料归档范围和文书档案保管期限表

1. 文件材料归档范围和文书档案保管期限表释义

文件材料归档范围和文书档案保管期限表是各机关制定的指导本机关归档工作的一个重要文件，一般以表、册的形式列举各类需归档文件材料的来源、内容及形式，并标明指导性存留年限。就文书类档案而言，其制定依据主要为国家档案局2006年印发的《机关文件材料归档范围和文书档案保管期限规定》（国家档案局令第8号，简称8号令）。

其中，归档范围明确了本机关工作活动中形成的哪些文件材料应该向档案部门归档。档案保管期限则确定了不同价值的归档文件材料在档案部门的保管期限。《机关文件材料归档范围和文书档案保管期限规定》将档案保管期限分为永久、定期两种。定期分为30年、10年。

被列入移交进馆范围的机关，要按照档案法的要求将永久保管期限的档案向同级国家综合档案馆移交，以确保有永久保存价值的档案得到有效保管和保护，为国家积累历史财富和文化财富。定期保管的档案主要由机关自己留存，为本机关日常工作查考利用，保管期满后经机关鉴定，或销毁或延长保管期限。

明确规定文件材料归档范围和保管期限，是为了保证各机关所保存

的档案既能反映机关主要职能活动情况，维护其历史面貌，又便于保管和利用。

2. 编制文件材料归档范围和档案保管期限表的具体步骤

（1）编制的组织工作

编制文件材料归档范围和文书档案保管期限表，应该由档案部门和文书或业务部门合力完成。

有条件的机关可以成立编制领导小组和编制办公室或工作小组，领导小组由分管档案工作的机关负责人任组长，分管档案工作的办公厅（室）负责人或档案部门负责人任副组长，各文书或业务部门负责人为成员，负责批准文件材料归档范围和文书档案保管期限表编制工作计划，审定文件材料归档范围和文书档案保管期限表，协调编制工作中的重大事项；如有下属机关，领导小组还应负责所属机关文件材料归档范围和文书档案保管期限表的审查。

编制办公室或工作小组由档案部门、各文书或业务部门人员组成，负责制定文件材料归档范围和文书档案保管期限表编制工作计划；具体组织文件材料归档范围和文书档案保管期限表编制工作；起草文件材料归档范围和文书档案保管期限表；宣传贯彻文件材料归档范围和文书档案保管期限表；如有下属机关，还应负责指导所属机关开展文件材料归档范围和文书档案保管期限表的编制工作。

（2）调研、掌握本机关组织机构架构和职责，初步形成各部门文件材料归档范围和管理类档案保管期限表。

编制文件材料归档范围和文书档案保管期限表时，要充分分析本机关组织机构架构和职责，摸清本机关的活动特点、业务组成和业务类型，梳理出业务流程，并依据业务流程、法律法规和规范性文件提出记录保存要求，凡是本机关在职责履行过程中形成的文件材料，都要在归档范围和档案保管期限表中反映出来。

（3）档案部门汇总各部门文件材料归档范围和文书档案保管期限表，形成初稿，并做必要修改。

（4）将文件材料归档范围和文书档案保管期限表初稿下发各部门征求意见，进行修改补充。

（5）档案部门逐一与各部门讨论确定文件归档范围和档案保管期限表，形成定稿。

（6）经本机关领导审阅后，报送同级档案主管部门审查同意后执行。

（7）如果机关的机构、职能、业务发生变化时，应及时修订和完善归档范围和档案保管期限表。

文件材料归档范围和文书档案保管期限表经报批准发布后，必须严格执行。按照《档案法》及《档案管理违法违纪行为处理规定》（监察部第 30 号令）规定，文件材料归档范围和文书档案保管期限表中列明的应当归档的文件材料，必须定期向本机关档案部门或者档案工作人员移交，集中管理，任何个人不得据为己有或拒绝归档，否则将对有关责任人员给予警告处分；情节较重的，给予记过或者记大过处分；情节严重的，给予降级或者撤职处分。

二、归档时间

即每年本机关开展归档工作的时间规定。

1983 年中共中央办公厅、国务院办公厅发布的《机关档案工作条例》第十三条规定："机关文书部门或业务部门一般应在第二年上半年向档案部门移交档案，交接双方根据移交目录清点核对，并履行签字手续。"

2018 年国家档案局第 13 号令《机关档案管理规定》第三十五条规定："机关档案经文书或业务部门整理完毕后，应当在第二年 6 月底前向机关档案部门归档；采用办公自动化或其他业务系统的，应当随办随归。归档时间有特殊规定的，从其规定。"

三、归档文件整理原则

《归档文件整理规则》（DA/T 22—2015）规定，归档文件的整理原则是：遵循文件的形成规律，保持文件间的有机联系；区分不同（保存）价值；便于保管和利用；符合文档一体化管理要求，便于计算机管理或计算机辅助管理；保证纸质文件和电子文件整理协调统一。

1. 遵循文件的形成规律

文件形成的规律，是由机关工作活动的规律决定的。尽管各类机关的职责、业务范围有所不同，但它们的活动是都是有规律的，例如，行文要先有请示，后有批复；工作要先有计划，后有总结；开展一项工作活动要先有布置、随后有中间检查、统计和总结；召开会议先要有会议计划、会议通知、会议文件，会后还要形成会议纪要等。

机关工作的活动规律直接导致了文件形成的自然规律，因此，对归档文件材料进行整理时，必须按照文件形成的自然规律，以反映出机关工作活动的历史面貌，反映出各项工作的开展过程，这样的档案才能成为系统的历史记录。

2. 保持文件间的有机联系

文件之间的有机联系是指文件在产生和处理过程中，在来源、时间、内容、形式等方面形成的内在关联性，这种关联性既记录了文件之间及文件组件之间的相互关系，也为档案记录的完整性和有序性提供了保障，进行整理时要充分尊重这种联系，既要反映出单位职能活动的历史面貌，又要符合人们查找利用档案的心理预期，便于今后的检索和利用。

（1）来源联系

文件来源方面的联系是首要联系。文件是某一机关或其内部组织在履行职责、处理公务时形成的，归档文件整理时可以考虑将同一部门的文件整理在一起，保持文件来源的固有联系。

（2）时间联系

文件的形成者开展工作活动，是在特定的时间范畴内进行的，因此文件之间具有一定的时间联系，要注意保持档案之间在时间上的关联。

（3）内容联系

文件通常是一个机关在工作活动中行使职责、开展工作、处理问题的过程中产生的，在同一项工作、同一个活动、同一次会议等过程中形成的文件具有内容上的联系。

（4）形式联系

文件的文种、名称、载体或记录方式上的联系称为文件的形式联系，这种联系一定程度上反映了文件的来源、时间和内容。因此档案整理必须注意保持形式上的种种联系。

3. 区分文件的不同保存价值

文件的保存价值由它对机关、个人及社会今后的作用决定，文件材料内容的重要程度、所发挥的作用不同，保存价值也不同。档案部门收集保管的档案并不都需要永久保存，定期保存的档案到期后要进行价值鉴定、延长保管期限或销毁，不同保存价值的档案要区别采取不同的管理方式。所以，在进行归档文件整理时，文书或业务部门准确判定文件的保存价值，对有针对性地开展后续管理工作具有重要意义。

4. 便于保管和利用

便于保管和利用是归档文件整理的最终目标，而且是建立在遵循文件的形成规律，保持文件之间的有机联系，区分不同价值的原则基础之上的：遵循文件的形成规律，保持文件之间的有机联系，才能方便利用；区分不同价值，才能采取不同保管策略，提高档案管理工作效能。

便于保管和利用，既是检验归档文件整理方法实用性的标准，也是检验归档文件整理质量的标准。

5. 符合文档一体化管理要求，便于计算机管理或计算机辅助管理

在信息化条件下，归档文件整理必须统筹考虑传统的纸质文件和电子文件的不同特点，避免二者整理要求和方法不同而带来的诸多问题。

应对这一问题的措施就是实现信息化条件下的文档一体化管理，即将公文的收、发文办理工作与档案管理相结合，充分利用文书处理过程中形成的数据信息和工作成果，合理规划归档文件整理流程，使办理完毕的文件能够直接进入整理环节，同时尽量以文书处理环节生成的项目来组织检索条目，使归档工作更加便捷。

6. 保证纸质文件和电子文件整理协调统一

目前，我国各类组织中计算机办公已经高度普及，纸质文件和电子文件并行已持续多年，归档文件整理要实现二者的协调统一，首先，要统筹规划文书处理和档案工作，使二者成为一个有机整体；其次，要结合本机关具体情况，确定纸质文件和电子文件的整理策略和方法。

四、归档文件质量要求

1. 齐全完整

所谓齐全，是指要将属于归档范围的文件材料全部收集整理移交，否则不利于反映本机关行使职能的全貌，看不出事情的来龙去脉，也不能满足今后工作的查找利用需要。

所谓完整，是指需要归档的每一件文件都是完整的，不能有头无尾，缺页少件，而且每一件文件的不同稿本都不能缺失，归档整理人员不能任意取舍。

2. 整理规范

文书或业务部门必须将应该归档的文件材料规范整理，并经过档案部门验收合格后，才能向档案部门移交。

目前我国党政机关和其他各类组织对归档文件材料的整理主要采取以案卷为单位整理（立卷）和以件为单位整理两种方式，各单位可以根据实际情况，选取合理适用的整理方法。

上述两种整理方法都有相应的标准，其中，《文书档案案卷格式》（GB/T 9705-2008）是以案卷为单位整理方法的指导规范，《归档文件整理规则》（DA/T 22—2015）为以件为单位整理方法的指导规范。

但是需要强调的是，归档文件整理方法与档案整理方法有相似之处，但有本质的不同，不能混为一谈。

归档文件整理方法是文书或业务部门在档案部门指导下，对各项工作活动中形成的文件材料进行整理时所采取的方法，目前主要有以“案卷”为单位整理和以“件”为单位整理两种方法。

档案整理则主要是指对接收档案的整理编目等工作，以及档案部门用专业的方法对积压零散档案的整理。整理积压和零散档案时虽然也是采取按“卷”或“件”整理的方法，二者在工作阶段、整理内容、整理人员、整理流程等方面存在根本的不同。

五、归档手续

文书或业务部门向档案部门移交归档文件时，档案部门要检查归档文件是否属于归档范围，然后对照归档文件移交目录或者案卷目录/归档文件目录进行质量、数量的全面检查。对检查无误的档案可办理移交手续，交接双方必须在移交凭据上签注姓名、时间。

履行交接手续后，双方可以各执一份移交目录，文书或业务部门的一份可留存备查，档案部门的一份则归入全宗卷。如果档案部门是按组织机构编制目录的，还可直接将第三份移交目录装订成册，作为平时查找档案的检索工具。

本节知识检查站：

一、请回答下列问题

1. 什么是《文件材料归档范围和文书档案保管期限表》？

2. 各机关的《文件材料归档范围和文书档案保管期限表》是由哪个部门编制的？其编制依据是什么？

3. 编制归档范围和档案保管期限的具体步骤有哪些？

4. 某机关收到一份市政府《关于×××等 4 名同志职务任免的通知》，怎样判定这份通知是否需要归档？

5. 按照目前的规定，归档文件的保管期限划分为几种？

6. 归档文件的整理原则是什么？

7. 什么是“保存文件之间的有机联系”？

8. 为什么要区分文件的不同保存价值？

9. 归档文件整理的质量要求是什么？

10. 文书或业务部门向档案部门移交归档文件材料时，要履行哪些手续？

二、延伸思考

1. “保持文件间的有机联系”和“保持文件之间的历史联系”有什么区别和联系，在文件之间的各种联系中，哪种联系最为重要？

2. 《文件材料归档范围和文书档案保管期限表》如何与“案卷类目”相统一？

3. 某市属机关将 2016 年度该市政府颁布的令（267—273 号）全部归档保存，并将保管期限定为“永久”，请问有什么不妥？

第三节　归档工作的组织分工

按照文书或业务部门立卷归档制度，归档工作是由档案部门和文书或业务部门共同完成，二者的工作职责各有不同，互相衔接。

一、档案部门的职责

档案部门是归档工作的主持部门，在归档工作中负责对文书或业务部门文件材料的归档工作进行指导和监督，具体工作包括：

1. 制定归档制度

归档制度由档案部门根据《档案法》及其他法规文件，结合本机关工作实际，为规范开展归档工作制定的有关规定，其中主要包括文件材料归档范围和保管期限、归档时间、归档文件质量要求、整理方法、归档手续等。

文书或业务部门应以这些归档制度为指导，正确开展文件材料整理和归档工作。

2. 建立本机关归档工作网络

按照归档工作分工，文书或业务部门要将本部门形成的文件材料规范整理后归档，因此档案部门应该在本机关建立健全归档工作网络体系，对归档工作进行指导和监督。

归档工作网络是一个机关档案管理架构的缩影，体现了一个机关档案管理的体制和约束机制，以档案部门为核心，由本机关档案工作的分管领导、各部门文书和档案工作的分管领导、部门档案员（同是也是本部门文书人员）组成，各自承担归档工作的相应职责。

3. 组织业务学习

由于文书工作和档案工作各有分工，档案部门要适时组织负责归档的文书人员学习归档知识，包括文书或业务部门立卷归档制度、文件材料归档范围和文书档案保管期限表和案卷类目的编制、归档文件的整理原则及方法等，并对本机关文件形成规律及特点进行研究，探讨整理工作中一些具体问题的解决方法。

4. 发起每年上半年的集中归档工作

按照归档制度，在每年上半年发起本机关的集中归档工作，可以以文件或会议形式发布归档工作启动通知，视实际需要决定是否安排培训，并确定培训的内容和类型。

5. 对各部门归档工作进行指导和检查

对文书或业务部门归档工作进行指导和检查，发现问题及时纠正，检查的内容主要包括：

（1）是否认真贯彻执行国家、地方、本机关档案工作的相关法律法规、管理规定、工作标准、规范、制度等；

（2）各业务部门档案工作人员、工作设备配备等部门支持力度情况；

（3）各业务部门文件材料的形成、积累、预立卷工作的开展情况；

（4）归档文件是否齐全完整、整理是否规范、是否按期完成移交；

（5）其他相关工作。

此外，档案部门还应认真听取文书或业务部门的意见，适时提供帮助，实事求是地解决问题。

6. 履行手续接收各部门移交来的档案

二、文书或业务部门的职责

文书或业务部门是归档文件材料的整理和移交部门，2018 年国家档案局发布的《机关档案管理规定》第九条和第三十六条要求：机关文书或业务部门应当及时收集形成的归档文件材料，交本部门的指定人员保管，并在整理完毕后于第二年 6 月底前向机关档案部门归档。

文书或业务部门在归档工作中承担的主要工作是：接受档案部门的监督和指导，正确界定办理完毕的文件、筛选具有查考价值的文件、按档案部门的要求进行规范化整理、保质按期向档案部门移交档案等。具体由部门承办人员、部门档案员和部门领导三方面的工作衔接而成：

（一）部门承办人员的职责

每个部门的承办人员的文件管理工作，是部门档案员统一管理本部门文件和归档工作的基础，部门承办人员的具体职责是：

1. 预设文件类别和装具。按照相应的岗位职责设类，预先为每项职责准备好文件装具，分门别类收纳、保管承办工作中形成的各种文件。

2. 日常文件收集和保存。即完整收集所承办工作中形成的各种文件材料，并分门别类保存。

3. 办毕移交。一项工作办理完毕后，及时将材料进行初步整理，交送本部门档案员接收、保管。

（二）部门档案员的职责

1. 制定制度。与本机关档案人员共同制订本部门的《文件材料归档范围和文书档案保管期限表》。

2. 预设本部门所要保存文件的类别及装具。结合本部门的《文件材料归档范围和文书档案保管期限表》，预先按照本部门工作职责设置文件类别，并为每类文件准备好装具，以便于需要归档的文件材料产生后，对号入座，随收随存。各部门的文件类别应该相对固定，但也可以根据工作变化做动态调整。

3. 做好平时存档工作。“存档”即部门档案员将本部门形成的需要归档的文件材料集中保存、管理，以便按期向档案部门归档。具体方法是收到承办人员移交来的办毕文件要即时检查，检查无误后，归入相应类目下的文件夹（盒），并及时按照档案部门的要求整理立卷、安全保管、提供利用。

4. 案卷送审。将整理好的案卷送本部门领导审查，案卷只有经本部门领导审查批准后才能向档案部门移交。

5. 按时归档。当档案部门发起归档工作后，在规定时间内将上一年度形成的、整理完毕的案卷移交档案部门。

（三）部门分管领导的职责

各部门分管档案工作的领导对本部门的归档工作负有首要责任，其职责主要包括：

1. 合理指定本部门档案员。部门档案员必须是了解本部门工作全貌、熟悉文件产生情况的人员，部门文书人员负责本部门的文件收发登记，是部门档案员的合适人选。

2. 支持部门文件管理工作。落实部门内每项承办工作文件收集、移交的责任人，支持承办人的文件归集工作以及部门档案员的保管、归档工作。

3. 做好案卷批存工作。即对部门档案员立卷完毕的档案进行审查，审查无误后在《案卷备考表》“检查人”处签字，批准归档保存。

综上，文书或业务部门的归档工作不是归档前临时突击完成的一项工作，而是承办人员、部门档案员、部门领导根据文件材料归档范围和文书档案保管期限表以及分类类目，在日常工作中有条不紊进行的一系列工作，这是文书或业务部门整理归档制度落地实施的根本保障。

本节知识检查站：

一、请回答下列问题

1. 在归档工作中，文书或业务部门和档案部门各自承担哪些工作？

2. 档案部门如何建立本机关档案工作网络？

3. 在归档工作中，承办人员、部门档案员、分管领导的工作是如何衔接的？

4. 承办人员在归档工作的责任有哪些？

5. “存档”和“归档”有什么区别？

6. 什么是“批存”？领导批存的作用有哪些？

二、延伸思考

1. 各部门应如何选择配备档案员？

2. 在电子文件环境下，是否还有必要坚持承办人员归集文件——部门档案员存档——领导审查——定期归档的工作流程？如何在 OA 平台上实现这一流程？

3. 强调承办人员平时归集、及时移交归档文件的职责，与档案工作全员化有什么关系？

第八章　以案卷为单位的归档文件整理方法

8 认识归档工作

- 分类与组卷
- 卷内文件排列与编目
- 填写案卷封面与装订
- 案卷排列、编目与装盒

“案卷”是由互有联系的若干文件组合成的档案保管单位。“立卷”（或称“立卷整理”）则是按照一定原则对文件实体进行系统分类、组合、排列、编号和基本编目，使之有序化的过程。

以案卷为单位对归档文件进行整理的工作又称“文书立卷工作”或“立卷整理工作”。我国档案部门通过对多年整理实践的总结，形成了一套较为科学合理的整理方法，并向全国推行。

目前，我国文书材料立卷整理工作以《文书档案案卷格式》（GB/T 9705—2008）、《机关档案工作业务建设规范》（国档发〔1987〕27 号）等为依据，通过分类、组卷、排列、编号、装订、编目等一系列工作完成，具有很强的专业性，需要认真学习和反复实践才能掌握。

第一节　分类与组卷

按照一定的标准，对需要归档的文件材料进行分类和组卷，是立卷整理工作中最基础、最关键的环节，分类和组卷的科学性决定了档案的质量，并对档案的检索和提供利用工作有直接影响。

一、分类

各种文书材料整理分类方法由各机关档案部门制定，主要有以下方法：

（一）一般分类方法

1. 年度分类法

即根据文书形成和处理的年度，将全宗内的文书档案按年度设类，将全部文书档案逐年分开，如 2019 年度文书档案 、2018 年度文书档案、2017 年度文书档案……。

这种分类方法可以反映出一个机关每年工作的特点和逐年发展变化的情况，并且同现行机关以年度为单位将文件整理归档的制度相吻合。它的突出特点是：保持了同一年形成的文件间的联系；与现行机关要求以年度为单位对归档文件进行整理和移交的制度一致，使分类工作可以“自然地”完成；分类标准客观明确，便于类目的设置和归档工作的顺利进行，同时还可以同其他分类方法共同使用。这是现行各机关必须采用的一种分类方法。

分类时，一般以每年的 1 月 1 日至 12 月 31 日为一自然年度，将文件材料按照年度区分开。运用年度分类法，要求根据文件的准确日期将其归入相应的年度类别。在实际分类工作中，一般以工作办结的年度进行划分，如果跨过的年度过长，也可以分阶段归档。

在整理时应注意下列情况：

（1）按照归档文件的形成年度进行分类，即按文件的落款日期将归档文件归入相应年度。

（2）跨年度工作任务形成的系列归档文件应作为一个整体归入工作任务结束年度中，而不要分散在若干年度中。如果跨年度工作任务中各个年度形成的归档文件数量很大，或者立档单位对跨年度工作任务形成归档文件有单独规定，则仍应将这些归档文件分别归入各个年度中。

（3）计划、总结、预算、统计报表、表彰先进以及法规性文件等内容涉及不同年度的文件，统一按文件签发日期判定所属年度。

（4）跨年度形成的会议文件归入闭幕年。

（5）当文件形成年度无法考证时，年度为其归档年度，并在附注项加以说明。

2. 保管期限分类法

《文件材料归档范围和文书档案保管期限表》中，将机关文件材料分为永久、定期两种，其中定期一般分为 30 年、10 年。将本机关形成的文件材料按照永久、30 年、10 年设类，即为保管期限分类法。这种分类方法也是各机关必须采用的一种分类方法。

采用保管期限分类法，能够将不同价值的归档文件从实体上区分开来，从而使档案部门能够有针对性地采取整理和保护措施，同时为库房排架管理、档案移交进馆和到期档案鉴定等档案管理工作提供便利。

3. 组织机构分类法

组织机构主要指一个机关内设的一级部门，如办公部门、人事部门、财务部门等，每个部门都承担着相应的职责任务，并负责一些文件的承办或主办工作，所以按组织机构分类即将本机关文书档案按部门分类，有多少部门就设多少类，文件由哪个部门形成、承办或主办，就归入哪个部门的档案中。

这种分类方法的特点是：能最好地保持全宗内文件在来源方面固有的联系，客观地反映立档单位的历史面貌；同时由于每个机构都承担某方面的职能和任务，按机构分类在一定程度上集中反映了某一方面内容的文件，便于按照一定的专题查找和利用档案，特别是对于现行机关，在文件由各机构分工整理的情况下，每个机构向档案部门移交的归档文件，就自然构成一类，分类标准客观明确，使全宗内分类体系的设计大大简化，便于类目设置和归档。这种分类方法与文书或业务部门立卷的要求相符，是机关文书分类经常采用的一种方法，也是比较好把握的一种分类方法。

适用于这种分类方法的条件是：第一，立档单位每年设立的内部组织机构基本稳定；第二，各个内部组织机构能够反映该机关的职能分工情况，每个组织机构都有较稳定的工作任务或职责，其工作内容及过程同该机构承担的职责保持一致。

机构变更过于频繁或机构职责分工不清的机关不适合组织机构分类法。另外，一些积累多年未整理的档案或历史档案，由于组织机构变化难于查考，文件材料的主办或承办部门难以判定，也不适合组织机构分类法。

按组织机构分类法，要注意是以立档单位第一层组织机构分类，一般会将领导机构、综合机构、主要的业务部门排在前面，后勤部门排在最后。

如果几个机构联合办理一项工作或制发一份文件，应由主办部门归档，该文件放入主办机构的类别中。

4. 问题分类法

问题分类法即参照本机关的职权范围和基本工作职能，以档案内容所反映的主要问题（事由）作为分类标准，将全宗内文书档案分为若干类别的方法。如一个全宗内的文书档案可以分为党群、人事、生产、销售、宣传等类别。

这种分类方法的特点是：反映同类问题的文件可以集中在一起，较好地保持了文件之间在内容方面的联系，使性质相同的文件比较集中，避免或减少同类问题文件分散的现象，并能比较突出地反映一个机关主要工作活动的面貌，便于按专题查找和利用档案。

但采用问题分类法时应该持慎重态度，一般是在不可能或不适于按组织机构分类时才采用问题分类法。在实际工作中，使用问题分类法的立档单位，大多参照本机关内部组织机构的职能性质来设置类别。

在使用问题分类法时应注意：一是在设置类目时要仔细研究立档单位的职权范围和工作任务，并根据档案的具体情况分门设类，保证将机关的职能涵盖，并能囊括机关形成的所有文件材料；二是设大类，不宜过多过碎，以免挂一漏万；三是遵循逻辑规则，每个问题之间应该是并列关系，不能有涵盖或交叉；四是应设立一个综合类以包容一些综合性文件或零散文件；五是若一份文件涉及几个问题，应研究并确认其中的主要问题，将文件归入相应类目。

同前面几种分类方法相比，这种分类方法有一定的难度，它对于类目设置及类目名称的拟制有较高的要求，且主观性较强，对于负责分类设计的档案人员要求较高。

另外，在现行机关中，不应轻易打乱组织机构先按问题分类，也不能同时兼用组织机构分类法和问题分类法，因为机构分类法与问题分类法在逻辑上有交叉，应选择其一使用，不能同时采用。

为了保持一个机关档案分类体系的稳定性，便于查找和利用，分类方案一旦形成，不要随意变动。

（二）复式结构分类法

在实际工作中，往往是结合使用几种分类方法。最常用的有两种复式分类法：

1. 保管期限—年度—组织机构分类法

首先将归档文件按保管期限分类，然后在各保管期限内按年度分类，最后在同一年度内按机构分类（图 8-1-1 保管期限—年度—组织机构分类法示意图）。

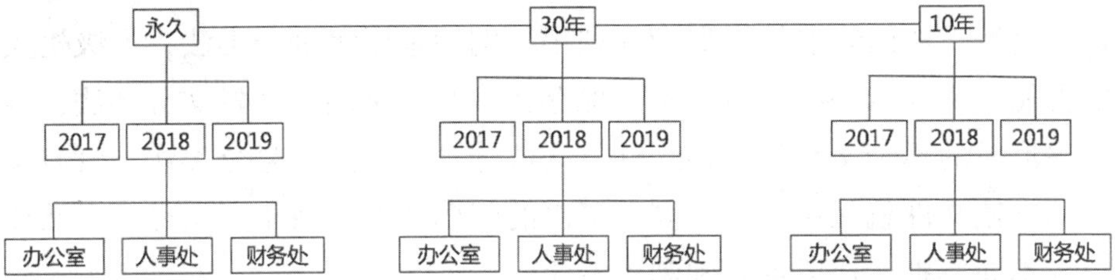

图 8-1-1　保管期限—年度—组织机构分类法示意图

这种分类方法的优点是：同一期限的档案排在一起，便于移交进馆。它的不足是：每个保管期限都要预留一定的空间，以便以后档案的陆续上架。如果保管期限划分不准确的话，查找档案比较费时费力。

2. 年度—组织机构（问题）—保管期限分类法

先将归档文件按年度分类，然后在每个年度下再按组织机构分类，最后在每个机构内按保管期限分类（图 8-1-2 年度—组织机构—保管期限分类法示意图）。

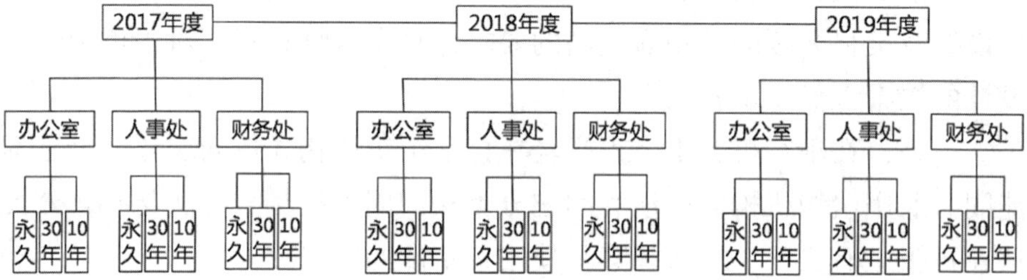

图 8-1-2　年度—组织机构—保管期限分类法示意图

使用这种分类方法，在排架时每年形成的档案按机构次序依次上架，不必预留空间，避免频繁倒架，库房管理比较方便。同时，它将一个年度同一个机构形成的文件排列在一起，便于档案实体的查找。比较适合档案不必移交进馆的基层单位。

（三）分类时需要注意的问题

1. 不可以使用级别分类法、收文发文分类法、文号分类法等其他分类方法。因为这些分类法都没有从归档文件本身内容和办理过程考虑分类原则，忽视了文件形成规律，不能反映归档文件之间的历史联系和形成过程，从而影响档案保管和利用。例如采用级别分类法，上级机关的批复和下级机关的请示就不能保存在一起；采用收文发文分类法，本机关形成的不带文头的归档文件就无法分类；采用文号分类法，没有文号的归档文件就无法分类，同一事由的归档文件涉及不同文号，必然要分入不同类别，造成保管和利用不便。

2. 由多个部门承办的归档文件，应根据其办理过程，将其全部归入主办部门中。而且，归入主办部门的归档文件要齐全完整，不能缺失其中任何一件。

3. 无论选择哪种复式分类法，年度、保管期限是必选项，任何机关整理归档文件都必须分年度、分保管期限进行；机构（问题）则为选择项，因为在基层单位或小机关，每年形成的文件数量少，或者内部机构设置简单，这种情况下无须再按机构（问题）进一步细分；而在大的机关，文件一般由各文书处理部门分工整理归档，机构（问题）则往往成为必选项。

对于承担文件材料整理归档工作的各文书或业务部门而言，在分类环节需要完成的工作主要有两项：

第一，将本部门形成的文件材料按年度整理归档。

第二，将本部门、本年度形成的需要归档的文件材料区分不同的保管期限分别整理。

完成了上述工作，即完成了本部门归档文件材料按年度、组织机构、保管期限分类的工作。

二、组卷

组卷是在分类方案的最低一级类目下，对有密切联系或有共同特点的若干文件材料进行组合。通过组卷，可以保持文件之间的联系，保证归档文件的齐全完整，正确反映本机关的主要工作情况，便于保管和利用，为档案工作的开展奠定基础。

1951 年政务院《公文处理暂行办法》规定，“归档文件以一案一卷为原则”。后来在档案工作实践中又提出了按照文件特征组卷的方法，但是这两种方法使用场合各有不同。

吴宝康先生在《中国人民大学档案专修班立卷实验工作的初步研究》一文中指出：“立卷的进行方式有两种：一种是循着正常的轨道来立卷的，也就是说卷是在文书处理部门的秘书和文书工作者手里就按照预定的案卷类目立好案卷，每一年就将案卷移交给机关档案部门保存。采取这种方式，则档案部门收到的文件材料必然已经是完全立好了的案卷，档案部门收到各组织单位案卷后，就研究确定一个分类方案，将案卷分类排列起来，并加以妥善的保管。这是最好的方式，是最值得推荐的方式。另一种则是档案部门收到的文件材料都是没有立好卷的零散文件，立卷任务还要在档案部门去进行”，当时档案专修班档案实验课进行的就是“几个全部或大部是零散文件的芬特（全宗）的实验工作”，他们的整理经验是，先区分“芬特”，再将每个芬特下的零散文件材料按照名称特征、问题-实物特征、作者特征、收发文机关特征、地区特征（地理特征）、时间特征（年代特征）等建立起文件之间的联系进行组卷。

由此可知，“按照文件特征组卷”是档案部门整理积压零散档案的专业方法，文书或业务部门应该按照案卷类目“循着正常的轨道来立卷”。

文书或业务部门进行归档文件组卷时，主要采取三种方法：按事由组卷，按问题组卷和按文件类型组卷。

1. 按事由组卷

事由，就是事情的主旨。按事由组卷，又称一事一卷，即将同一件事、一个活动、一项工作、一个案件、一次会议形成的文件材料组为一卷（见图 8-1-3 按事由组卷方法示意图）。

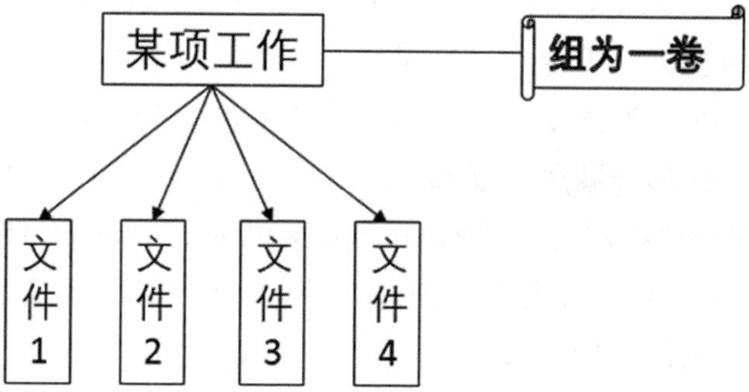

图 8-1-3　按事由组卷方法示意图

例如，2017 年中共中央办公厅和国务院办公厅印发了《关于划定并严守生态保护红线的若干意见的通知》（文件 1），北京市政府划定了生态保护红线，报送国务院（文件 2），经国务院同意后（文件 3），向北京市各区政府、政府委办局及各市属机构发出《关于发布北京市生态保护红线的通知》（文件 4），这项工作的事由是“划定北京市生态保护红线”，由此产生的各种文件组为一卷，即为按事由组卷。

按事由组卷的方法简便易行，主旨鲜明，材料全面，保管期限单一，既便于整理，也利于提供利用，但这种组卷方法普遍文件比较少，容易造成案卷太薄，案卷数量多的情况。

2. 按问题组卷

即将同一保管期限、同一年度、同一组织机构中有密切关联的活动、工作的文件材料组合为一个案卷，这种方法实际是将若干互有联系的事由形成的文件材料组合在一起（见图 8-1-4 按问题组卷方法示意图）。例如，“城乡建设、环境保护\环境监测、保护与治理”是一类工作，其中包括划定生态保护红线等多项具体工作，将这些工作中形成的请示、批复、通知等各种材料组为一卷，即为按问题组卷。

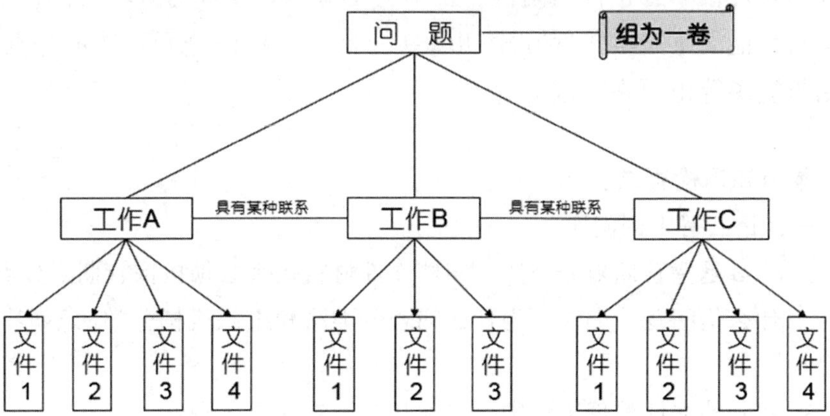

图 8-1-4　按问题组卷方法示意图

按问题组卷比较灵活，问题可大可小，可以视具体情况决定。这种方法可以较好地保持文件之间的联系、反映一项职能活动的全貌，避免案卷过薄的问题，还便于将来在利用时按问题查找。但是要求整理者熟悉业务、组卷合理，并能准确地对几项相近工作的事由进行概括，正确拟写案卷标题。

3. 按文件类型立卷

该方法是将不适合按事由或问题组卷的会议文件、案件材料、信访材料、简报刊物、名册、简报、会议记录、报表、统计表等不同类型的文件分别组卷。

会议文件，可根据文件的数量和保存价值立卷，一般是一会一卷，会议文件较多的大型会议可一会数卷，问题相近的几个小型会议可数会一卷。

案件材料，主要指非诉讼案件材料，如保卫、纪检、审计等部门形成的案件材料。立卷时一般是一案一卷，形成材料多的案件可以一案数卷。

信访材料，指人民来信、来访中形成的文件材料。可根据来信所反映的问题、信件作者、信件处理形式等，结合文件的多少进行立卷。

简报、刊物，指机关自己制发的各种简报及出版物。立卷时可按名称分开，一期一卷或数期一卷。

另外，无论采取哪种组卷方法都要注意：在归档文件材料中，每份文件的各种稿本，正件与附件、正本与定稿、转发件与被转发件、中文版本与其他文字版本等存在密切联系的材料等不得分开，请示与批复、来函与复函等也要在一起立卷。

本节知识检查站：

一、请回答下列问题

1. 什么是保管期限分类法，归档文件材料是否必须按保管期限分类？

2. 什么是问题分类法，为什么问题分类法和组织机构分类法不能同时选用？

3. 在归档文件整理工作中，组卷和分类有什么区别？

4. 年度—组织机构—保管期限分类法的优点是什么？

5. 按事由组卷的优点是什么？

6. 什么是按文件类型组卷？

7. 将某个部门形成的同一保管期限下的文件材料按照内在联系组合，进行整理的工作是分类还是组卷？

二、延伸思考

1. 按问题组卷有什么便利和不足之处？

2. 正确组卷需要在文书工作阶段做好哪些工作？

3. 不考虑事由，简单将文件材料按发文字号、来文机关进行组卷是否可行？

第二节　卷内文件排列与编目

归档文件材料组合成案卷后，还需要对卷内文件进行系统整理，主要工作包括检查、调整卷内文件，对卷内文件材料进行修整、排列卷内文件顺序、编制页码，以及填写卷内文件目录和备考表等。

一、检查、调整卷内文件

在整理立卷时，工作人员要对平时归卷的文件材料逐一核查，凡不符合立卷质量要求的，要予以调整。具体检查内容包括：

1. 检查卷内文件是否符合归档范围要求；
2. 检查卷内文件是否齐全完整；
3. 检查组合成的案卷是否保持了文件之间的有机联系；
4. 检查卷内文件的保存价值是否尽量做到了统一。

二、卷内文件修整

为了保证文件材料能够长久保存和有效地提供利用，在编写页号之前必须对归档文件中一些不合乎要求的材料进行修整。主要包括：

对破损的纸张进行修裱，修裱要用糊精或专用胶水，不得用胶带（塑料材料）；

对字迹模糊的（颜料笔）、易扩散的（圆珠笔）、易磨损的（铅笔）或易褪色的材料（如使用热敏纸的传真）进行复制，复制件的页数不计入总页数；

去除纸张上的易锈蚀的金属物（如铁质订书钉、曲别针、大头针、推钉、鱼尾夹等）；

对过大的纸张进行折叠；

对过小的纸张进行托附；

对装订线内有字迹的纸张贴补纸条，并折叠右侧。

三、卷内文件排列

卷内文件排列是确定一卷内所有文件的排列次序，一般情况下卷内文件要视文件内容的重要程度和关联程度，并结合时间顺序排列。卷内文件排列实际包括下列内容：

1. 一件文件不同稿本的排列顺序

归档文件材料中，一件文件往往由多种材料组成，如发文可能包括正本（包括附件）、定稿、发文稿纸等；收文可能包括正本（包括附件）、文件处理单等，有时还可能有复制件。这些文件材料的一般排列原则是：

正件在前，附件在后；

正本在前，定稿在后，重要法规性文件的历次稿依次排列在定稿之后，发文稿纸在正件之后，定稿之前；

转发文在前，被转发文在后。

2. 按事由组卷时卷内文件排列顺序

传统立卷工作对卷内文件材料进行排序时，往往是按照机关日常工作利用规律，将利用率最高的文件材料排列在一卷文件之前，即按文件的重要程度排列，所以通常采取的排序原则是：

批复在前，请示在后；

方针政策性文件在前，业务性文件在后；

上级机关文件在前，本机关和下级机关文件在后；

案件的结论及判决性文件在前，依据性材料在后。

另外，按照文件的成文日期排列卷内文件材料也是一种方法，这种方法是按照工作进程排列文件材料，可以客观反映一项工作的来龙去脉，为不了解情况的利用者提供便利。

按照文件成文日期排列的方法，也适用于按照文件类型组卷时卷内文件材料的排列。

3. 按问题组卷时卷内文件排列顺序

按问题组卷时，一个案卷会由多个事由的多份文件组成。排列文件时，应首先将同一事由的文件材料集中排列，不同事由之间再按时间顺序排列。

四、编写页号

文件顺序确定以后，要对卷内有图文的页面进行编号，以固定其顺序。

1. 编号要求

凡有图文的页面均需编写页号，编写页号时必须保证卷内页码的唯一性，不能出现漏页、跳号、重号等现象；

使用黑色铅笔编号，以便于修改，一般不使用签字笔或用打号机；

空白页不编号，折叠页只编展开后的页号。

2. 编号方法

使用阿拉伯数字，从卷内第一份文件的第一页开始，连续编写大流水页号，直到本卷最后一份文件的最后一页。页码编写位置在在每页的正面右上角、反面左上角。

五、填写卷内文件目录

卷内文件目录是登录卷内文件题名和其他特征并固定文件排列次序的表格，排列在卷内文件之前（见图 8-2-1 卷内文件目录样式）。

卷内文件目录类似于一本书的章节目录，详细显示案卷内文件内容及每件文件排列位置，便于查阅和统计，是一种重要的档案检索工具。所有案卷都要按规定格式编制卷内文件目录。

卷内文件目录中各项填写规范如下：

1. 顺序号：按卷内文件排列次序填写，即件号

2. 文号：文件制发机关的发文字号

3. 责任者：文件的作者、署名者

机关团体责任者一般要著录全称，在全称字数太多的情况下可以著录规范化简称，不得著录“本市”“本局”。

个人责任者一般只著录姓名，必要时在姓名后著录其对档案负有责任的职务、职称或其他身份，并用“（　）”表示。

联合行文的责任者，应著录列于首位的责任者，立档单位本身是责任者的必须著录，被省略的责任者用“［等］”表示，两个责任者之间

卷内文件目录

顺序号	文号	责任者	题名	日期	页号	备注

图 8-2-1 卷内文件目录样式

的间隔用“;”。

4. 题名：即文件的标题，一般应照实抄录。没有标题或标题不能说明文件内容的文件，可自拟标题，外加“［ ］”号。

5. 日期：文件的成文日期。时间以 8 位阿拉伯数字表示，省略“年”“月”“日”字。如 20080508

6. 页号：填写整卷文件中每件文件首页所对应的页号，不是每件文件的总“页数”；最后一件文件填写该件起止页号。

7. 备注：留待对卷内文件变化时作说明之用。

六、填写卷内备考表

卷内备考表是卷内文件状况的记录单，排列在卷内文件之后（见图 8-2-2 卷内备考表样式）。也可以与案卷封底合并使用。

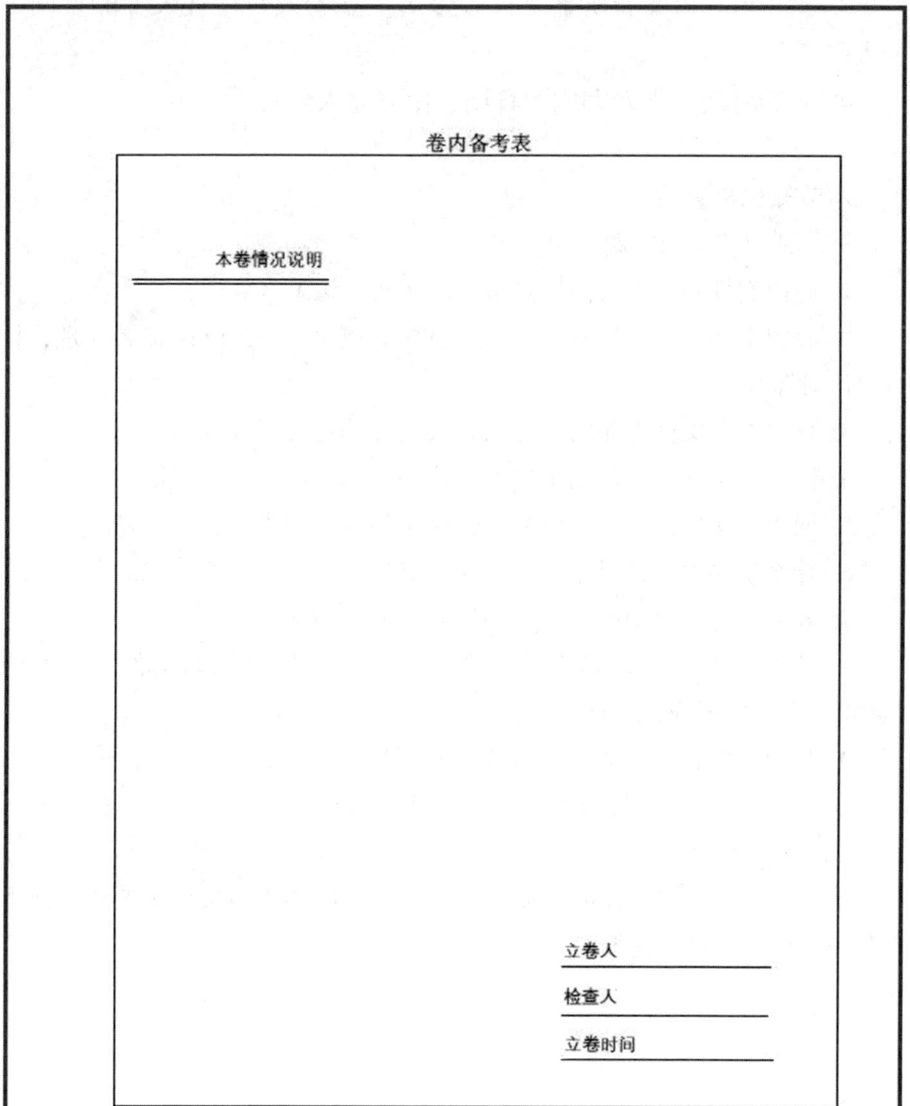

图 8-2-2　卷内备考表样式

1. 卷内情况说明：主要填写卷内文件材料的缺损、修改、补充、移出、销毁等情况。案卷立好以后发生或发现的问题由有关的档案管理人员填写并签名、标注时间。

2. 立卷人：完成立卷后，由立卷者签名。

3. 检查人：由案卷质量审核者签名。立卷人与检查人不能是同一个人。

4. 立卷时间：立卷完成的日期，由立卷人填写。

本节知识检查站：

一、请回答下列问题

1. 卷内文件中如果有使用热敏纸的传真应该怎么处理？

2. 卷内文件中，如果有一页文件的纸幅是A3的，应该怎么处理，标写页码时算几页？

3. 排列卷内文件次序时，什么是按文件的重要程度排列？

4. 同一份文件的不同稿本应怎样排序？

5. 同一卷文件内不同事由的文件应该如何排列顺序？

6. 什么是卷内文件目录，它的作用是什么？

7. 卷内文件目录中的“责任者”项应该怎样填写？

8. 填写卷内文件目录中的“题名”项时，如果原始文件标题只有“通知”两个字时应该怎样处理？

9. 卷内文件目录中的页号应该怎样填写？

10. 备考表中的“检查人”应该是什么人？

二、延伸思考

卷内文件排序时，在按照文件成文日期排序和按照文件重要程度排列两种方法中如何进行选择？

第三节　填写案卷封面与装订

卷内文件材料整理完毕后，需要在文件材料的前后加上档案部门统一要求的案卷封面（卷皮）和封底装订成卷，并规范填写案卷封面上的项目（见图8-3-1案卷封面式样）。案卷封面既可以起到对案卷内文件的保护作用，也具有揭示卷内文件基本信息的作用，便于保管和利用。

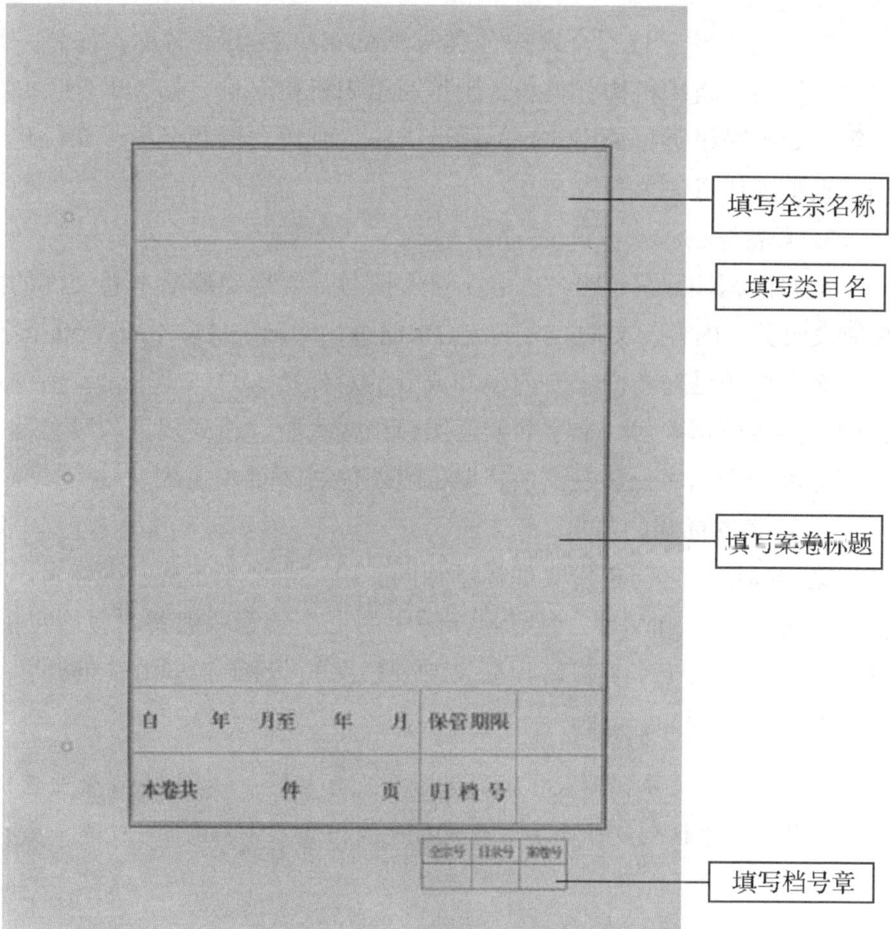

图8-3-1　案卷封面式样

一、案卷封面的填写

1. 全宗名称：全宗是一个国家机构、社会组织或个人形成的具有有机联系的档案整体。如北京市司法局所形成的全部档案为一个全宗，北京市教育委员会所形成的全部档案为另一个全宗。全宗名称，即形成档案全宗的机关名称，如北京市司法局、北京市教育委员会。

案卷封面上的全宗名称应该填写机关全称或规范化简称，如北京市教育委员会可以简写为北京市教委，但不得简称为“本委”、“本市教委”等。

2. 类目名称：填写全宗内分类方案的第一级类目名称，如果一级类目采用的是组织机构分类法，则填写组织机构名称，如人事处、办公室等；如果一级类目采用的是问题分类法，则填写问题名称，如行政工作、人事工作等。

3. 案卷标题：

案卷标题又称案卷题名，由立卷人拟写，要准确概括本卷文件的主要制发机关、内容、文种。文字应力求简练、明确，最多不超过50个字。

案卷标题是对卷内主要内容和成分的总概括，总体要求是政治观点正确、内容概括确切、文字简明通顺、结构完整、格式规范。案卷题名既不能堆砌卷内每一份公文的标题，也不能过于抽象笼统。

（1）案卷标题的要素

案卷标题要素与单份文件标题相同，由三个要素组成：责任者、事由（主要内容）和文种。但案卷标题中的三个要素一般都是复合型的，即可以同时有若干个责任者（公文制发机关）、若干个事由（问题）和若干个文种。例如：

北京市档案局、国家档案局、昌平区档案局	（责任者）
关于昌平区创建社会主义新农村建设档案工作示范区	（事　由）
的验收意见、请示、汇报材料等	（文　种）

（2）拟写案卷标题时的注意事项

责任者项应尽量列出卷内全部的文件制发机关名称，如果卷内文件责任者较多时，可以列出两三个主要责任者，后面加“等”字；应用全称或规范化简称，不得用“本部”“本局”。如果文件的作者是领导者个人时，应标明其姓名及职务全称。

事由（主要内容）项是案卷题名的核心部分，要准确概括卷内内容。如果组卷时合理把握了文件之间的关系，概括案卷内容就比较容易；如果采取按事由组卷的方法组卷，因为事由单一，也可以降低对卷内文件内容概括的难度。

此外，当卷内文件材料的时间特征明显时，需要在标题中写明年度。

文种项应列出卷内文件的文种名称，如果卷内文件文种名称只有两三个可以逐一列出，如果太多可以列出其中主要的两三个。

下面是一些案卷标题举例：

- ××市××委员会、××局关于征求《……办法（征求意见稿）》意见的来函与复函
- ××省档案局关于开展档案执法检查、档案安全保管检查、报送“三五”普法情况的通知、报告、函
- ×市委农村工委、市编办关于工委职能配置、内设机构、人员编制、工资改革等问题的方案、报告、统计表
- ××县 ×××× 年县长办公会议记录
- ××大学××××年干部任免通知
- ××区政府关于在×村开展……试点工作的总结及汇报材料
- 中共×区委第一次党代会发言人名单及发言记录

4. 时间：填写卷内最早的一份文件材料形成的时间和最晚的一份文件材料形成的时间。形成时间一般以文件的成文日期为准。

5. 保管期限：立卷时划定的该案卷的保管期限。

6. 件、页数：填写本卷的总件数和总页数。

7. 归档号：可以作为文书部门和业务部门立卷时的临时编号，由立卷人填写；也可以作为案卷号，由档案部门在档案归档后作为档案部门编号填写。

8. 档号章：档号章是案卷标识符号，由全宗号、目录号、案卷号组成。其中全宗号是档案馆指定给立档单位的编号，目录号是全宗内案卷所属目录的编号，案卷号是目录内案卷的顺序编号。向档案部门归档时一般不填写档号章上的内容，待向综合档案馆移交时再按要求填写。

二、案卷装订

案卷装订就是按照案卷封皮、卷内文件目录、卷内文件材料、卷内备考表的顺序，将案卷材料统一装订成卷的过程，以从档案实体上最终确定“卷”的形态，起到固定文件材料页次、防止张页丢失、便于保管利用的作用。

装订位置一般在卷左侧。左侧不便于装订时，可在上端。装订要求是不压字，不掉页，不倒页，不影响查阅。

最常采用的装订方法是使用粗棉白线“三孔一线”装订（见图 8-3-2 使用三孔一线方法装订的软卷皮案卷成品）。

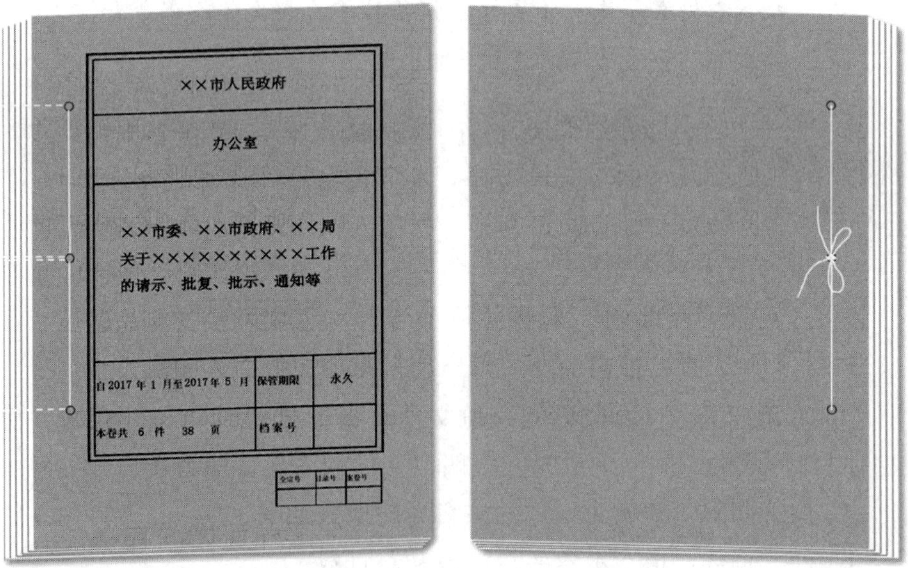

图 8-3-2　使用三孔一线方法装订的软卷皮案卷成品

本节知识检查站：

一、请回答下列问题

1. 什么是全宗名称，案卷封皮上的“全宗名称”应该如何填写？

2. 什么是案卷标题，案卷标题与文件标题有什么不同？

3. 拟写案卷标题时，责任者、事由和文种三个要素分别要注意哪些问题？

4. “教育部下发的各种领导指导性文件”，这个案卷的组卷和案卷标题拟写有什么问题？

5. 某市某某委员会的一卷档案的标题是“某市某某委员会函、批复、请示、批件、安排、计划、通知”这个案卷的组卷和案卷标题拟写有什么问题？

6. 某银行一卷档案的标题是“关于开办银行借记卡的有关文件”，这个标题有什么问题？

7. 案卷装订有什么要求？

二、延伸思考

有人认为，使用三孔一线的方法对案卷进行装订，会对档案造成损害，还有人认为，文件装订以后，不便于单份档案利用，你对此有什么看法，有什么更好的解决办法吗？

第四节　案卷排列、编目与装盒

每一类别下的组卷、装订完毕后，还要对案卷进行排序并登记，使之成为一个系统化、条理化的整体。

一、案卷排列

案卷排列即对每一类别下案卷进行排列。

方法是将同一保管期限、同一年度下的案卷，按照分类表（或分类方案）确定的组织机构顺序或问题顺序进行排列。同一机构内的案卷按时间顺序排列。

二、案卷编号

排列顺序确定以后，要对每个案卷编号以固定其排列顺序，这个编号即为案卷号。一般每个年度的案卷可以在每个类下分别从 1 开始编写，也可以接上一年度连续编写（见图 8-4-1 保管期限-年度-机构分类法下的案卷编号举例，图 8-4-2 年度—机构—保管期限分类法下的案卷编号举例）。但各年度的案卷排列方法应统一，不可随意变动。

永久							
2013 年				2014 年			
办公室	业务处	……	法规处	办公室	业务处	……	法规处
1-50	51-70	……	265-290	291-350	351-370	……	580-602
30 年							
2013 年				2014 年			
办公室	业务处	……	法规处	办公室	业务处	……	法规处
1-80	81-120	……	331-360	361-410	411-440	……	620-670
10 年							
2013 年				2014 年			
办公室	业务处	……	法规处	办公室	业务处	……	法规处
1-50	51-70	……	181-209	210-250	251-280	……	361-386

图 8-4-1　保管期限-年度-机构分类法下的案卷编号举例

2013年						
	办公室			业务处		……
永久	30年	10年	永久	30年	10年	
1-20	21-60	61-90	1-18	19-55	56-76	
2014年						
	办公室			业务处		……
永久	30年	10年	永久	30年	10年	
1-32	33-65	66-95	1-21	22-49	50-85	

图 8-4-2　年度—机构—保管期限分类法下的案卷编号举例

三、填写案卷目录

案卷目录是以全宗为单位登录案卷的题名及其他特征，并按案卷号次序编排而成的档案目录。它是一种重要的检索工具，有固定的格式，包括卷号、题名、年度、页数、期限、备注等项目（图 8-4-3 文书档案案卷目录样式）。

文书档案案卷目录

卷号		题名	年度	页数	期限	备注
档案部门编	档案馆编					

图 8-4-3　文书档案案卷目录样式

1. 卷号（档案部门编）：填写与案卷封面的归档号（案卷号）相一致的号码，用阿拉伯数字填写。卷号（档案馆编）是在档案移交进馆时按档案馆的要求编写。

2. 题名：填写案卷封面上拟写的题名。要一一对应，完全一致。

3. 年度：卷内文件的形成年度。

4. 页数：填写卷内文件材料实有的总页数。不能将卷内文件目录和卷内备考表的页数计算在内。

5. 期限：填写立卷人对本卷确定的保管期限，如“永久”或“30年”“10年”。

6. 备注：填写需要说明的事项。一般为空。如卷内文件材料内容反映涉密事项，可填写“绝密”“机密”或“秘密”。

归档工作结束后，档案部门将全年度案卷目录汇总装订成册，加装封皮，作为日常重要的检索工具。

四、案卷装盒

按照规定，使用软卷皮装订的案卷，必须放入案卷盒保存。

1. 装盒：可将同一保管期限、同一年度的案卷，按案卷号从小到大的顺序，依次装盒。装盒量要适度，一般装到八、九成即可，以备将来插卷；但也不要少于八、九成，以避免造成保管空间的浪费和盒内档案过于松散导致的变形；如果装盒过满，也会造成卷盒变形，并使盒内档案材料受损。

2. 填写卷盒上的项目：

卷盒封面——档案盒只是档案装具，一个卷盒中可放置若干案卷，因此只需填写全宗名称，即机关的全称或规范化简称。

卷盒脊背——因为卷盒将顺序排列在档案架上，因此卷盒脊背上的项目将在查找时提供各种信息，其上的项目比较丰富（见图8-4-4案卷盒脊上的项目）。

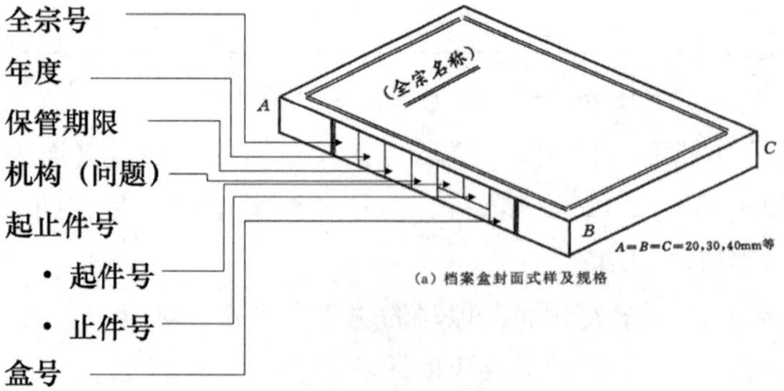

图8-4-4　案卷盒脊上的项目

其中全宗号可以暂不填写，年度、保管期限、机构（问题）必须填写，起止卷号可用铅笔标注。档案进馆前，所有项目都应填写清楚。填写方法：一般用购置的或专门刻制的印章盖上，并保证整齐、美观、清晰。印泥要使用朱砂印泥，保证字迹醒目、不褪色。

档案盒规格：外形尺寸为 310 mm×220 mm（长×宽），厚度可根据需要设置为 10 mm、20 mm、30 mm、40 mm 等不同规格。

本节知识检查站

一、请回答下列问题

1. 为什么要进行案卷排列，如何确定案卷排列顺序？

2. 案卷顺序号如何编排？

3. 什么是案卷目录，案卷目录和卷内文件目录有什么区别和联系？

4. 档案盒封面为什么只写全宗名称，不写案卷标题？

二、延伸思考

1. 填写案卷目录是文书部门的工作还是档案部门的工作？

2. 在档案管理信息系统中，如何将卷内文件目录和案卷目录信息做有机结合，以满足不同的检索需求？

第九章　以件为单位的归档文件整理方法

9 认识归档工作

- 组件、分类与排列
- 编号与编目
- 编页、装订与装盒

2000年国家档案局对立卷的方法进行改革，发布了档案行业标准——《归档文件整理规则》（DA/T 22—2000），开始在全国推行以“件”为单位对归档文件材料进行整理的方法。2015年国家档案局对该标准进行了修订，新的《归档文件整理规则》（DA/T 22—2015）于2016年6月1日起开始在各机关陆续实施。

以件为单位的归档文件整理包括组件、分类、排列、编号、编目修整、装订、编页、装盒、排架等环节，仍以“遵循文件的形成规律，保持文件之间的有机联系；区分不同价值，便于保管和利用；符合文档一体化管理要求，便于计算机管理或计算机辅助管理”为整理原则。同时，为了深化检索，在简化整理环节的同时，对文件的著录提出了更高的要求。

第一节　组件、分类与排列

一、“件”与“卷”的区别

“案卷”是采用立卷的方法进行归档整理的基本整理单位，“件”则是采用按件整理的方法进行归档文件整理的基本整理单位。

简单地说，“卷”是由反映一件事，或互有关联的几件事所形成的若干件文件组成的案卷，“件”就是一件文件。如果采取以件为单位的整理方法，一件事情产生的不同文件有几份即为几件，这几份相关的文件只需排列在一起，但不必装订在一起；如果采取以卷为单位的整理方法，则需要将这若干份文件装订在一起成为一卷（见图9-1-1“卷”和“件”的区别）。

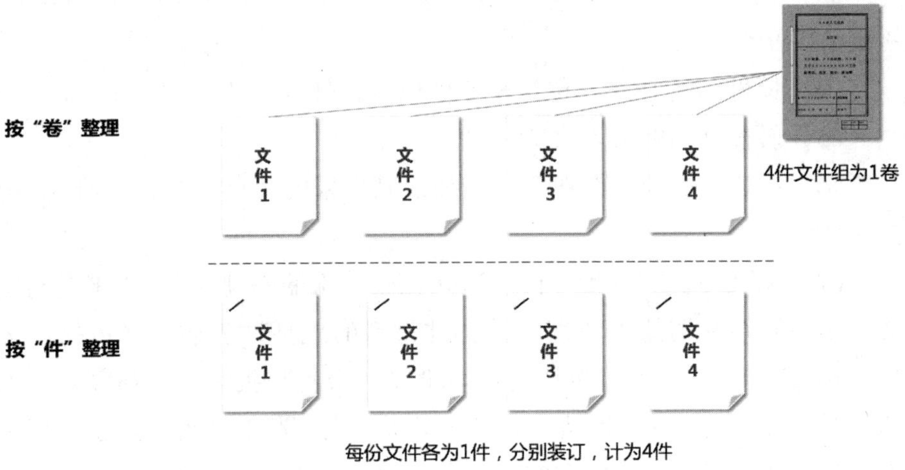

图9-1-1　“卷”和“件”的区别

二、组件

1. “件”的构成

按“件”整理时，一般以每份文件为一件，但实际上，“件”并不绝对是自然件。

例如，文件的正文与附件、转发文与被转发文等，各部分独立性较强，易被分散使用，造成归档不全或归档后查找不全的情况；文件的正本与其他稿本、原件与复制件等，如果彼此间相互脱离，其中之一在检索上往往没有太大价值，反而会增加大量不必要的编目工作，影响整理和利用工作效率；还有一些文件，如单一的请示与批复、报告与批示等，关联性强，利用时通常需要相互查证，实体不宜分散。因此这些文件可以作为一件，成为整理的基本单位。

这类情况具体包括：

（1）文件正本与定稿一般应作为一件；定稿过厚不易装订的，也可单独作为一件；重要文件需保留不同稿本（包括历次修改稿、讨论稿、征求意见稿、定稿等）的，可将正本与历次稿各为一件。

（2）正文与附件一般为一件；如果附件数量较多，或者太厚不易装订，也可各为一件。

（3）正文与文件处理单（包括文件处理单、拟办单、发文稿纸、签批条等）为一件。

（4）原件与复制件（包括复印件以及抄件等）为一件。

（5）转发文与被转发文为一件。

（6）报表、名册、图册等，应按照其本来的装订方式，一册（本）为一件。

（7）来文与复文可为一件。这是比较特殊的一种规定。“来文与复文”是对联系密切的来往性质的文件材料的概括性表述，也包括“去文与复文”，从文种上看包括请示与批复、报告与批示、函与复函、通知与报告等。此类文件因为有密切的联系，可以作为一件，但也可以分别作为一件。因为各单位在实际工作中经常产生向上级的请示、报告，与平行机关的协商函报件，但这些文件发出后有时难以确定是否能有复文或复文的时间，因此有的地方规定，外机关的来文与本机关的复文作为一件，本机关向同级或上级机关的去文与这些机关的复文可以各为一件，这是一种较为灵活的处理。

（8）简报、周报等一期为一件。

（9）会议记录、纪要一次会议为一件，会议记录一年一本的，可以一本为一件，也可以一本做多件处理，分别编号。

（10）介绍信存根、同一类型登记表，可以一本为一件，也可以做多件处理，分别编号。

所以，一件发文中实际可能包含文件的正本、定稿（含发文稿纸）、法规性文件的历次修改稿等，一件收文中可能包含文件正本（含附件、被转发文件）、复制件、有领导重要批示或有处理结果的文件处理单等相关文件等。

在归档文件整理中，绝大部分归档文件是以自然件（即单份文件）的形式出现，而需要重新界定的“件”，只是为了方便整理和利用需要的一种补充形式。实际操作中，界定“件”既要有原则性，又要有灵活性，兼顾到简化整理与便于检索。

确定为“一件”的文件要在实体上装订在一起，编目时也只体现为一个条目。

2. 件内文件排序

因为“件”不只是单份文件，正本与定稿、原件与复制件、来文与复文等也可作为一件，因此装订前首先必须对它们进行排序。

一般顺序如下：

正文在前，附件在后；正本在前，定稿在后；转发文在前，被转发文在后；原件在前，复制件在后；不同文字的文本，无特殊规定的，汉文文本在前，少数民族文字文本在后；中文本在前，外文本在后；来文与复文作为一件时，复文在前，来文在后。

此外，有文件处理单或发文稿纸的，文件处理单在前，收文在后；正本在前，发文稿纸和定稿在后（见图 9-1-2 件内文件的排列顺序）。

三、分类

归档文件不论是按件整理还是按卷整理，其分类方法完全一致，相关内容在第八章第一节已有详细介绍，在此不作重复。

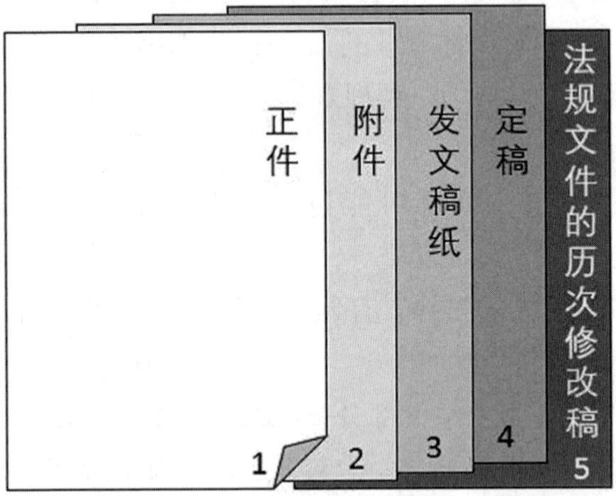

一件文件不同稿本的排列次序

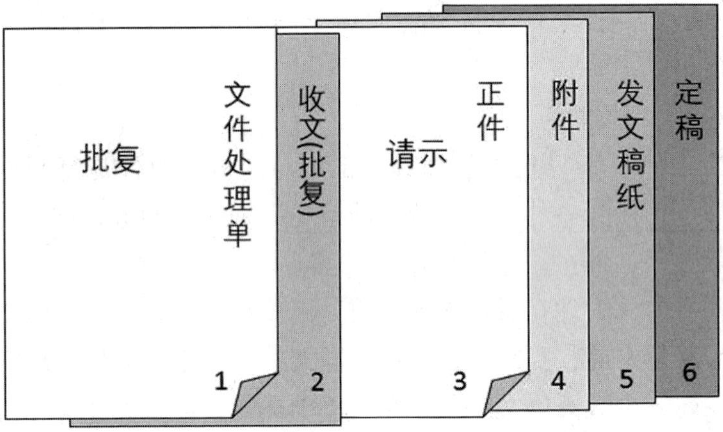

请示与批复合为一件时的排列次序

图 9-1-2　件内文件的排列顺序

四、排列

即确定每件文件之间的排列顺序。归档文件经过分类，整理上已经有一定的系统性，但具体到每一类内的文件，仍需要通过排列使之进一步系统化。每一类内的文件，要依据分类方案，按事由结合时间、重要程度排列；会议文件、统计报表、案件材料等成套性文件集中排列。

1. 排列方法

归档文件应该在分类方案的最低一级类目内，按事由结合时间、重要程度等排列。最低一级类目，是指分类时所确定的类目体系中的最低一级类目。例如，按照“年度——机构——保管期限”的方法分类时，“保管期限”即为最低一级类目。在这个类目下，将属于同一事由的文件按时间或重要程度排列在一起，再按不同事由的办结时间顺序排列在“保管期限”下（见图 9-1-3 件的排列顺序）。

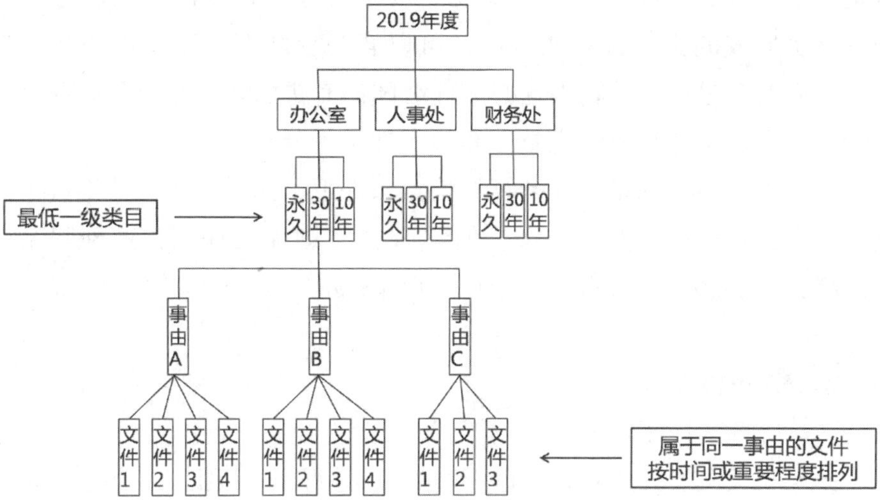

图 9-1-3　件的排列顺序

按年度—组织机构—保管期限分类时的工作顺序是：

（1）将当年形成的文件按形成或办理的机构分开，分为办公室、人事处……；

（2）同一机构内的文件将同一事由的文件组织在一起；

（3）同一事由内的文件按每份文件的形成时间顺序或重要程度排列；

（4）依据《文件材料归档范围和文书档案保管期限表》确定每项事由的保管期限；

（5）同一保管期限下的不同事由的文件，按事由办结的时间先后顺序排列，也可以先按照责任者或承办部门排列，再按事由办结的时间先后顺序排列。

2. 归档文件按事由排列的必要性

“事由”是一个比较原则的概念，可以是指一件具体的事，一个具体的问题，或一段比较紧密的工作过程。通过界定事由，使密切相关、参照性强的文件从实体上相对集中，并保持“事由”办理过程的原始状态以便日后的查考。

按事由排列归档文件，是“遵循文件的形成规律，保持文件之间有机联系”的整理原则的具体体现。按公文办理过程的先后顺序，将同一事由形成的文件排列在一起，可以客观反映某一事由的发生、发展、结束的全过程，反映出这些文件之间的有机联系，对充分体现文件的价值，以及文件材料的完整性和真实性是十分必要的。

特别需要注意的是，在计算机检索条件下，如果归档文件不按事由建立联系，或许可以做到查准，但“查全”则无法保证，这种联系在OA系统中的收发文办理流程设计中就要妥善考虑。

本节知识检查站：

一、请回答下列问题

1. 某机关向上级机关呈送了一份请示，并得到上级批复，当这两份文件作为一件整理时，下列材料如何排序？

请示的定稿
请示的附件
请示的正件
请示的文件签发单
批复
批复的文件处理单

2. 某集团文书档案采用如下分类方法，你认为是否妥当，为什么？

发文：集团党委发文、集团发文、办公厅发文、集团发函、集团签报……

收文：国资委来文、二级公司来文、其他单位来文……

3. 某单位下发了一份《关于开展……工作的通知》，布置执行生后收到单位各部门开展这项工作的报告 12 份，工作结束后撰写完成《关于开展……工作的总结》1 份，请问，按件整理时，应该作为几件整理？

4. 下面这张文件分类示意图，体现的是哪种分类方法？

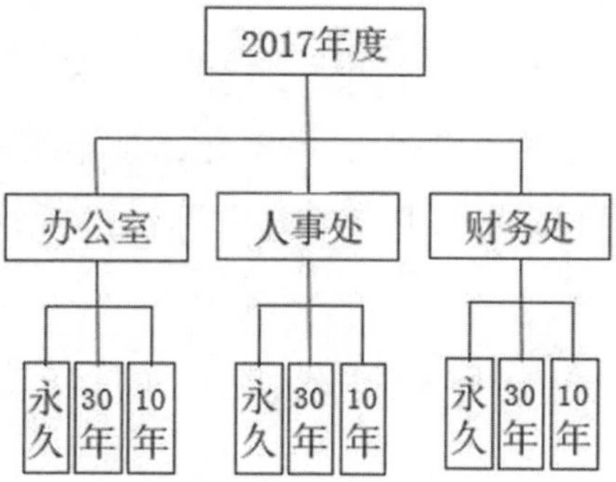

5. 什么文件可以作为归档文件中的“一件”？一项工作中形成的通知和报告可以作为“一件”吗？

6. 一份归档文件不同稿本的排列顺序是什么？

7. 归档文件之间应依据什么原则排序？

二、延伸思考

1. 电子文件环境下的按件整理，如果 OA 系统设计时，收、发文是两条线处理，同一事由的文件无法实体联系在一起，应该在系统中采取什么方法保持其事由联系？

2. 我们是否可以寄希望于能借助计算机检索或人工智能等技术手段将分散的同一事由的文件材料完整准确地检索出来，而在现阶段文件形成和整理过程中不将同一事由的文件联系在一起？

第二节　编号和编目

分类和排列使全宗内文件得以系统化，基本编目（包括编号）则是以一定的形式反映和固定这种系统化的状况，揭示和介绍归档文件的内容与成分。

一、编号

归档文件编号是指将归档文件在全宗中的位置标识为符号，通常称为“档号”，并以归档章的形式在归档文件上注明。编号是编目工作的基础和起点，它确定了归档文件在全宗中的位置，并为后续的编目工作以及实体的查找利用提供了条件。

编号的作用是固定归档文件在全宗中的位置。归档文件在全宗中的位置是由前期系统化工作各个环节共同决定的，因此“编号”中的“号”也并不是一个简单的数字，而是包括全宗号、年度、保管期限、机构（问题）、件号等分类 、排列要素在内的一组数字和字符的集合，统称为编号项目。编号项目分为必备项和选择项，必备项包括全宗号、年度、保管期限和件号，它们是根据归档文件整理和管理工作的基本需要设置的，各级机关档案部门在编号时都必须编制；选择项则包括机构（问题）等，可在同级档案主管部门的指导下，由机关档案部门根据实际需要选择使用。

在归档文件整理中，档号编制具体体现在两处：一是在归档文件目录中按照档号编制要求填写“档号”项目，二是在纸质文件上钤盖归档章并填写内容。

1. 档号的基本结构

国家档案局2015年修订发布的《归档文件整理规则》建议档号的基本结构为：全宗号–档案门类代码·年度–保管期限–机构（问题）代码–件号，如Z109–WS·2011–Y–BGS–0001，见图9–2–1档号的结构：

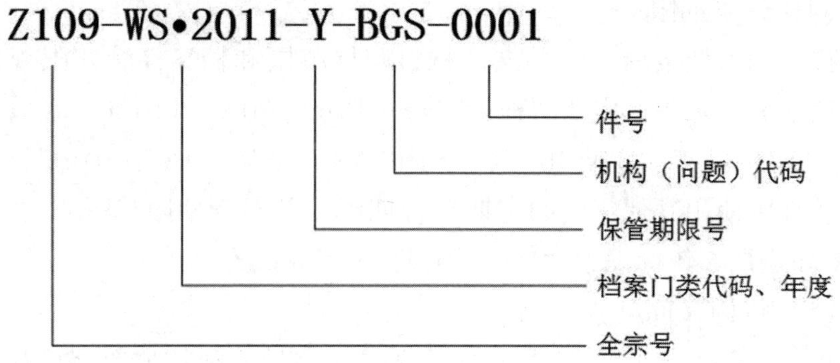

图 9-2-1　档号的结构

（1）全宗号

全宗号是档案馆对其接收范围内各立档单位所编制的代号。全宗号往往由各级档案馆按照进馆计划给定，新组建单位或暂未列入档案馆接收计划的单位，可将此项空置，留待给定全宗号后再行填写。无进馆任务且只保管一个全宗的企事业单位，可以不设全宗号项（虽然无进馆任务，但保存了多个全宗的单位，还应设置全宗号项）。

按照《档号编制规则》，全宗号用 4 位数字或者字母与数字的结合标识，全宗号原则上由数字组成，也可采用“字符+数字”的方式编制，其中字符为全宗属类代码。全宗号不足 4 位的，应在全宗号前补零，如 21 全宗，在档号中应为“0021”；全宗号第一位为全宗属类代码的，则应在全宗属类代码之后、数字前补零，如 A12 全宗，在档号中应为“A012”。

（2）档案门类代码。归档文件的档案门类代码由“文书”2 位汉语拼音首字母“WS”标识。其他门类档案，比如照片、录音、录像、科技、专业档案，参照《规则》进行整理时，其门类代码可以分别设置为“ZP”“LY”“LX”“KJ”“ZY”；科技、专业门类需要复分的，应参照《科学技术档案案卷构成的一般要求》（GB/T 11822— 2008）和《国家基本专业档案目录》执行。

（3）年度

年度指归档文件的形成年度，即形成和处理归档文件的年度，采用公元纪年，以四位阿拉伯数字表示，如“2019”，不能简化为“19”。

（4）保管期限

按照国家档案局《机关文件材料归档范围和档案保管期限规定》，保管期限分为永久、定期两种，定期一般分为30年和10年。保管期限永久、定期30年、定期10年，分别以代码“Y”“D30”“D10”标识。如果整理中使用其他年度的定期保管期限，其保管期限代码为“D+年度”。如定期5年标识为“D5”，定期15年标识为“D15”。

（5）机构（问题）代码

机构（问题）代码采用3位汉语拼音字母或阿拉伯数字标识，如办公室用“BGS”等。归档文件未按照机构（问题）分类的，应省略机构（问题）代码。

（6）件号

件号是单件归档文件在一个保管期限下排列的顺序号，是反映归档文件在全宗中的位置和固定归档文件的排列先后顺序的重要标识，应在分类方案的最低一级类目内，用4位阿拉伯数字标识，不足4位的，前面用“0”补足，如“0026”。

以采用“年度——组织机构——保管期限”进行分类为例，件号应在同一年度、同一组织机构的同一个保管期限内从“1”开始逐件流水编号。例如2015年办公室永久、定期（30年）、定期（10年）三个保管期限的归档文件，编号后形成三条流水，即永久的从“0001”开始编一个流水件号；定期（30年）的从“0001”开始编一个流水件号；定期（10年）的也从“0001”开始编一个流水件号。

件号应逐“件”编制，使所有有检索价值的归档文件都得到独立标识；同时，不能跨越不同的类目流水编号，也不能以盒为单位流水编号。

2. 归档章

归档章是档号在纸质文件上的具体体现。在电子文件上，可以由系统生成归档章样式或以条形码等其他形式在归档文件上对档号进行标识。

编号项目确定后，要以归档章的形式逐件标识在每一件归档文件的首页上端的空白处，以方便归档文件的实体存取。归档章尽量不要压住文件字迹，也不宜与批示文字或收文章等交叉或重叠。

归档章应将档号的组成部分，即全宗号、年度、保管期限、件号，以及页数作为必备项，机构（问题）可以作为选择项，件号不足 4 位的，不需补“0”。在填写这些项目时，应严格按照各个项目在归档章上的位置填写，不可随意调换位置，以方便识读，便于档案的管理和利用。归档章样式见图 9-2-2：

图 9-2-2　归档章样式

归档章各项按照编定的档号的相关内容填写，不过，为了方便识读，便于手工管理，归档章保管期限也可以使用“永久”“30 年”“10 年”简称标识，机构（问题）也可以用“办公室”等规范化简称标识。在全宗指南中，应将机构名称与相应简称加以对照说明。使用问题简称的，则可根据分类方案，直接填写“党群”“行政”“业务”等。填写归档章项目时应使用符合档案保护要求的字迹材料，如碳素墨水、耐久性好的签字笔等，也可使用打号机打号。禁止使用圆珠笔、铅笔、纯蓝墨水等不耐久的书写材料进行填写。归档章填写方法见图 9-2-3：

(全宗号)	(年度)	(件号)
Z109	2019	1
BGS	Y	45
*(机构或问题)	(保管期限)	(页数)

(全宗号)	(年度)	(件号)
Z109	2019	1
办公室	永久	45
*(机构或问题)	(保管期限)	(页数)

图 9-2-3　归档章填写方法

二、编目

编目是指编制归档文件目录。归档文件目录包括序号、档号、文号、责任者、题名、日期、页数、密级和备注等项目。这些项目基本包括了构成一份文件的主要部分，概括了归档文件内容和形式方面的各种特征，可以为利用者提供较完备的检索渠道。

编目应以“件”为单位进行，一个文件在目录中只体现为一个条目。如来文与复文作为一件时，在归档文件目录中只对复文进行编目，即在归档文件目录中只填写复文的相关内容。归档文件目录内各项目的具体填写要求如下：

1. 序号

序号是归档文件的顺序号，其作用是配合档号固定归档文件的顺序，并在一定范围内对归档文件进行数量统计。每册归档文件目录的序号用阿拉伯数字从“1”开始标注。

2. 档号

按照和每件文件的档号抄录，如 Z109-WS • 2011-Y-BGS-0001。

3. 文号

即文件的发文字号，没有文号的归档文件，此栏目空置，不得填写其它内容（见图 9-2-4 归档文件目录中文号、责任者、题名、日期、密级的填写）。

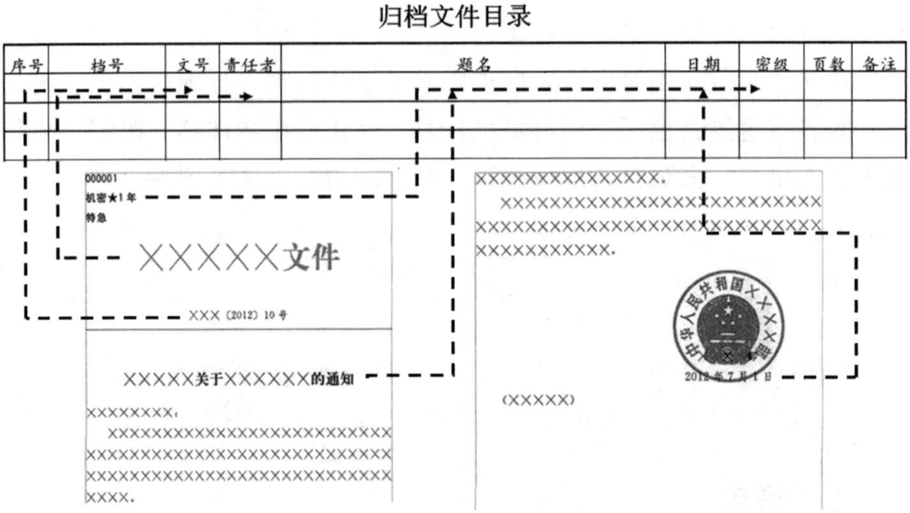

图 9-2-4　归档文件目录中文号、责任者、题名、日期、密级的填写

4. 责任者

责任者是指制发文件的组织或个人，即文件的发文机关或署名者。著录责任者时一般应使用全称或规范化简称，不能使用“本部”“本

局”“本公司”等含义不明确的简称。要注意以下特殊情况：

（1）联合发文如果责任者过多可以适当省略，但如果本机关是责任者之一，必须著录，文号所代表的机关也必须著录。

（2）个人责任者必须在姓名后用“（　）”著录其职务、职称等。如果责任者有多个职务，只著录与文件相应的职务。

（3）机关内部文件常会出现未著责任者的情况，著录时应尽量根据文件内容、形式、特征等加以考证并著录。

（4）会议记录的责任者应著录本单位或有关组织的全称或通用简称，如××局、××局党组等。

（5）多份介绍信存根或简报组为一件时，责任者应著录机关的全称或规范化简称。

5. 题名

题名即文件标题，包括责任者、事由、文种三个要素，一般以照实著录为原则，遇到特殊问题时，著录方法如下：

（1）文件没有标题、标题不规范、不能反映文件主要内容、不方便检索的，应按照“责任者+事由+文种”结构全部或部分自拟标题，自拟内容应外加“［　］”以与原标题内容相区隔。如“［××大学关于2019年端午节放假安排的］通知”。

（2）文件同时存在正、副题名的应照实著录。

（3）来文与复文作为一件时，除照实著录复文标题外，还应增加“及请示”“及函”等字样，如“××局关于档案部门建设规模的批复［及请示］”。

（4）文件的题名不能完全反映附件内容，应该在正件标题后著录附件标题如“关于进一步加强我市精神文明建设的决定［附件：市民公约］”。有多个附件的，附件之间用“;”隔开。

（5）如果附件是单独作为一件的，应在附件标题前抄录正文标题，并注明“附件”字样。如“［关于进一步加强我市精神文明建设的决定］附件：市民公约”。

（6）定稿、历次修改稿分别作为一件时，除著录文件标题外，还应注意稿件性质。如“××市‘十三五’时期档案事业发展规划［定稿］”。

（7）纪要除了著录纪要标题以外，还要概括出会议的主要议题，如“××市第×届人民代表大会常务委员会××次会议纪要［传达×××领导讲话精神，决定市第×届人民代表大会第五次会议召开的时间及地点，接受××辞去市第××届人大代表职务］”。

6. 日期

日期即文件的成文日期（见图 9-2-5 归档文件目录中日期及密级的填写）。多份文件为一件的，以第一份文件的日期为准。填写时以 8 位阿拉伯数字标注年、月、日，如“20190107”。未注明日期文件，应加以考证后填写，确实无法考证的，其日期可以以归档年度为文件年度，月日用零补足，如“20190000”。

7. 密级

文件的密级应依据文件实际标注，可以填写汉语拼音或汉字代码，如“JM”或“机密”。对已升、降、解密的文件，应填写新的密级。归档文件没有密级的，不填写此项目。

8. 页数

填写本件文件的总页数，计算页数时，以文件中有图文的页面为一页，空白页不计。大张的文件或图表折叠后，按未折叠前有图文的页面数计算页数。

9. 备注

用于填写该文件需要补充和说明的情况，包括开放等级、缺损、修改、补充、移出、销毁等。如果有些条目需说明的情况文字较多，可以在备注中加注“＊”，在备考表中详细填写。

归档文件目录推荐由系统生成或使用电子表格编制。目录表格采用 A4 幅面，页面横向设置。

归档文件目录除保存电子版本外，还应打印装订成册，可以按年装订成册，也可以每年区分保管期限装订成册，但应按照分类方案，为每一类归档文件目录单独加归档文件目录封面。

归档文件目录封面设置全宗号、全宗名称、年度、保管期限、机构（问题）等项目。采用年度-保管期限分类法的机关，目录封面可以不设置机构（问题）项。归档文件目录封面样式见图 9-2-5：

归档文件目录

全宗号 ________

全宗名称 ________

年　　度 ________

保管期限 ________

*机构（问题）________

图 9-2-5　归档文件目录封面样式

本节知识检查站：

一、请回答下列问题

1. 档号的项目主要有哪些？在归档文件整理中，档号编制具体体现在哪两处地方？

2. 归档文件档号编制的结构是怎样的？Z116 全宗中 2015 年形成、定期 30 年期限的文书档案中，人事处形成的第 53 份文件的档号应怎样编制？

3. 归档文件目录中的“责任者”项，应该填写什么内容？有哪些具体要求？

4. 归档文件目录中的“日期”应该填写什么日期？

5. 来文与复文作为一件整理时，归档文件目录中的各项应如何填写？

二、延伸思考

1. 为了在更大范围内档案信息资源的共享，2015 年新修订发布的《归档文件整理规则》，推出了新的档号编制方法，你认为这个档号的实施前景如何，在本单位的档案管理信息系统中应如何做出调整？

2. 以件为单位的归档文件整理方法，简化了组卷、拟写案卷标题、填写卷内文件目录和案卷目录等工作，但为了深化检索，同时对题名的著录提出了更高标准，你认为除了本教材中提出的 7 项著录要求以外，还有哪些（类）文件题名需要整理人员做出补充？

第三节　编页、装订及装盒

归档文件完成组件、排序后，应将每件内的文件逐页编制页码并以件为单位装订。

一、编页

每件文件内的稿本顺序排列好后，需要以件为单位逐页编写页码，以固定每一页在文件中的位置。

具体编写要求如下：

（1）文件中有图文的页面为一页。

（2）文件已印制成册并编有页码的，或拟编制页码与文件原有页码相同的，无需重编页号。

（3）当归档文件无页码或无连续页码时，每份归档文件需从“1”开始，使用阿拉伯数字顺延编制页号。

（4）页号编写位置为文件正面右上角或背面左上角的空白位置。

二、装订

归档文件装订前，应对不符合要求的文件材料进行修整，已破损的，应按照 DA/T 25-2000 予以修复；字迹模糊或易退变的，应予复制。另外，归档文件应按照保管期限要求去除易锈蚀、易氧化的金属或塑料装订用品，对于幅面过大的文件，应在不影响其日后使用效果的前提下进行折叠。国家档案局于 2015 年修订并发布的《归档文件整理规则》（DA/T22-2015）以及 2018 年发布的《纸质归档文件装订规范》（DA/T 69—2018）对归档文件装订作出了具体要求。

1. 装订的要求及原则：

• 以牢固、安全、简便为原则，做到文件不损页、不倒页、不压字，装订后文件平整，有利于归档文件的保护和管理。采用左上角装订的，应将左、上侧对齐；采用左侧装订的，应将左、下侧对齐。装订后应对归档文件进行检查，确保装订整齐，不掉页。

• 装订要尽量减少对归档文件本身影响，原装订方式符合要求的，应维持不变。

• 根据归档文件保管期限确定装订方式，相同期限的归档文件装订方式应尽量保持一致，不同期限的装订方式应相对统一。

• 装订材料应与保管期限要求相匹配。不能包含或产生可能损害归档文件的物质，不宜使用回形针、大头针、燕尾夹、热熔胶、办公胶水、装订夹条、塑料封等，这些装订用具普遍存在容易对归档文件造成损害或者固定效果不佳的缺点，明显不适于归档文件的装订。

2. 永久保管文件材料的装订

（1）线装法

线装法是指以棉线作为装订材料，对文件进行固定的方法。线装法主要包括“三孔一线”装订、直角装订和缝纫机轧边装订等方式。

“三孔一线”装订是一种传统的装订方法，是立卷档案普遍采用的装订方式。这种装订方法同样被应用于较厚的归档文件的装订。直角装订和缝纫机轧边装订一般用于较薄文件的装订。直角装订是指通过手工使用棉线在文件左上角缝制出直角形状，以固定文件（见图 9-3-1 直角装订方式示意图）；缝纫机轧边装订是使用缝纫机在文件左上角或左侧轧边装订的方式。

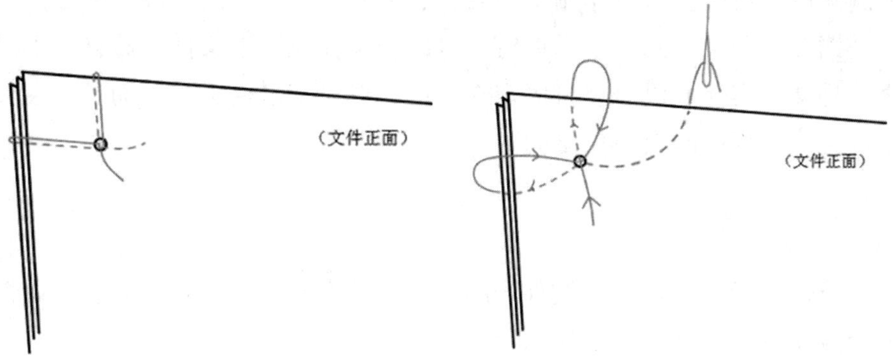

图 9-3-1　直角装订方式示意图

(2) 不锈钢订书钉装订法

装订采用不锈钢订书钉作为装订材料，可以根据文件页数多少选择不同规格的订书钉，一般厚度的文件均可用此法进行装订。

但是不锈钢订书钉对材质、保管环境等要求较高，必须采用质地优良的不锈钢制品并控制好库房温湿度。而且，由于是金属材质，因而使用该法装订的归档文件材料不宜使用微波设备进行消毒，否则可能引起火灾。

(3) 粘接法

粘接法是指通过粘接材料固定文件的方法，主要指浆糊装订。浆糊装订是传统的装订方式，也是经过长时间检验装订的一种装订方式，因而在材料、装订要求等方面都有着较为完善的规范要求。在实践中，浆糊装订多用于采用传统纸张文件或珍贵文件的装订。

3. 定期保管的文件材料的装订

定期保管的文件材料如果需要向国家综合档案馆移交的，应按照永久保管的装订方式执行；不需要向国家综合档案馆移交的，可以按照永久保管的装订方式执行，也可以使用不锈钢夹或封套装订。

不锈钢夹的材质与不锈钢订书钉相同，适于特定厚度范围内文件的装订。

封套装订是指使用纸质封套装入去掉原装订材料的散页文件，封套法使用的封套一般由 80 克左右无酸纸制成，没有统一规格，一般右上两侧开口，封面上可以印制全宗名称、档号等信息。封套装订的方法优点是档案取用、复制时不需拆钉，可以用于任意厚度文件的装订，不足之处是文件实体并没有装订固定在一起，有可能散乱丢失，而且封套数量达到一定程度时会占用空间。

三、装盒

装盒包括将归档文件按件号顺序装入档案盒、填写备考表、编制档案盒封面及盒脊项目等工作内容。

1. 文件装盒

归档文件应严格按照件号的先后顺序装入档案盒，与归档文件目录中相应条目的排列顺序相一致，保证检索到文件条目后能对应查找到文件实体。装盒的具体要求包括：

（1）不同形成年度的归档文件不应放入同一档案盒。

（2）不同保管期限的归档文件不应放入同一档案盒。

（3）分机构（问题）时，不同机构（问题）形成的归档文件不应放入同一档案盒。

（4）应视归档文件的总厚度选择厚度适宜的档案盒，尽量做到文件装盒后与档案盒形成一个整体，站立放置时不至于使文件弯曲受损。当某个类目的最后几件文件不够装满一个档案盒，应选用厚度较小的档案盒或横置式的档案盒。

（5）档案盒只是归档文件的装具，不具备保管单位的作用。因此，并不要求同一事由的归档文件必须装在同一档案盒内。

2. 填写备考表

备考表放在盒内所有归档文件之后，用以对盒内归档文件进行必要的注释说明。备考表是机关档案部门对归档文件进行动态管理的工具，设置的项目包括盒内文件情况说明、整理人、检查人和日期等，备考表样式见图 9-3-2。

备考表上的项目填写要求如下：

（1）盒内文件情况说明：填写盒内归档文件需要说明的情况，包括文件收集的齐全完整程度，文件本身的状况（如字迹模糊、缺损等情况）等。整理工作完毕后归档文件如有修改、补充、移出、销毁等情况，应在备考表中加以说明。进行归档文件整理工作时，如某份文件需说明的内容较复杂，目录备注项中填写不下，也可在备考表中详细说明，并在目录相关条目的备注项中加“＊”号标示。

（2）整理人：填写负责整理该盒归档文件的人员姓名，以明确责任。在部门整理归档的机关，此项一般由该部门负责整理归档工作的人员填写；在机关档案部门进行集中整理的机关，此项一般由档案人员填写。

（3）检查人：填写负责检查归档文件整理质量的人员姓名。此项一般由机关档案人员填写，以示对整理质量的监督检查；也可与机关内部机构负责人连署，由其对文件材料归档的齐全完整情况进行监督检查。

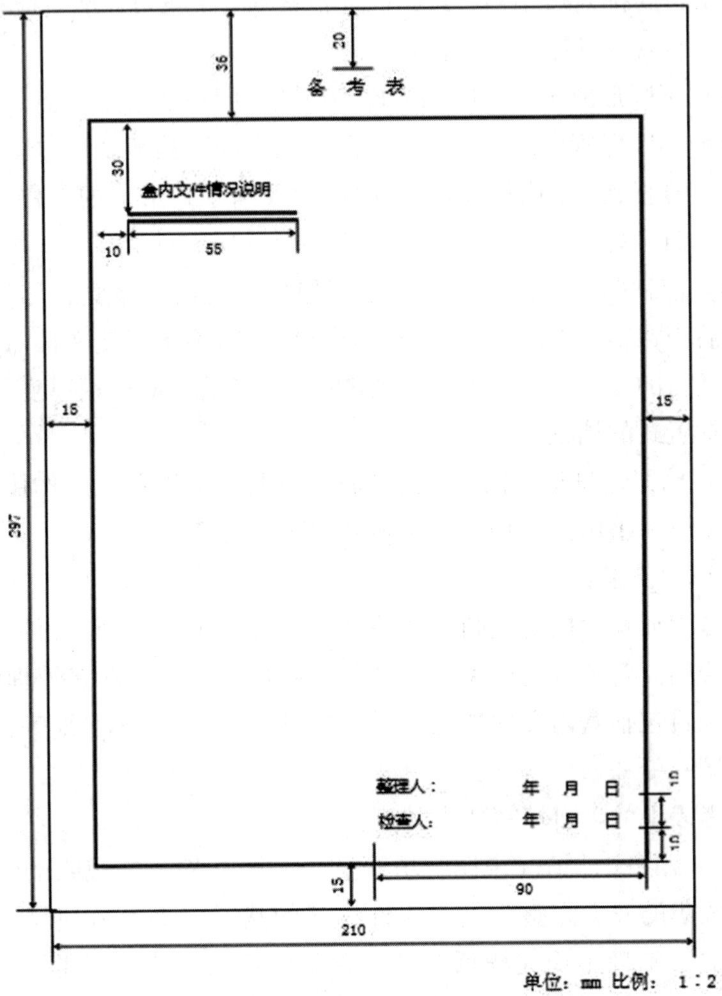

图 9–3–2　备考表样式

（4）日期：填写归档文件整理完毕的日期。可以是全部归档文件整理完毕的日期，也可以是该盒归档文件整理完毕的日期。

归档文件在机关档案部门保存阶段如有变动情况，档案工作人员应随时在备考表中注明，以使后续管理以及档案移交进馆等工作得以正常进行。

3. 填写档案盒封面及盒脊项目

档案盒封面应使用全称或规范化简称标明全宗名称（即立档单位

名称)，下加双横线。一般情况下，全宗名称在制作档案盒时即可先行印制。

档案盒的盒脊应根据摆放方式的不同，在盒脊或底边设置检索项，包括全宗号、年度、保管期限、机构（问题）、起止件号和盒号等（见图 9-3-3 档案盒盒面及盒脊式样）。

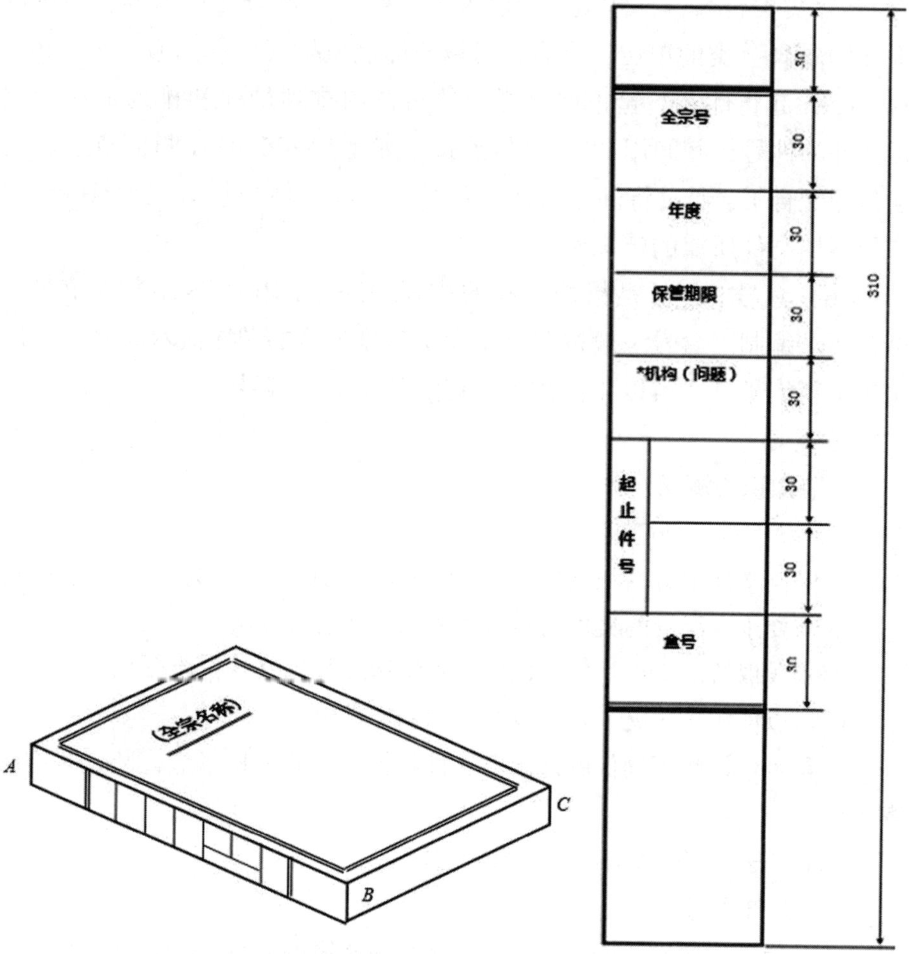

图 9-3-3　档案盒盒面及盒脊式样

盒脊上各项目的具体填写要求如下：

（1）全宗号。全宗号栏内按同级档案馆给定的全宗号填写，暂未给定的可先空置；无进馆任务的单位（如某些企事业单位），可以不印制全宗号一栏。

（2）年度。年度栏内填写盒内文件的形成年度。

（3）保管期限。保管期限栏填写盒内文件所属保管期限，一般以汉字全称表示，如“永久”“定期 30 年”“定期 10 年”。

（4）机构（问题）。机构（问题）栏填写分类方案中相应机构（问题）类类目名，具体填写方法参见“编号”部分有关内容；不按机构（问题）分类的单位，盒脊上可以不印制机构（问题）项。

（5）起止件号。起止件号栏应填写盒内排列最前和排列最后的归档文件的件号，其间用“ - ”号连接，如“18-36”。在归档章上其它项目的配合下，通过将件号与档案盒脊上的起止件号相对应，即可确定该份归档文件所属的档案盒。

（6）盒号。盒号是指档案盒的排列顺序号，在档案移交进馆时按进馆要求编制。盒号一般按照档案盒上架排列后的顺序流水编制，可以每年重新编号，也可以 4 位数为限定隔几年重新编号。

本节知识检测站：

一、请回答下列问题

1. 归档文件中有一张纸幅为 A3 的表格，其页码是计为一页还是几页？

2. 需要永久保管的文件材料可以采用哪些装订方法？

3. 永久保管的文件材料可以使用不锈钢夹装订吗，为什么？

4. 可以使用燕尾夹、热熔胶装订归档文件吗？

5. 是否可以将不同保管期限的文件材料装入同一档案盒，装盒时应注意什么？

6. 备考表上的“检查人”应该是什么人？

二、延伸思考

1. 为什么要区别不同保管期限规定相应档案的装订方法和材料？

2. 怎样尽量避免或减少装订环节对纸质档案的损害？

第四单元　公文写作

第四单元　公文写作

◉ 公文撰写基本要求

◉ 公文主旨及其表现方式

◉ 几种常用公文的撰写方法

公文传递的是各类组织信息中最权威、最重要、最正式的信息，因此，其形式、制作流程以及内容都有严格要求。本教材第一单元的公文文种的适用范围和格式排版知识，以及第二单元的行文规则、公文拟制、发文办理程序等知识，为拟制公文提供形式和程序保障，本单元内容则是在上述知识基础上，以公文内容撰写为核心进行阐述。

第十章 公文撰写基本要求

学习公文写作

10

- 符合有效沟通的要求
- 符合应用文的表达特征
- 符合公文的特点

公文是管理沟通的工具，其撰写首先要符合有效沟通的要求；公文是一种应用文，要符合应用文的表达特征；公文具有区别于其它文体的特点，撰写及撰制过程要符合公文的特点。

第一节 符合有效沟通的要求

党政机关和其它各类组织在实施管理的活动中，大量使用公文传达贯彻党和国家方针政策，公布法规和规章，指导、布置和商洽工作，请示和答复问题，报告、通报和交流情况等，其实质是进行组织内外的沟通，所以在写作时需要了解沟通的本质特征和有效沟通的要求。

一、沟通的本质特征

亚里士多德在《修辞学》中提出了沟通的三个本质特征：理性、感情和道德品质。

理性，是对语言和内容的要求，例如用词准确得当，句子清晰有条理，提供的信息真实可信、论证合理等，这是进行有效沟通的基本技能。

感情，是对沟通发起者和接受者的要求。在管理沟通中，感情发挥着重要作用，一方面，在沟通活动中，首先要唤起对方公平、正义及自尊心理，以克服或压倒狭隘的个人私利，另一方面，从心理上，人们更倾向于支持理解他们观点的人，例如主动帮助自己喜欢的同事，为自己尊重的上司努力工作。

道德品质，是对沟通发起者的品德要求，例如信守承诺、公平公正、顾全大局的人往往更容易获得信赖，从而沟通会更为顺畅。

亚里士多德提出的上述三个沟通本质特征至今依然被人们广泛认同。

二、有效沟通的要求

沟通的目的是请求信息接受者给予注意、理解、支持、信息和金钱，要求接收者成为某种人、做某些事、相信某些话。所谓有效沟通，就是顺利达成上述目的。具体应该做到以下三个方面：

1. 准确

即发出的信息准确，包括数据准确、材料全面、观点立场正确、实事求是等等。有效沟通的基础是信任，提供准确的信息，是获得对方信任的关键因素之一。

2. 清晰

即传递清晰、可理解的信息。沟通发起者必须对将要发出的信息进行组织、加工和整理，使之符合以下要求：

（1）简洁——现代组织中的人们每天都被大量信息包围，需要花大量时间去阅读和处理，简洁而有用的信息是最受欢迎的信息，为此要努力避免句子冗长、堆砌词藻、词意隐晦。

（2）符合逻辑——清晰的表达来源于清晰的思路，清晰的思路背后是严谨周密的逻辑。用于沟通的信息，尤其要注意按照读者的心理、理解习惯建立表达的逻辑。

（3）符合语法——书面沟通时，文字的构词、语法等均对人们准确理解信息有重要作用，符合语法是有效沟通的底线。

3. 有活力

只有生动、易记的信息才容易让人产生兴趣、好感并给予足够的关注，在口头沟通中，表情、眼神、手势、语音、语调等非语言信息会发挥重要作用。就书面信息而言，则需要在行文语气、文风、排版等方面多做斟酌。

本节知识检查站：

一、请回答下列问题

1. 亚里士多德提出的沟通的本质特征是什么，如何理解？

2. 什么是有效沟通，有效沟通的要求有哪些？

二、延伸思考

1. 如何将管理沟通的相关理论运用于公文写作？

2. 公文如何做到“有活力”？

3. 如何增强表达的逻辑性？

第二节　符合应用文的表达特征

应用文是指党政机关、企事业单位和其它各类社会组织以及个人为了处理事务、解决问题，按照惯用格式或规定格式制作的一种文书。应用文在社会各个领域应用非常广泛，而且种类繁多，公文、书信、启事、广告、契据等都属于应用文。

> “有一种文章是专门应付生活上当前的事务的。写作的情形和普通的文章不同。作者写普通的文章，或者想报告自己的经验，或者想抒述自己的心情，或者想发表自己的意见，原都是有用的，不过究竟要写或不写全是作者的自由，作者面前并没有事务来逼近着他，使他非应付不可。
>
> 我们在实际生活中，为了事务的逼迫而写作文章的时候很多，文人以外的一般人，毕生写作的差不多全是应付事务的文章。我们有事情要向不在眼前的朋友接洽，就得写书信；向别人赁房屋或田地，就得写租契；和别人有法律交涉，就得做状子；和别人合作一桩事业，就得订议约或合同，此外如官吏的批公文，草法规，工商界的写单据，做广告，都是应付当前事务的工作，并非自己有意要写文章，然而不得不写。这种文章特别叫做应用文。对于应用文而言，其余的文章都叫做普通文。应用文的目的在应付实际事务，有的属于交际方面，有的属于社会约束方面，和我们的实际生活关系很密切，所以都有一定的形式。我们写普通文，不论是记述文、叙述文或是说明文、议论文，都可自由说话，不受刻板的形式的限制；惟有写应用文不能不遵守形式，否则就不合适。普通文以一般的读者为对手，内容比较广泛，所以写作起来比较自由。应用文的对手往往是特定的某一个人或若干人，而内容又多牵涉到实际生活上的事务，写作起来须顾虑到社交上、法律上，经济上的种种关

系，所以限制就严密了。”[7]

一、应用文的特点

1. 追求实用价值

人们写作应用文是为了处理事务、解决问题，目的非常明确，不仅具有时效性，其内容、语言等等也都是以实用为目标，这是与其它文体最明显的不同。

2. 有确定的接收对象

应用文一般都有明确的接受对象和目的，因此往往需要“看菜吃饭、量体裁衣、因人设言”。

3. 有格式要求

应用文通用于社会各个领域，在长期应用过程中，逐渐经法定或约定形成了相对固定的写作格式和特定的表达方式。

二、应用文的常用表达方式

一般文章的表达方式主要包括叙述、说明、议论、抒情、描写等，为了达到简明、庄重、准确的目的，应用文最常用的表达方式是叙述、说明和议论，基本不使用抒情和描写。

1. 叙述

> “对于某种事物，说述它的形状怎样，光景怎样，是记述；说述它的变迁怎样经过情形怎样，是叙述。前者是空间的，静的；后者是时间的，动的。用比喻来说，记述文是静止的照片，叙述文是活动的电影。静止照片所表示的是事物一时的光景，电影所表示的是事物在许多时候中的经过情形。”[8]

在应用文中，通常是使用时间、地点、人物、事件、原因、结果等六个叙事要素叙述人物的经历和事迹、情况的来龙去脉等。但为了简洁

---

[7] 夏丏尊、叶圣陶. 文话七十二讲［M］. 中华书局，2007 年：11-12

[8] 夏丏尊、叶圣陶. 文话七十二讲［M］. 中华书局，2007 年：19

明了，往往仅使用顺叙、概叙的方法，即按照事件发生、发展的顺序来进行简要叙述，基本不使用倒叙、插叙和补叙的叙事方法，也不作详情描写。

2. 说明

“记述文在使读者知道作者曾经接触过的某一件事物，而说明文却在使读者理解作者对于某一类事物的理解。说明文为帮助读者的理解起见，自然须举出一些具体的事物来作为例证；但最紧要的还在说明作者所理解的部分。这部分务必明白、准确，才能使读者完全理解，没有含糊、误会的弊病。因此，在动手写说明文的时候，作者胸中不能存一些连自己也缠不大清楚的意念；落到纸面不能有一句不合论理的，足以发生疑义的文句。这是一个消极条件，如果不顾这个消息条件，写下来的说明文就达不到写不到它的目的。”[9]

说明是应用文基本的表达方式，常用于交代事件背景、解释法规条文、说明知照事项、介绍有关人物或单位的基本情况等。应用文经常使用的说明方法包括定义说明、举例说明、比较说明、分类说明、引用说明、数字说明和图表说明等。

3. 议论

“除开说明文，作者表示意见的文章还有议论文，……。说明文表示作者的理解，所谓理解，乃是说天地间本来有这么些道理，给作者悟了出来，明白地懂得了。议论文却表示作者的主张，所谓主张，乃是说某一些事情必须这样干才行，某一些道理必须这样理解才不错，如果那样干，那样理解就不对了，不经过理解的阶段，一个人很难作什么主张，所以议论文实在是从说明文发展而成的。”[10]

议论是通过逻辑推理来证明观点、辨明是非，借以说服人的表达方式。在应用文中只是在需要分析论证的地方，采取夹叙夹议的方法。

---

9 夏丏尊、叶圣陶. 文话七十二讲［M］. 中华书局，2007 年：93

10 夏丏尊、叶圣陶. 文话七十二讲［M］. 中华书局，2007 年：96

三、应用文的表达特征

应用文的表达特征是直陈和概说。

1. 直陈

应用文都是为了处理事务、解决问题发送给确定的接收对象，因此，以观点鲜明、明确具体、直截了当为原则，讲求真实准确，不需要做夸张、抒情等艺术加工，更不要像文学作品那样强调曲折隐晦、含蓄委婉，让读者花时间去品味、猜测。

2. 概说

为了使应用文读者快速准确理解文中的内容，应用文写作不必面面俱到、绘声绘色，也不能做长篇大论或复杂的逻辑推理。

本节知识检查站：

1. 什么是应用文，公文和应用文之间是什么关系？
2. 应用文有哪些特点？
3. 记述和叙述有什么区别？
4. 说明和记述有什么区别？
5. 说明和议论的区别和联系是什么？
6. 应用文的表达特征是什么？

第三节　符合公文的特点

公文由特定的作者制成和发布、形成于公务活动、具有法定的权威和效用、具有规范的体式和特定的处理程序。其写作必须以实事求是为原则，做到语言庄重得体，内容准确、鲜明、生动，同时还要克服不良文风、提倡优良文风。

一、语言庄重得体

公文是代表机关立言，有很强的权威性，所以语言应符合作者的身份、地位和发文目的，以庄重得体、严谨周密为要，必要时使用适当的公文用语。

二、内容准确、鲜明、生动

1958 年毛泽东同志在《工作方法六十条》中指出：

> 文章和文件都应当具有这样三种性质：准确性、鲜明性、生动性。准确性属于概念、判断和逻辑推理问题，这些都是逻辑问题。鲜明性和生动性，除了逻辑问题以外，还有词章问题。现在许多文件的缺点是概念不明确、判断不恰当、使用概念和判断进行推理的时候又缺乏逻辑性、不讲究词章，看这种文件是一场大灾难，耗费精力又少有所得。一定要改变这种不良的风气。

1. 准确

是指公文中的概念、结论准确；用词准确；发布公文的依据准确；有关事非、问题判断准确；制定的政策准确、符合实际等。

2. 鲜明

是指布置工作态度鲜明、要求具体；联系工作、请示问题、反映情况主旨突出，意图明确。

3. 生动

是指公文简单明了，遣词用句易读易记，通俗易懂。

叶圣陶先生曾经说：

> 文章不光是用眼睛看看就算，需要放到嘴上去说，用耳朵听的场合太多了。要是文章不很顾到“上口”这个条件，说起来即便格外努力，多方注意，想把它说好，也不能使听的人句句“入耳”。文章确实要顾到“上口”和“入耳”，才能充分地起交流思想的作用。所以文章加工要抓紧一点：是不是合乎平常说话习惯。平常有这么说的，习惯这么说的，并不是生撰生造，才决定用上，否则一概不用。真能做到这一点，写成的文章就禁得起说和听的考验，说起来“上口”，听起来“入耳”。[11]

三、文风短、实、新

文风是指文章的风格和所体现出来的风气。毛泽东同志指出，学风和文风都是党的作风，都是党风。我国历届党和国家领导人一直十分注重公文的文风，同不良文风进行了持久的斗争。

习近平同志在中央党校2010年春季学期第二批入学学员开学典礼的讲话时以“努力克服不良文风，积极倡导优良文风”为题，对改进文风提出了意见和要求。他在讲话中指出：在一些党政机关文件、一些领导干部讲话、一些理论文章当中，文风上存在的问题仍然很突出，主要表现为长、空、假。不良文风的总根源，主要在于形式主义和官僚主义，提出应提倡短、实、新的优良文风。

1. 短

就是要力求简短精炼、直截了当，要言不烦、意尽言止，观点鲜明、重点突出。能够三言两语说清楚的事绝不拖泥带水，能够用短小篇幅阐明的道理绝不绕弯子。

现在，不少地方和部门按照中央改进文风会风的要求，提出以

11　叶圣陶. 怎样写作［M］. 中华书局，2007：97-98

“能少则少、能短则短、能精则精、能简则简”为原则，尽可能开短会、讲短话、发短文。这“三短”，是我们当前应当大力倡导的风气，改进文风的主要任务。

2. 实

就是要讲符合实际的话不讲脱离实际的话，讲管用的话不讲虚话，讲有感而发的话不讲无病呻吟的话，讲反映自己判断的话不讲照本宣科的话，讲明白通俗的话不讲故作高深的话。

这就要求我们的文件、讲话和文章，力求反映事物的本来面目，分析问题要客观、全面，既要指出现象，更要弄清本质；阐述对策要具体、实在，要有针对性和可操作性。要实事求是，有一说一、有二说二，是则是、非则非，不夸大成绩，不掩饰问题。要深入浅出，用朴实的语言阐述深刻的理论。要有感而发，情真意切。

3. 新

就是力求思想深刻、富有新意，如果一个文件、一篇讲话毫无新意，那么制定这样的文件、作这样的讲话还有多少意义呢？可以说，能不能讲出新意，反映一个领导干部的思想水平、理论水平、经验水平以及语言表达能力。

这里所说的新意，既包括在探索规律、认识真理上有新发现、前人没有讲过的话，又包括把中央精神和上级要求与本地区本部门本单位实际结合起来，在解决问题上有新理念、新思路、新举措的话；既包括角度新、材料新、语言表达新的话，又包括富有个性、特色鲜明、生动活泼的话。需要指出的是，讲出新意，并不是要去刻意求新，甚至搞文字游戏。更不能背离马克思主义立场观点方法，背离党的路线方针政策去标新立异。

本节知识检测站：

一、请回答下列问题

1. 公文采用什么文体？
2. 从公文的特点出发，公文撰拟的要求是什么？
3. 如何理解公文语言要做到庄重得体、严谨周密？

4. 公文应该提倡什么样的文风？

二、延伸思考

1. 公文的语言特点是什么？

2. 公文写作如何做到实事求是？

第十一章　公文主旨及其表现方式

11 学习公文写作

- 公文主旨
- 标题显旨的方法
- 序言点旨的方法
- 结构证旨的方法

旨即宗旨、意图、主格。主旨即主要的意义、用意或目的。公文主旨就是公文的基本观点、行文目的或用意。它是一篇公文的灵魂和统帅，但在公文撰写者起草公文之前，它是隐性的、抽象的，需要借助标题、材料、结构、语言、表达方式等要素衬托、反映出来。

第一节　公文主旨

一、确立公文主旨的要求

1. 正确

主旨正确，是指公文的主旨要符合党和国家的路线方针政策和法律、法规，符合上级机关和有关业务部门的指示意图和政策规定，符合本单位公务活动的实际情况，经得起实践的检验，符合发文单位的领导意图，即领导者制定政策、部署工作、处理问题的基本思路。

2. 集中

主旨集中，是指公文的主旨应当单一。一篇公文中只有一个中心思想或观点，以一文一事为原则，不能杂糅进与主旨无关的材料及情节，以防主旨分散或主旨不突出。

3. 鲜明

主旨鲜明，是指公文的主旨应当突出、深刻，既要态度和立场鲜明，又要抓住问题的实质，提倡什么、反对什么、应该做什么、不要做什么，要求什么，必须直白清楚。

二、把握公文主旨的具体方法

公文是代机关立言，公文的具体撰写者在起草公文之前，必须正确领会领导意图，为此，撰写者在撰写之前，必须明确以下问题：

- 领导布置此次写作任务的目的、背景是什么？
- 领导对文稿的内容有什么具体要求？
- 受文对象是谁？
- 发文意图是什么，要达到什么样的效果？
- 要表达什么样的态度和意见？
- 发文依据是什么？

三、公文主旨的表达途径

主旨是一篇公文的灵魂和统帅，但在公文撰写者起草公文之前，它是隐性的、抽象的，需要借助标题、材料、结构、语言、表达方式等要素衬托、反映出来。

1. 主旨与标题

标题是公文主旨的概括和揭示，专用于向阅读者传达公文的核心内容，与其它公文要素相比，标题与主旨的关系最为密切和直接。

2. 主旨与材料

公文的材料主要是指为表现公文主旨，在公文中使用的事实、背景、目的、根据、措施、办法、意见、规定、时间、数字等。材料的优劣直接影响主旨的表达。

3. 主旨与结构

公文结构又称谋篇布局、立格定局，是指根据公文主旨需要，合理安排篇章结构布局或组织构造，包括材料选用的详略、顺序安排的先后、思路前后的照应等。

4. 主旨与语言

公文以语言为载体，以语言为表现主旨的工具，公文语言直接关系到读者对公文主旨的理解和掌握，应视主旨需要定夺。

5. 主旨与表达方式

公文的表达方式主要包括说明、叙述和议论三种，在公文写作中的侧重点有所不同。就具体文种而言，请示、报告、通报、简报、纪要等侧重于叙述；综合性的工作总结、经验介绍、调查报告等通常是夹叙夹议；而法规体公文，如条例、规定、办法、章程等则主要是说明。在公文写作过程中，应根据主旨需要，运用适当的表达方式。

总之，标题使公文“言之有物”，结构使公文“言之有序”，材料使公文“言之有据”，语言使公文“言之有形”，表达方式使公文“言之有情”。这些要素以主旨为总纲，从不同方面将公文主旨具体化、显性化。

本节知识检查站：

1. 什么是公文的主旨？
2. 公文的主旨和公文标题是什么关系？
3. 公文主旨的要求是什么？
4. 公文起草人员如何正确把握公文主旨？
5. 公文主旨的表达途径有哪些？

第二节　标题显旨的方法

一、公文标题及其结构

1. 公文标题三要素

标题是对公文主旨的直接概括和揭示，作用在于向读者传达公文的基本内容，是人们了解公文主旨的第一途径，由发文机关、事由和文种三个要素组成。

其中，“事由”是主旨的关键概括，“发文机关”和“文种”也在帮助读者正确领会公文的主旨的必要信息。

以事由为“加快应急产业发展”的公文为例，可以是上级机关布置的工作，也可以是下级机关的请求、看法或意见；使用“决定”“通知”“请示”等不同文种所产生的效用也各不相同。

所以，标题的三个要素对于人们正确把握公文主旨均十分重要。

现实工作中，并不是所有的公文标题都是三要素齐备，例如，命令（令）、公告、通告等向社会发布的文种，在内容简单，文字不多时，往往标题中略去事由，采取《中华人民共和国国务院令》《国务院公告》等形式，也有一些内部公文的标题，会略去发文机关。

不过，从公文办毕归档备查的角度，公文标题最好做到三要素齐备，这样的公文标题最符合著录和查找需要。

2. 公文标题的结构

公文标题通常采用“××机关关于××××××的通知”的句式，分别使用介词“关于”和结构助词“的”将发文机关、事由、文种三个要素连接起来。

国务院办公厅	**关于**	**加快应急产业发展**	**的**	**通知**
（发文机关）		（事由）		（文种）

其中，介词“关于”一般不写作“对”“有关”等，也不能将“关于”和“对”叠加使用，更不能将“关于”置于发文机关之前。

二、公文标题的拟写要求

标题的拟写要求是显旨、简洁、醒目、得体。

1. 显旨

公文的标题要准确反映公文的基本内容，集中体现公文的基本观点，使受文者初步了解公文的目的、要求、态度等。

2. 简洁

即公文的标题字数不宜过多，要言简意赅、高度概括，即用尽可能少的文字，表达丰富的内容。同时要以能够准确概括主旨为度，不能因为一味追求字数少而损害公文主旨的表达。

3. 醒目

从标题的功用出发，一般都置于正文之前，且用较为突出的字体、字号居中标识，以方便读者快速找到。公文的标题也不例外。

4. 得体

得体即得当，恰当，恰如其分。公文的标题必须有完整的结构，不得随意发挥和变更。在醒目、突出的同时，要兼顾美观。

为了美观起见，2012 版党政机关公文格式标准对标题的排版提出了一些具体的规定，如：标题可以一行或多行居中排布，但多行排布时应当使用上梯形、下梯形或菱形，需要回行时，要做到词意完整，排列对称，长短适宜，间距恰当等。

三、公文标题拟写经常容易出现的问题

在实际工作中，公文标题撰写经常出现一些问题，主要有以下几种：

1. 要素不完整

要素即构成公文标题的三个要素：发文机关、事由和文种，以及介词“关于”和结构助词“的”。要素不完整的典型体现是缺少发文机关、事由、文种三个要素中的一个甚至两个。

• 通知（缺少发文机关和事由）

• 关于×××的通知（缺少发文机关）

• 某某航运管理所航行通告（事由不准确，缺少介词“关于”和结构助词“的”）

• ××单位授予××等同志优秀客户经理荣誉称号通报（缺少介词“关于”和结构助词“的”）

2. 要素使用不当

有一些标题虽然要素齐全，但要素的位置、要素的文字不当。

• 关于××单位做好××工作有关问题的通知（“关于”位置不当）

• ××单位对××问题的请示（“对”用字不当，应使用“关于”）

3. 事由表达不准确

事由表达不准确，往往是不能准确、简练概括公文的基本内容。

• ××机关关于加班费的请示（事由不准确）

• ××机关关于转发国发〔20××〕××号文件的通知（不能用发文字号代替被转发文件的标题）

• ××机关放假通知（事由不准确，缺少介词“关于”和结构助词“的”）

4. 文种错用或混用

即对文种名称和文种适用范围把握不当导致出现的种种错误。

• ××机关关于××同志任职批复的通知（文种应为批复）

• ××机关关于命名省级文明单位的申请（文种应为请示）

• ××机关关于给予×××通报批评的通知（文种应为通报）

本节知识检查站

一、请回答下列问题

1. 一般公文标题由哪些要素组成？

2. 下面的标题中，哪些是不规范的，为什么？

• 国务院关于部委管理的国家局设置的通知

• 关于报送有关情况的通知

• 关于申请初步设计审查的报告

- 北京市环保局关于申请对环保核查工作制度有关问题予以解释的函
- 通知
- 关于解决资金的请示

二、延伸思考

下列标题中，哪一个最符合显旨要求，为什么？

- 通知
- 十一放假通知
- 十一放假安排的通知
- 关于 2019 年国庆节放假安排的通知
- ×× 机关关于 2019 年国庆节放假安排的通知

第三节　序言点旨的方法

公文的序言又称开头语、导语或引言等。序言与读者理解公文主旨密切相关，是公文标题之后对公文主旨的再次点明和深化。

一、序言的作用

公文序言的作用是通过阐明发文依据、发文目的、发文背景、工作意义等，将读者引入问题情境，与后面的任务、要求、建议等建立联系。

1. 阐明发文依据

公文是行政管理的工具，作为国家机关，必须依法行政，所以，在布置某项工作、作出某项规定时，要在序言部分用“据”“根据”等直接引用所依据的法规或文件名称（包括发文字号）。

北京市人民政府
关于划定禁止使用高排放非道路移动机械区域的通告

京政发〔2017〕30号

为进一步减少非道路移动机械污染物排放，加快改善本市空气质量，根据《中华人民共和国大气污染防治法》和《北京市大气污染防治条例》有关规定，市政府决定，自2017年12月1日起，在本市部分区域禁止使用高排放非道路移动机械。现将有关事项通告如下：

（后略）

办公厅（室）或有关职能部门被授权行文时，则应该以“经……批准”，“经……同意”，“经……会议决定”等说明已经得到授权。

北京市人民政府办公厅
关于切实做好“五一”假日期间安全工作的紧急通知

各区人民政府，市政府各委、办、局，各市属机构：

近期，本市发生了多起安全生产和火灾事故，造成人民群众生命财产损失，安全形势较为严峻。2018 年“五一”假期即将来临，为切实做好各项安全工作，确保人民群众度过一个平安、欢乐、祥和的节日，经市政府同意，现就有关事项通知如下：

（后略）

2. 阐明发文目的

即使读者了解为什么要发文，要解决什么重点问题，为什么要采取相关措施等，以取得读者的心理认同。一般是以“为”或“为了”引出。

北京市人民政府
关于划定禁止使用高排放非道路移动机械区域的通告

京政发〔2017〕30 号

为进一步减少非道路移动机械污染物排放，加快改善本市空气质量，根据《中华人民共和国大气污染防治法》和《北京市大气污染防治条例》有关规定，市政府决定，自 2017 年 12 月 1 日起，在本市部分区域禁止使用高排放非道路移动机械。现将有关事项通告如下：

（后略）

3. 说明发文背景

即说明导致发文的社会背景、工作背景等，以显示行文的必要性和重要性。

国务院办公厅关于坚决制止耕地“非农化”行为的通知

国办发〔2020〕24号

各省、自治区、直辖市人民政府，国务院各部委、各直属机构：

耕地是粮食生产的重要基础，解决好14亿人口的吃饭问题，必须守住耕地这个根基。党中央、国务院高度重视耕地保护，习近平总书记作出重要指示批示，李克强总理提出明确要求。近年来，党中央、国务院出台了一系列严格耕地保护的政策措施，但一些地方仍然存在违规占用耕地开展非农建设的行为，有的违规占用永久基本农田绿化造林，有的在高速铁路、国道省道（含高速公路）、河渠两侧违规占用耕地超标准建设绿化带，有的大规模挖湖造景，对国家粮食安全构成威胁。地方各级人民政府要增强“四个意识”、坚定“四个自信”、做到“两个维护”，按照党中央、国务院决策部署，采取有力措施，强化监督管理，落实好最严格的耕地保护制度，坚决制止各类耕地“非农化”行为，坚决守住耕地红线。经国务院同意，现将有关要求通知如下。

（后略）

4. 说明发文意义

即阐明实施某种措施、发起某项工作等所具有的社会意义或将产生的效果，以示其重要性，加强读者对主旨的理解和认同。

国务院关于加强滨海湿地保护严格管控围填海的通知

国发〔2018〕24号

各省、自治区、直辖市人民政府，国务院各部委、各直属机构：

滨海湿地（含沿海滩涂、河口、浅海、红树林、珊瑚礁等）是近海生物重要栖息繁殖地和鸟类迁徙中转站，是珍贵的湿地资源，具有重要的生态功能。近年来，我国滨海湿地保护工作取得了一定成效，但由于长期以来的大规模围填海活动，滨海湿地大面积减少，自然岸线锐减，对海洋和陆地生态系统造成损害。为切实提高滨海湿地保护水平，严格管控围填海活动，现通知如下。

（后略）

但是，序言只是在需要的情况下才出现，不需要时不必勉强，否则会使公文有繁复拖沓之感。而且发文依据、发文目的、发文背景、工作意义等应该是有选择地出现在序言中，并不一定同时出现。

二、序言的写作方法

1. 用讲故事的形式

即先通过介绍背景、意义、出现的问题等将读者引入某种“情境”，取得其理解或认同，然后提出自己的主张，并引发读者的疑问——让我做什么、让我怎么做，从而带着问题继续阅读后文得到答案。

国务院关于加快推进
全国一体化在线政务服务平台建设的指导意见

国发〔2018〕27号

各省、自治区、直辖市人民政府，国务院各部委、各直属机构：

背景 党的十八大以来，各地区各部门认真贯彻党中央、国务院决策部署，围绕转变政府职能、深化简政放权、创新监管方式、优化政务服务，深入推进“互联网+政务服务”，加快建设地方和部门政务服务平台，一些地方和部门依托平台创新政务服务模式，“只进一扇门”、“最多跑一次”、“不见面审批”等改革措施不断涌现，意义 政务服务平台已成为提升政务服务水平的重要支撑，对深化“放管服”改革、优化营商环境、便利企业和群众办事创业发挥了重要作用。存在的问题 但同时，政务服务平台建设管理分散、办事系统繁杂、事项标准不一、数据共享不畅、业务协同不足等问题较为普遍，政务服务整体效能不强，办事难、办事慢、办事繁的问题还不同程度存在，主张 需要进一步强化顶层设计、强化整体联动、强化规范管理，加快建设全国一体化在线政务服务平台。为深入推进“放管服”改革，全面提升政务服务规范化、便利化水平，更好为企业和群众提供全流程一体化在线服务，推动政府治理现代化，需要你们做现就加快推进全国一体化在线政务服务平台建设提出以下意见。读者疑问：我们如何做？

（后略）

2. 开门见山

公文写作追求简洁明了，作为通篇开头的序言，要求做到开门见山，开篇点题。而标题是公文主旨的揭示和显现，开篇点题，就是点旨。

开门见山，开篇点题就是要直截了当，在开篇第一句中点出公文标题中最能体现主旨的关键词。例如，《国务院关于加强滨海湿地保护严格管控围填海的通知》序言的第一句：“滨海湿地（含沿海滩涂、河口、浅海、红树林、珊瑚礁等）是近海生物重要栖息繁殖地和鸟类迁徙中转站，是珍贵的湿地资源，具有重要的生态功能。”由“滨海湿地”领出的语句，就是对题目主旨“加强滨海湿地保护”，的呼应。

本节知识检查站：

一、请回答下列问题

1. 公文的序言起什么作用？

2. 序言如何做到“开门见山，开篇点题”？

3. 分析下面公文的序言，然后找出发文依据、发文目的、发文背景、工作意义等内容，圈出相应的领述词，并观察上述内容的表达顺序是否存在一些规律。

城市轨道交通规划建设管理的意见

国办发〔2018〕52号

各省、自治区、直辖市人民政府，国务院各部委、各直属机构：

城市轨道交通是现代城市交通系统的重要组成部分，是城市公共交通系统的骨干。《国务院办公厅关于加强城市快速轨道交通建设管理的通知》（国办发〔2003〕81号）印发以来，我国城市轨道交通总体保持有序发展，对提升城市公共交通供给质量和效率、缓解城市交通拥堵、引导优化城市空间结构布局、改善城市环境起到了重要作用。但同时，由于城市轨道交通投资巨大、公益性特征明显，部分城市对城市轨道交通发展的客观规律认识不足，对实际需求和自身实力把握不到位，存在规划过度超前、建设规模过于集中、资金落实不到位等问题，一定程度上加重了地方债务负担。为贯彻落实党中央、国务院决策部署，坚决打好防范化解重大风险攻坚战，促进城市轨道交通规范有序发展，经国务院同意，现提出以下意见。

（后略）

二、延伸思考

领导的讲话、指示、要求和会议精神是否也可以做为公文序言中的发文依据？

第四节　结构证旨的方法

结构证旨，是指从公文主旨出发，指按照一定的逻辑关系设计全篇结构，为全文定下“基调”，通过思路前后的照应、内容的先后顺序安排，使读者理解、接受公文的主旨。

一、金字塔形式的公文结构

近来，风行管理和咨询行业几十年的“明托金字塔原理”[12]正在被公文写作领域所关注。

“明托金字塔原理”提出，对文章所述思想作出疑问/回答式的反应是人类的一种自然反应，为了吸引读者的兴趣，先要让读者对你的话题产生进一步了解的兴趣，然后通过你接下来的回答消除疑问，这样容易让读者按着作者的思路作出符合逻辑的反应。按照“疑问——回答”方式建构起一种金字塔结构，就可以将散乱的思想按照一定的逻辑清晰地组织起来。

明托金字塔结构的构建方法是，先从金字塔的最顶端开始，沿各个分支向下展开，首先表达的主要思想将使读者对作者这样表述产生疑问，而主要思想的下一个层次上的思想将对此问题作出回答。通过不断进行疑问/回答式的对话，使读者逐步了解文章中的所有思想。

以《国务院办公厅关于加强行政规范性文件制定和监督管理工作的通知》（国办发〔2018〕37号）的结构为例（见图11-4-1疑问——回答式金字塔结构）：

---

[12] 巴巴拉·明托. 金字塔原理——思考、写作和解决问题的逻辑［M］. 民主与建设出版社，2002.12，第一版。

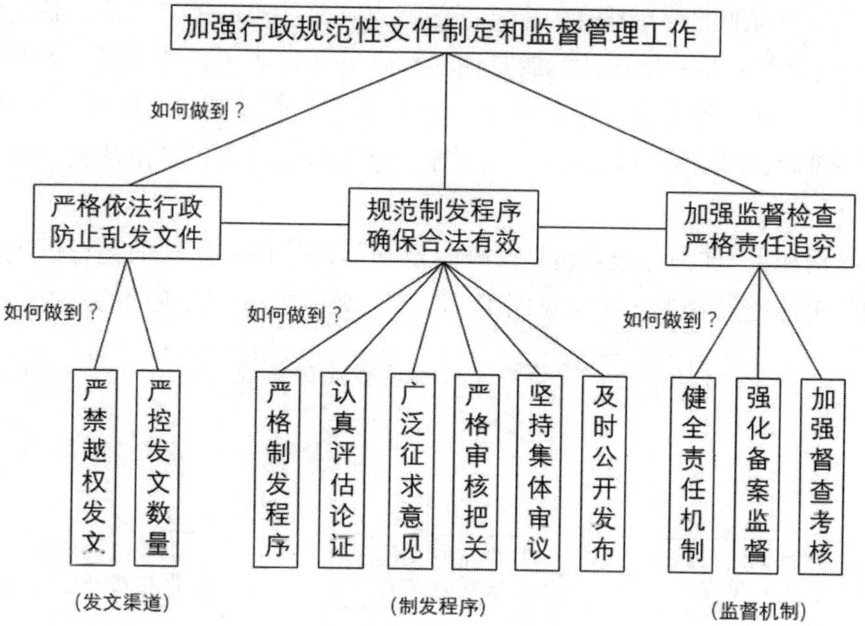

图 11-4-1　疑问——回答式金字塔结构

在通知序言部分，先通过“情境—冲突—疑问”的方式，引发读者的疑问：加强行政规范性文件制定和监督管理工作，我们应该怎么做？

公文在正文部分做出回答：做好三项工作，第一、严格依法行政，防止乱发文件。第二，规范制发程序，确保合法有效。第三，加强监督检查，严格责任追究。

读者接着产生疑问：怎么才能防止乱发文件？

公文做出的回答：措施是严禁越权发文，严控发文数量

读者再次发问：如何严禁越权发文？

公文再进行回答……。

按照这种设计，读者可以一直跟着作者的思路思考，并找到答案。

二、建立金字塔结构的规则

“明托金字塔原理”中提出，建立金字塔结构必须遵守下列三个规则：

1. 文章结构中任一层次上的思想都必须是下一层次思想的概括

所谓“思想”是指金字塔结构图示中的每个方框中的文字。

主旨鲜明的公文都有一个共同的特点：每一段的第一句话，是全段的主题概括；下一层次的标题是该对标题下各段落主旨的概括，上一级标题是对其下各个分标题的概括，以此类推。而反观之，则可以发现，每一级标题都以标题下的内容为支撑，金字塔结构也正是由此建立起来的。

例如，“加强行政规范性文件制定和监督管理工作”的主旨以下面的三个标题内容为支撑（见图 11-4-2 一级标题对公文主旨的支撑）。

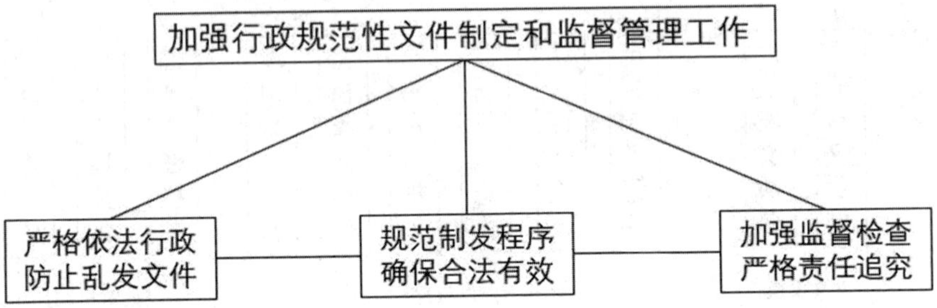

图 11-4-2　一级标题对公文主旨的支撑

而“规范制发程序，确保合法有效”这个二级标题，则以其下的 6 个三级标题为支撑（见图 11-4-3 二级标题对一级标题的支撑）。

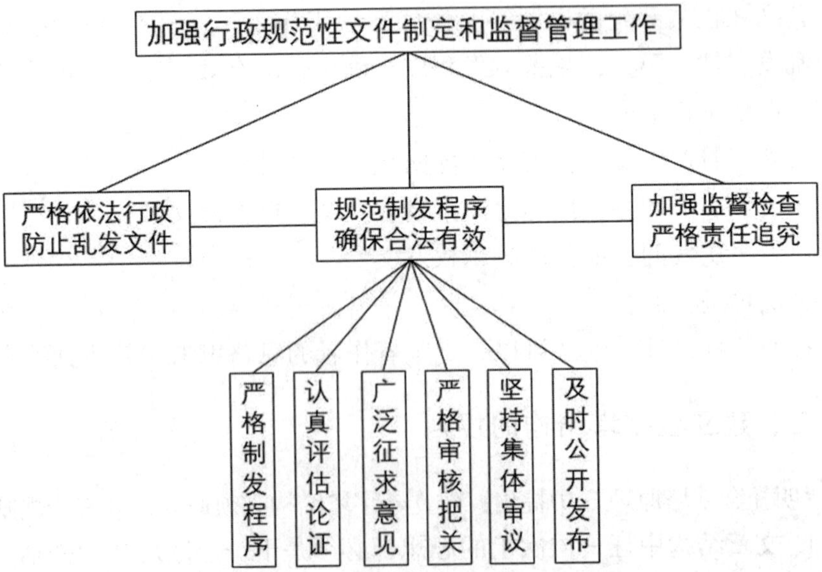

图 11-4-3　二级标题对一级标题的支撑

2. 每一组中的思想都必须属于同一范畴

即每一组中的思想应该都具有逻辑上的共同点，例如可以都是存在的问题，也可以都是应该采取的措施，还可以都是原因等等。这些同一范畴的思想，应该都能够用一个复数名词或短句概括。

例如图 11-4-4 需要采取的措施中的三组思想，都是措施，属于同一范畴，但是它们总计达 11 条，按照乔治・A・米勒"神奇的数字 7"的观点[13]，不方便记忆和理解，因此要把它们再做归类，按照其内在联系，分为发文渠道方面的措施、工作流程方面的措施、监督机制方面的措施三组。

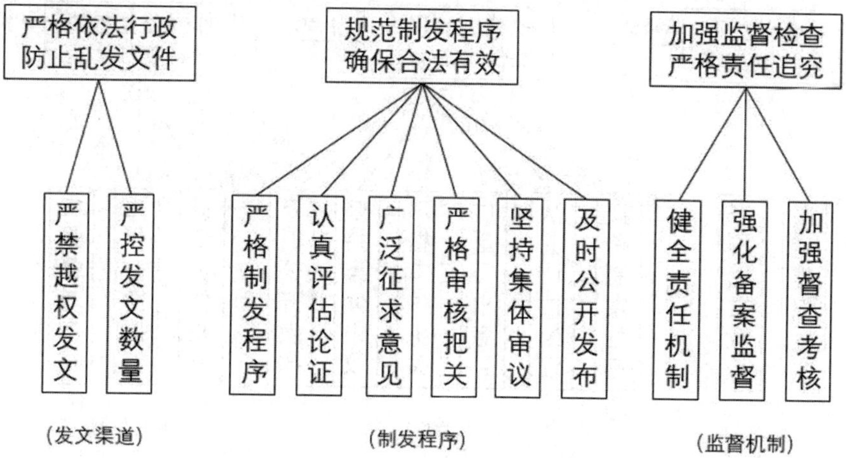

图 11-4-4　需要采取的措施

3. 每一组中的思想都必须按逻辑顺序组织

即将同一组中的若干个思想按一定的逻辑进行排序，作者必须能说清第二条为什么只能放在第二，而不是第一或者第三的位置，同时只有读者能够感觉到并接受这些理由，才能理解和记忆得更好。

仍以上图中"规范制发程序，确保合法有效"的六条措施为例，严格制发程序是总体要求，后面依次提到的评估论证、征求意见、审核

[13] 乔治・A・米勒在论文《神奇的数字 7±2》中提出，大脑的短期记忆无法一次容纳 7 个以上的记忆项目，比较容易记住的是 3 个项目。大脑为了记忆，会把多个项目按一定的逻辑进行归类，这就是在构建金字塔结构。

把关、集体审议和公开发布五条正是按行政规范性文件的制发程序排列的。

另外两组措施也是按这种逻辑排列顺序。

最后，按照金字塔原理建立的公文结构如下图（图 11-4-5 公文结构全图）：

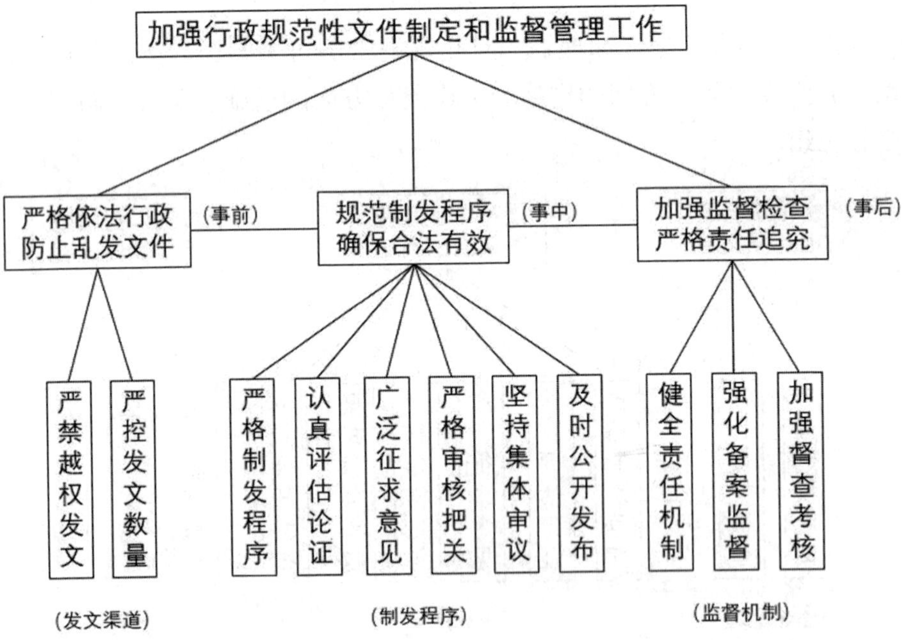

图 11-4-5 公文结构全图

"加强行政规范性文件制定和监督管理工作"按照制定前、制定过程中和制定完成后三个阶段进行部署，每个阶段再对阶段中的各项工作提出措施。逻辑清晰，结构合理，工作部署全面具体，没有遗漏。

本节知识检查站：

一、请回答下列问题

1. 建立金字塔结构必须遵守哪些规则？
2. "每一组中的思想都必须属于同一范畴"的含义是什么？
3. 疑问——回答式的金字塔结构的合理之处在哪里？

二、练习

请运用“明托金字塔结构”分析下面《国务院办公厅关于以新业态新模式引领新型消费加快发展的意见》的结构：

国务院办公厅关于以新业态新模式引领新型消费加快发展的意见

国办发〔2020〕32号

各省、自治区、直辖市人民政府，国务院各部委、各直属机构：

近年来，我国以网络购物、移动支付、线上线下融合等新业态新模式为特征的新型消费迅速发展，特别是今年新冠肺炎疫情发生以来，传统接触式线下消费受到影响，新型消费发挥了重要作用，有效保障了居民日常生活需要，推动了国内消费恢复，促进了经济企稳回升。但也要看到，新型消费领域发展还存在基础设施不足、服务能力偏弱、监管规范滞后等突出短板和问题。在常态化疫情防控条件下，为着力补齐新型消费短板、以新业态新模式为引领加快新型消费发展，经国务院同意，现提出以下意见。

一、总体要求

（一）指导思想。

在以习近平同志为核心的党中央坚强领导下，以习近平新时代中国特色社会主义思想为指导，全面贯彻党的十九大和十九届二中、三中、四中全会精神，坚持稳中求进工作总基调，坚持新发展理念，坚持以供给侧结构性改革为主线，坚持以改革开放为动力推动高质量发展，扎实做好“六稳”工作，全面落实“六保”任务，坚定实施扩大内需战略，以新业态新模式为引领，加快推动新型消费扩容提质，坚持问题导向和目标导向，补齐基础设施和服务能力短板，规范创新监管方式，持续激发消费活力，促进线上线下消费深度融合，努力实现新型消费加快发展，推动形成以国内大循环为主体、国内国际双循环相互促进的新发展格局。

（二）基本原则。

坚持创新驱动、融合发展。深入实施创新驱动发展战略，推动技术、管理、商业模式等各类创新，加快培育新业态新模式，推动互联网和各类消费业态紧密融合，加快线上线下消费双向深度融合，促进新型消费蓬勃发展。

坚持问题导向、补齐短板。针对新型消费基础设施不足、服务能力偏弱等问题，充分调动中央和地方两个积极性，进一步加大软硬件建设力度，加强新装备新设备生产应用，优化新型消费网络节点布局，加快补齐发展短板。

坚持深化改革、优化环境。以深化“放管服”改革、优化营商环境推动新型消费加快发展，打破制约发展的体制机制障碍，顺应新型消费发展规律创新经济治理模式，系统性优化制度体系和发展环境，最大限度激发市场活力。

坚持市场主导、政府促进。使市场在资源配置中起决定性作用，以市场需求为导向，顺应居民消费升级趋势，培育壮大各类新型消费市场主体，提升新型消费竞争力。更好发挥政府作用，为新型消费发展提供全方位制度和政策支撑。

（三）主要目标。

经过3—5年努力，促进新型消费发展的体制机制和政策体系更加完善，通过进一步优化新业态新模式引领新型消费发展的环境、进一步提升新型消费产品的供给质量、进一步增强新型消费对扩内需稳就业的支撑，到2025年，培育形成一批新型消费示范城市和领先企业，实物商品网上零售额占社会消费品零售总额比重显著提高，“互联网+服务”等消费新业态新模式得到普及并趋于成熟。

二、加力推动线上线下消费有机融合

（四）进一步培育壮大各类消费新业态新模式。建立健全“互联网+服务”、电子商务公共服务平台，加快社会服务在线对接、线上线下深度融合。有序发展在线教育，推广大规模在线开放课程等网络学习模式，推动各类数字教育资源共建共享。积极发展互联网健康医疗服务，大力推进分时段预约诊疗、互联网诊疗、电子处方流转、药品网络销售等服务。深入发展在线文娱，鼓励传统线下文化娱乐业态线上化，支持互联网企业打造数字精品内容创作和新兴数字资源传播平台。鼓励发展智慧旅游，提升旅游消费智能化、便利化水平。大力发展智能体育，培育在线健身等体育消费新业态。

进一步支持依托互联网的外卖配送、网约车、即时递送、住宿共享等新业态发展。加快智慧广电生态体系建设，培育打造5G条件下更高技术格式、更新应用场景、更美视听体验的高新视频新业态，形成多元化的商业模式。创新无接触式消费模式，探索发展智慧超市、智慧商店、智慧餐厅等新零售业态。推广电子合同、电子文件等无纸化在线应用。（国家发展改革委、教育部、工业和信息化部、交通运输部、商务部、文化和旅游部、国家卫生健康委、广电总局、体育总局、国家邮政局、国家药监局等部门按职责分工负责）

（五）推动线上线下融合消费双向提速。支持互联网平台企业向线下延伸拓展，加快传统线下业态数字化改造和转型升级，发展个性化定制、柔性化生产，推动线上线下消费高效融合、大中小企业协同联动、上下游全链条一体发展。引导实体企业更多开发数字化产品和服务，鼓励实体商业通过直播电子商务、社交营销开启“云逛街”等新模式。加快推广农产品“生鲜电子商务+冷链宅配”、“中央厨房+食材冷链配送”等服务新模式。组织开展形式多样的网络促销活动，促进品牌消费、品质消费。（国家发展改革委、工业和信息化部、住房城乡建设部、农业农村部、商务部、国家邮政局等部门按职责分工负责）

（六）鼓励企业依托新型消费拓展国际市场。推动电子商务、数字服务等企业“走出去”，加快建设国际寄递物流服务体系，统筹推进国际物流供应链建设，开拓国际市场特别是“一带一路”沿线业务，培育一批具有全球资源配置能力的国际一流平台企业和物流供应链企业。充分依托新型消费带动传统商品市场拓展对外贸易、促进区域产业集聚。持续提高通关便利化水平，优化申报流程。探索新型消费贸易流通项下逐步推广人民币结算。鼓励企业以多种形式实现境外本土化经营，降低物流成本，构建营销渠道。（国家发展改革委、交通运输部、商务部、人民银行、海关总署、税务总局、国家邮政局、国家外汇局等部门按职责分工负责）

三、加快新型消费基础设施和服务保障能力建设

（七）加强信息网络基础设施建设。进一步加大5G网络、数据中心、工业互联网、物联网等新型基础设施建设力度，优先覆盖核心商圈、重点产业园区、重要交通枢纽、主要应用场景等。打造低时延、高可靠、广覆盖的新一代通信网络。加快建设千兆城市。推动车联网部署应用。推动城市信息模型（CIM）基础平台建设，支持城市规划建设管理多场景应用，促进城市基础设施数字化和城市建设数据汇聚。加大相关设施安全保障力度。（国家发展改革委、工业和信息化部、自然资源部、住房城乡建设部等部门按职责分工负责）

（八）完善商贸流通基础设施网络。建立健全数字化商品流通体系，在新兴城市、重点乡镇和中西部地区加快布局数字化消费网络，降低物流综合成本。提升电商、快递进农村综合水平，推动农村商贸流通转型升级。补齐农产品冷链物流设施短板，加快农产品分拨、包装、预冷等集配装备和分拨仓、前置仓等仓储设施建设。推进快递服务站、智能快件箱（信包箱）、无人售货机、智能垃圾回收机等智能终端设施建设和资源共享。推进供应链创新应用，开展农商互联农产品供应链建设，提升农产品流通现代化水平。鼓励传统流通企业向供应链服务企业转型。（国家发展改革委、住房城乡建设部、交通运输部、农业农村部、商务部、国家邮政局等部门按职责分工负责）

（九）大力推动智能化技术集成创新应用。在有效防控风险的前提下，推进大数据、云计算、人工智能、区块链等技术发展融合，加快区块链在商品溯源、跨境汇款、供应链金融和电子票据等数字化场景应用，推动更多企业“上云上平台”。积极开展消费服务领域人工智能应用，丰富5G技术应用场景，加快研发可穿戴设备、移动智能终端、智能家居、超高清及高新视频终端、智能教学助手、智能学伴、医疗电子、医疗机器人等智能化产品，增强新型消费技术支撑。（国家发展改革委、工业和信息化部、人民银行、广电总局、银保监会等部门按职责分工负责）

（十）安全有序推进数据商用。在健全安全保障体系的基础上，依法加强信息数据资源服务和监管。加大整合开发力度，探索数据流通规则制度，有效破除数据壁垒和“孤岛”，打通传输应用堵点，提升消费信息数据共享商用水平，更好为企业提供算力资源支持和

优惠服务。探索发展消费大数据服务。（国家发展改革委、工业和信息化部、国家统计局等部门按职责分工负责）

（十一）规划建设新型消费网络节点。围绕国家重大区域发展战略打造新型消费增长极，培育建设国际消费中心城市，着力建设辐射带动能力强、资源整合有优势的区域消费中心，加强中小型消费城市梯队建设。规划建设城乡融合新型消费网络节点，积极发展“智慧街区”、“智慧商圈”。深化步行街改造提升工作，鼓励有条件的街区加快数字化改造，提供全方位数字生活新服务。优化百货商场、购物中心、便利店、农贸市场等城乡商业网点布局，引导行业适度集中。完善社区便民消费设施，加快规划建设便民生活服务圈、城市社区邻里中心和农村社区综合性服务网点。（国家发展改革委、工业和信息化部、自然资源部、住房城乡建设部、农业农村部、商务部等部门按职责分工负责）

四、优化新型消费发展环境

（十二）加强相关法规制度建设。出台互联网上网服务管理政策，规范行业发展。顺应新型消费发展规律，加快出台电子商务、共享经济等领域相关配套规章制度，研究制定分行业分领域的管理办法，有序做好与其他相关政策法规的衔接。推动及时调整不适应新型消费发展的法律法规与政策规定。（国家发展改革委、工业和信息化部、司法部、商务部、市场监管总局等部门按职责分工负责）

（十三）深化包容审慎和协同监管。按照包容审慎和协同监管原则，为新型消费营造规范适度的发展环境。强化消费信用体系建设，构建以信用为基础的新型监管机制。完善跨部门协同监管机制，实现线上线下协调互补、市场监管与行业监管联接互动，加大对销售假冒伪劣商品、侵犯知识产权、虚假宣传、价格欺诈、泄露隐私等行为的打击力度，着力营造安全放心诚信消费环境，促进新型消费健康发展。（国家发展改革委、工业和信息化部、商务部、市场监管总局等部门按职责分工负责）

（十四）健全服务标准体系。推进新型消费标准化建设，支持和鼓励平台企业、行业组织、研究机构等研究制定支撑新型消费的服务标准，健全市场监测、用户权益保护、重要产品追溯等机制，提升行业发展质量和水平。（国家发展改革委、工业和信息化部、商务部、市场监管总局等部门按职责分工负责）

（十五）简化优化证照办理。进一步优化零售新业态新模式营商环境，探索实行“一照多址”。各地对新申请食品经营（仅限从事预包装食品销售）的，可试点推行告知承诺制。各地可结合实际，在保障食品安全的前提下，扩大推行告知承诺制的范围。（市场监管总局牵头，国家发展改革委等部门按职责分工负责）

五、加大新型消费政策支持力度

（十六）强化财政支持。各级财政通过现有资金渠道、按照市场化方式支持新型消费发展，促进相关综合服务和配套基础设施建设。研究进一步对新型消费领域企业优化税收征管措施，更好发挥减税降费政策效应。（国家发展改革委、工业和信息化部、财政部、人力资源社会保障部、税务总局等部门按职责分工负责）

（十七）优化金融服务。深化政银企合作，拓展新型消费领域投融资渠道。鼓励金融机构按照市场化原则，在风险可控前提下，结合新型消费领域相关企业经营特点，积极开发金融产品和服务。优化与新型消费相关的支付环境，鼓励银行等各类型支付清算服务主体降低手续费用，降低商家、消费者支付成本，推动银行卡、移动支付在便民消费领域广泛应用。完善跨境支付监管制度，稳妥推进跨境移动支付应用，提升境外人员境内支付规范化便利化水平。支持符合条件的企业通过发行新股、发行公司债券、“新三板”挂牌等方式融资。发展股权投资基金，推动生产要素向更具前景、更具活力的新型消费领域转移和集聚。（国家发展改革委、财政部、人民银行、银保监会、证监会等部门按职责分工负责）

（十八）完善劳动保障政策。鼓励发展新就业形态，支持灵活就业，加快完善相关劳动保障制度。指导企业规范开展用工余缺调剂，帮助有“共享用工”需求的企业精准、高效匹配人力资源。促进新业态新模式从业人员参加社会保险，提高参保率。坚持失业保险基金优先保生活，通过发放失业保险金、一次性生活补助等多措并举，加快构建城乡参保失业人员应发尽发、应保尽保长效机制。

（国家发展改革委、财政部、人力资源社会保障部、国家医保局等部门按职责分工负责）

六、强化组织保障

（十九）加强组织领导。充分发挥完善促进消费体制机制部际联席会议制度作用，加强组织领导和统筹协调，国家发展改革委牵头组织实施，强化部门协同和上下联动，加快研究制定以新业态新模式引领新型消费加快发展的具体实施方案和配套措施，明确责任主体、时间表和路线图，形成政策合力。（国家发展改革委等各有关部门按职责分工负责）

（二十）强化监测评估。加强新型消费统计监测，聚合各类平台企业消费数据，强化传统数据与大数据比对分析，及时反映消费现状和发展趋势，提高政策调控的前瞻性和有效性。完善政策实施评估体系，综合运用第三方评估、社会监督评价等多种方式，科学评估实施效果，确保各项举措落到实处。（国家发展改革委、商务部、市场监管总局、国家统计局等部门按职责分工负责）

（二十一）注重宣传引导。创新宣传方式，丰富宣传手段，加强支持新型消费发展相关政策宣传解读和经验推广，倡导健康、智慧、便捷、共享的消费理念，营造有利于新型消费良性发展的舆论氛围。（国家发展改革委、商务部、市场监管总局、广电总局、国务院新闻办等部门按职责分工负责）

各地区、各有关部门要以习近平新时代中国特色社会主义思想为指导，增强“四个意识”、坚定“四个自信”、做到“两个维护”，坚决贯彻党中央、国务院决策部署，充分认识培育壮大新业态新模式、加快发展新型消费的重要意义，认真落实本意见各项要求，细化实化政策措施，优化制度环境，强化要素保障，持续扩大国内需求，扩大最终消费，为居民消费升级创造条件。

国务院办公厅

2020 年 9 月 16 日

第十二章　几种常用公文的撰写方法

12 学习公文写作

- 通知的撰写
- 函的撰写
- 请示的撰写
- 报告的撰写

每种公文的适用范围不同，写作需要各本其法。但是公文写作又存在很多相通之处，可以举一反三，由此及彼。本章即选取通知、函、请示、报告等几个在党政机关和其它各类组织中使用最为频繁的文种进行撰写方法介绍。

第一节　通知的撰写

通知适用于发布、传达要求下级机关执行和有关单位周知或者执行的事项，批转、转发公文。按照主旨的不同，可以分为发布性通知、转文性通知和指挥性通知三类，其中，发布性通知、转文性通知都是以被发布或被转的公文为主体，写作结构大致相同，可以归为一类。

一、发布性和转文性通知的写作

发布性通知是指用通知发布除法律法规之外的规范（规定、办法、细则等）和其它一些需要执行的文件（方案、计划、发展纲要、规划、领导讲话等），公文标题中一般使用“印发”或“发布”）；转文性通知主要为本机关转发上级或平级机关来文的通知，或者批转下级机关来文的通知（见表 12-1-1 印发、批转和转发的区别）。

表 12-1-1　印发、批转和转发的区别

印发/发布	被印发（发布）的文件为本机关形成
	例：北京市人民政府办公厅关于印发《市政府 2018 年立法工作计划》的通知
批转	被转的文件来自下级机关
	例：国务院批转国家发展改革委关于 2017 年深化经济体制改革重点工作意见的通知
转发	被转的文件来自上级或平级机关
	例：国务院办公厅转发商务部等部门关于扩大进口促进对外贸易平衡发展意见的通知

印发性通知和转文性通知都是复合式公文，即通知的正文包括两个部分：通知本身和被印发或被批转、转发的文件。

党政机关公文格式规定，被印发或被批转、转发的文件排列在成文日期和发文机关署名之下，它们是通知的主体，不是附件，页码要连续编排，公文版记位于被转文件之后（被转文件另有版头和版记的除外）。

国务院办公厅关于印发全国深化“放管服”改革优化营商环境电视电话会议重点任务分工方案的通知

国办发〔2020〕43号

各省、自治区、直辖市人民政府，国务院各部委、各直属机构：

《全国深化“放管服”改革优化营商环境电视电话会议重点任务分工方案》已经国务院同意，现印发给你们，请结合实际认真贯彻落实。

国务院办公厅

2020年11月1日

全国深化“放管服”改革优化营商环境电视电话会议重点任务分工方案

党中央、国务院高度重视深化“放管服”改革优化营商环境工作。2020年9月11日，李克强总理在全国深化“放管服”改革优化营商环境电视电话会议上发表重要讲话，部署进一步深化“放管服”改革，加快打造市场化法治化国际化营商环境，不断激发市场主体活力和发展内生动力。为确保会议确定的重点任务落到实处，现制定如下分工方案。

（后略）

这类转文性通知本身（又称为印发语、转发语）写作相对简单，由转发决定、被印发、批转、转发的文件名称和执行要求组成。

通知的标题则因为要包括被转文件的标题，一般会写成“××机关关于转发××机关关于……的通知的通知”的形式，如果转文层次较多时，标题会出现“关于转发关于转发关于转发……的通知的通知的通知的通知”的现象。

通常的解决办法是在标题三要素的基础上减少重复性“关于”和“的”，以使标题更加简练明确。

例如，国务院办公厅在转发《国家统计局关于加强和完善部门统计工作的意见》时，如果按照规范的标题拟写方式，标题中会出现两个“关于”、两个“的”，显得比较繁复拗口，所以实际拟写时，省略掉第一层的“关于”和被转文件标题文种前的“的”：

国务院办公厅关于转发国家统计局关于加强和完善部门统计工作的意见的通知

国务院办公厅　　转发国家统计局关于加强和完善部门统计工作　意见的通知

如果在转文层次过多，标题中“关于”和“的”出现的频率会更高，这时可以省去中间环节，只写转发最初文件的标题，然后在正文中对各级机关的转发情况加以说明：

×××关于转发××关于转发×××关于××××××的通知的通知的通知

×××转发×××关于××××××的通知的通知

但是这一问题的最终解决，是克服官僚主义和形式主义，改变“用文件落实文件”的不良作风。2017 年，习近平总书记就一篇《形式主义、官僚主义新表现值得警惕》的文章作出批示强调：“纠正四风不能止步，作风建设永远在路上。”中央纪委监察部将层层转发文件的现象作为“行动少，落实差”的形式主义、官僚主义的一种表现进行了批评。此后，政府机关这类缺少实效的层层转发文件明显减少。

二、指示性通知的写作

指示性通知是指向下级机关布置工作的通知。主要用于开展某项工作，或针对工作中出现的带有普遍性的问题，对下级机关作出工作部署、提出管理措施、制订有关政策等。其结构包括以下部分：

1. 序言

通常以发文目的、发文依据和要进行的工作主题为主，写作方式大致如下：

为……（说明发文的目的、意图），根据《……》规定（说明发文的法律依据），经……批准（说明发文的授权依据），现将……通知如下。以《国务院办公厅关于深化商事制度改革进一步为企业松绑减负激发企业活力的通知》为例：

国务院办公厅关于深化商事制度改革进一步为企业松绑减负激发企业活力的通知

国办发〔2020〕29号

各省、自治区、直辖市人民政府，国务院各部委、各直属机构：

背景 党中央、国务院高度重视商事制度改革。近年来，商事制度改革取得显著成效，市场准入更加便捷，市场监管机制不断完善，市场主体繁荣发展，营商环境大幅改善。但从全国范围看，“准入不准营”现象依然存在，宽进严管、协同共治能力仍需强化。目的 为更好统筹推进新冠肺炎疫情防控和经济社会发展，加快打造市场化、法治化、国际化营商环境，充分释放社会创业创新潜力、激发企业活力，依据 经国务院同意，现将有关事项通知如下：

（后略）

2. 正文

指示性通知要以工作思维为基础，将实事求是的工作作风体现于文风。发出的指令不仅要态度明确，还要统筹考虑需要组织下级机关开展工作的各个方面、涉及各个部门的责任等，逐一做出具体安排，确保工作落到实处，用疑问——回答的金字塔结构对内容进行组织，不失为一种有效的方式。仍以《国务院办公厅关于深化商事制度改革进一步为企业松绑减负激发企业活力的通知》为例：

一、推进企业开办全程网上办理

（一）全面推广企业开办“一网通办”。2020年年底前，各省、自治区、直辖市和新疆生产建设兵团全部开通企业开办“一网通办”平台，做到企业开办全程网上办理，进一步压减企业开办时间至4个工作日内或更少。在此基础上，探索推动企业开办标准化、规范化试点。

（二）持续提升企业开办服务能力。依托“一网通办”平台，推行企业登记、公章刻制、申领发票和税控设备、员工参保登记、住房公积金企业缴存登记线上“一表填报”申请办理。具备条件的地方实现办齐的材料线下“一个窗口”一次领取，或者通过寄递、自助打印等实现不见面办理。在加强监管、保障安全前提下，大力推进电子营业执照、电子发票、电子印章在更广领域运用。

二、推进注册登记制度改革取得新突破

（三）加大住所与经营场所登记改革力度。支持各省级人民政府统筹开展住所与经营场所分离登记试点。市场主体可以登记一个住所和多个经营场所。对住所作为通信地址和司法文书（含行政执法文书）送达地登记，实行自主申报承诺制。对经营场所，各地可结合实际制定有关管理措施。对于市场主体在住所以外开展经营活动、属于同一县级登记机关管辖的，免于设立分支机构，申请增加经营场所登记即可，方便企业扩大经营规模。

（四）提升企业名称自主申报系统核名智能化水平。依法规范企业名称登记管理工作，运用大数据、人工智能等技术手段，加强禁限用字词库实时维护，提升对不适宜字词的分析和识别能力。推进与商标等商业标识数据库的互联共享，丰富对企业的告知提示内容。探索“企业承诺+事中事后监管”，减少“近似名称”人工干预。加强知名企业名称字号保护，建立名称争议处理机制。

三、简化相关涉企生产经营和审批条件

（五）推动工业产品生产许可证制度改革。将建筑用钢筋、水泥、广播电视传输设备、人民币鉴别仪、预应力混凝土铁路桥简支梁5类产品审批下放至省级市场监管部门。健全严格的质量安全监管措施，加强监督指导，守住质量安全底线。进一步扩大告知承诺实施范围，推动化肥产品由目前的后置现场审查调整为告知承诺。开展工业产品生产许可证有关政策、标准和技术规范宣传解读，加强对企业申办许可证的指导，帮助企业便利取证。

（六）完善强制性产品认证制度。扩大指定认证实施机构范围，提升实施机构的认证检测一站式服务能力，便利企业申请认证检测。防爆电气、燃气器具和大容积冰箱转为强制性产品认证费用由财政负担。简化出口转内销产品认证程序。督促指导强制性产品指定认证实施机构通过开辟绿色通道、接受已有合格评定结果、拓展在线服务等措施，缩短认证证书办理时间，降低认证成本。做好认证服务及技术支持，为出口转内销企业提供政策和技术培训，精简优化认证方案，安排专门人员对认证流程进行跟踪，合理减免出口转内销产品强制性产品认证费用。

（七）深化检验检测机构资质认定改革。将疫情防控期间远程评审等应急措施长效化。2021 年在全国范围内推行检验检测机构资质认定告知承诺制。全面推行检验检测机构资质认定网上审批，完善机构信息查询功能。

（八）加快培育企业标准“领跑者”。优化企业标准“领跑者”制度机制，完善评估方案，推动第三方评价机构发布一批企业标准排行榜，形成 2020 年度企业标准“领跑者”名单，引导更多企业声明公开更高质量的标准。

四、加强事中事后监管

（九）加强企业信息公示。以统一社会信用代码为标识，整合形成更加完善的企业信用记录，并通过国家企业信用信息公示系统、“信用中国”网站或中国政府网及相关部门门户网站等渠道，依法依规向社会公开公示。

（十）健全失信惩戒机制。落实企业年报“多报合一”政策，进一步优化工作机制，大力推行信用承诺制度，健全完善信用修复、强制退出等制度机制。依法依规运用各领域严重失信名单等信用管理手段，提高协同监管水平，加强失信惩戒。

（十一）推进实施智慧监管。在市场监管领域，进一步完善以“双随机、一公开”监管为基本手段、以重点监管为补充、以信用监管为基础的新型监管机制。健全完善缺陷产品召回制度，督促企业履行缺陷召回法定义务，消除产品安全隐患。推进双随机抽查与信用风险分类监管相结合，充分运用大数据等技术，针对不同风险等级、信用水平的检查对象采取差异化分类监管措施，逐步做到对企业信用风险状况以及主要风险点精准识别和预测预警。

（十二）规范平台经济监管行为。坚持审慎包容、鼓励创新原则，充分发挥平台经济行业自律和企业自治作用，引导平台经济有序竞争，反对不正当竞争，规范发展线上经济。依法查处电子商务违法行为，维护公平有序的市场秩序，为平台经济发展营造良好营商环境。

各地区、各部门要认真贯彻落实本通知提出的各项任务和要求，聚焦企业生产经营的堵点痛点，加强政策统筹协调，切实落实工作责任，认真组织实施，形成工作合力。市场监管总局要会同有关部门加强工作指导，及时总结推广深化商事制度改革典型经验做法，协调解决实施中存在的问题，确保各项改革措施落地见效。

"深化商事制度改革进一步为企业松绑减负激发企业活力"的措施主要从四个方面入手：推进企业开办全程网上办理、推进注册登记制度改革取得新突破、简化相关涉企生产经营和审批条件、加强事中事后监管。每项措施则通过若干项工作得以落实。全文结构清晰，富于条理，要求具体，任务安排全面，便于下级单位的贯彻执行。

本节知识检查站：

一、请回答下列问题

1. 什么是发布性通知？

2. 批转、转发和印发的区别是什么？

3. 发布性通知主体包括哪两部分？

4. 什么是指示性通知？

5. 指示性通知的序言应该怎么写？

6. 请按照一定的逻辑为《国务院办公厅关于开展涉及产权保护的规章、规范性文件清理工作的通知》（国办发〔2018〕29 号）中的几项工作排序：

清理范围

清理要求

组织实施

清理职责

结果报告

二、延伸思考

1. 假设十一国庆节临近，需要对放假的有关事宜对本单位发布通知，请思考以下问题：

（1）发文的主体是本单位还是本单位的办公厅（室）？

（2）该通知的主旨是“放假”还是“放假安排”？

（3）这种通知除了放假时间和调休安排以外，还应该有什么内容？

（4）标题中，对十一的规范表述是什么？

2. 某市政府办公厅发布了一份关于进一步做好人大代表建议政协委员提案办理工作的通知，下面是该通知主体部分的一级和二级标题，请按明托金字塔原理对这些标题进行组合和排列，确定该通知的结构：

切实加强对办理工作的研究指导和督办

坚持将办理工作纳入重要议事日程

加大对重点建议、提案办理工作的协调力度

充分认识办理工作面临的形势

各承办单位要高度重视办理工作

市政府会议专题研究办理工作

完善考核评价机制

完善办理工作规章制度

各承办单位要积极采纳代表、委员的合理意见

市机构编制部门要不断完善政府部门的职能配置

努力提高代表、委员对办理工作的满意度

第二节　函的撰写

函适用于不相隶属机关之间商洽工作、询问和答复问题、请求批准和答复审批事项，是应用极为广泛的平行文文种。其中，请求批准和答复审批事项的函的写作与请示和批复近似，在此不做讲述，仅就不相隶属机关之间商洽工作、询问和答复问题的函的写作做阐述。

一、商洽和询问函的写作

商洽和询问函是指一个机关向另一个不相隶属机关就某项工作进行商洽、询问时使用的函，其写作应符合以下要求：

1. 语气平和有礼

平行文往来属于水平沟通，水平沟通最大的障碍是沟通双方没有指挥与服从的上下级关系，缺乏服务及积极配合动力，非常容易出现敷衍、推诿现象。所以用函行文时，要注意语气平和有礼、态度真诚，并适时体现体谅、协作的态度，以取得理解和支持。

2. 向对方提供必要信息

例如联系参观、考察学习时，联络函应从对方制定接待方案的角度，提供相关详细信息，包括：

- 参观目的——方便对方制定参观场所、路线
- 参观时间——方便对方协调本单位工作
- 参观人数——方便对方准备会议室、资料等
- 带队领导及随同人员情况——方便对方安排接待人员、制作桌签
- 联系人，联系电话——方便对方做进一步沟通
- 其它必要信息

如果是某项工作要求对方给与配合、支持，也要从对方开展工作的角度考虑，提供相关信息，如工作的重要性、与对方工作职责的关系、希望对方给予的配合、时间要求、联系人、联系电话等。

3. 目的明确，要求具体

明确表达发起沟通的目的、要求，是获得对方理解和支持的必须条件。例如就编制某个文件向有关单位征求意见的函，应该就文件基本情况作简单说明，并重点就征求意见的范围、答复方式、答复渠道和答复时间等提出要求，以便接收单位及时作出答复。

4. 提出的要求合理有分寸，符合该机关的职权范围或是该单位的能力所及。

例文：《国家档案局办公室关于征求〈国有企业产权变动档案处置办法（征求意见稿）〉意见的函》

国家档案局办公室关于征求《国有企业产权变动档案处置办法（征求意见稿）》意见的函

各省、自治区、直辖市档案局，各计划单列市档案局，新疆生产建设兵团档案局，各中央企业档案部门，财政部办公厅、国资委办公厅，其他有关单位：

背景《国有企业资产与产权变动档案处置暂行办法》为1998年3月5日由国家档案局、国家经济体制改革委员会、国家经济贸易委员会、国家国有资产管理局颁布实施，距今已有二十余年。为贯彻落实新修订的《档案法》，配合国有企业改革和发展的需要，进一步规范国有企业改革中的档案处置工作，防止国有资产和档案的流失，经商财政部、国资委，我局对《国有企业资产和产权变动档案处置暂行办法》进行了修改，形成了《国有企业产权变动档案处置办法（征求意见稿）》（见附件1）。发文目的现公开征求意见。请结合实际情况认真研究后填写意见反馈表（见附件3），反馈要求于8月31日前以电子邮件形式反馈至国家档案局经济科技档案业务指导司。逾期未反馈的，视为无意见。

附件：1. 国有企业产权变动档案处置办法（征求意见稿）

2.《国有企业产权变动档案处置办法（征求意见稿）》与现行《国有企业资产和产权变动档案处置暂行办法》对照表

3. 意见反馈表

国家档案局办公室

2020 年 7 月 16 日

（联系人：×××、×××，联系电话：010—××××××××、××××××××，电子邮箱：××××××××@ 126. com）

二、答复函的写作

答复函是一种被动产生的公文，即因来函而产生，其要点是应请求作出答复。写作应遵守下列要求：

1. 答复内容简洁得当

直接就来函询问的问题、提出的要求做出回答，不赘言。

答复态度庄重得体，答复意见合理合规。

2. 答复意见明确具体

明确是指态度意见明确，或是同意不同意，或是可以不可以，明确表态。

具体是指答复时，如果有不同意见，需做出明确说明、解释。

以下面文件为例：

××××关于对《×省环保厅征求安徽省“河长制”实施方案（征求意见稿）意见的函》的复函[14]

市环保局：

贵局 2016 年 7 月 4 日转发的《×省环保厅征求安徽省“河长制”实施方案（征求意见稿）意见的函》收悉，经研究，现提出如下意见：

省政府印发的《×省水污染防治工作方案》（×政〔2015〕131 号）明确了建立市、县、乡（镇）“河长制”，由市、县、乡（镇）

14　文件来源于大观区政府信息网 http://aqxxgk. anqing. gov. cn/show. php? id = 476755，标题中的“回复”应为“复函”

政府有关负责同志分别担任辖区内河道（段）的“河长”，强化协调调度，促进河道水质和水环境持续改善。

在省厅多次召开的水污染防治工作会议中，通知参会的单位也是市级环保部门和各县环保局。区政府是宜城板块的组成部分，涉及到水利、河道、住建、海事等市直部门的行业审批和执法权不在区级人民政府。征求意见稿中的“三级河长承担包干河道（段）的水污染防治工作”的职责，区直部门难以依法履行和有效推动工作的开展。为此，建议对区级人民政府承担的河道、黑臭水体等水污染的河长制职责，按照“谁审批、谁执法、谁负责，分级管理、属地联动”的职责，对三级河长的职责予以细化和调整。更有效地推动水污染防治的各项工作。

××区政府

××××年×月×日

本节知识检查站：

1. 联络函的撰写要求是什么？
2. 答复函的撰写要求是什么？
3. 请指出下面的函撰写的不足之处：

关于给予××大道工程建设大力支持的函

××市交通运输局：

××大道是201×年市委、市政府确定的市区城建“十大工程”的重点项目。项目位于A大道与B大道之间，北起××路、南至××路。项目建成后将进一步完善城区排水管网、路网，使人民群众居住生活条件更舒适、出行更方便，对提升城市品位、优化城市投资环境具有重要意义。

工程在修建A大道与C路交叉路口时，涉及C路（××国道）北侧21棵杨树等交通设施需拆除或迁移，敬请贵局给予大力支持。

×市城市管理局

××××年×月×日

4. 下面两个答复函哪一个更为得体？

文例1：

《关于征求〈……管理规定（征求意见稿）〉意见的函》收悉。经研究，认为该《征求意见稿》联系工作实际，有很强的操作性和指导性，无修改意见。

此复。

文例2：

你厅《关于征求意见的函》（×办函〔201×〕25号）收悉，经研究，我局没有修改意见。

专此函复。

二、延伸思考

观察下面几组征求意见函及复函的标题[15]，你认为，这类问函和复函的标题如何做到简洁明了，主旨突出？

1. 关于对《海南省治欠保支目标责任实施办法（征求意见稿）》征求意见的函

关于征求意见的复函

2. 关于征求《海南省“十三五”消防事业发展规划（征求意见稿）》修改意见的函

关于征求《海南省“十三五”消防事业发展规划（征求意见稿）》修改意见的复函

3. 关于县环保局局长拟任人选的征求意见的函

关于《关于县环保局局长拟任人选的征求意见函》的复函

4. 关于征求《关中平原城市群发展规划实施方案》意见的函

关于对《关中平原城市群发展规划实施方案》征求意见的复函

5. 关于征求《绵阳市“十三五”科技创新发展规划（征求意见稿）意见的函

关于征求《绵阳市“十三五”科技创新发展规划（征求意见稿）》意见的复函

15　以下标题全部来自各级政府网站，为了简便起见，略去发文机关

6. 关于曾洪等同志职务任免的征求意见函

关于《中共宜丰县委关于曾洪等同志职务任免的征求意见函》的复函

7. 关于对《市场准入负面清单（2018 年版）（征求意见稿）》征求意见并梳理相关事项的函

关于对《市场准入负面清单（2018）（征求意见稿）》的复函

第三节　请示的撰写

请示适用于向上级机关请求指示、批准，可以分为请求批准的请示、请求指示的请示两类。

一、请求批准的请示

请求批准的请示，主要用于超出本级机关职责权限的事项，请求上级机关批准有关方案、规划，审批某些项目、指标，批转有关办法、意见等。

撰写这类请示要注意以下要求：

1. 请示事项明确

标题是揭示公文主旨的重要要素，在标题“事由”部分清楚写明请示事项，可以方便阅读者快捷了解请示的事项。例如：

- 关于改造农村电网改革农电管理体制实现城乡同网同价的请示
- 关于将宜春丰城高新技术产业园区升级为国家高新技术产业开发区的请示
- 关于湖北国际物流核心枢纽项目新建鄂州民用机场立项的请示
- 关于撤销深圳经济特区管理线的请示
- 关于申请设立“中国农民丰收节”的请示

“关于解决借款的请示”“关于贫困人口脱贫的请示”“关于公务卡的请示”等事由含混不清，不便于阅读者快速进入情境。

2. 请示理由充分、要求合理、方案可行

以××县林业局关于2018年招聘事业单位工作人员的请示为例，首先通过具体数字说明缺编严重的事实，然后提出招聘人员数量、条件等具体要求，较为得当。

××县林业局关于
2018年招聘事业单位工作人员的请示[16]

县人社局：

目前，县林业局事业单位工作人员编制数66名，在编50名，缺编较为严重，且出现青黄不接、年龄老化、骨干力量不足等突出问题，特别是今年又有2个要退休，更加剧了人员不足的问题。

为更好地开展林业各项工作，经研究决定，拟招聘事业单位编制工作人员6名，特请求在2018年事业单位招考中，将我局下属的财政全额拨款事业单位森保站、林业服务中心、陈巷林业工作站、坂里林业工作站列入招考计划。我局拟招聘的岗位经常要野外作业，且林业专业性强，因此将专业限定为森林资源类、会计与审计类，部分岗位性别限定为男性。具体招考人数、条件详见附表。

妥否，请批复。

附件：2018年长泰县事业单位公开考试招聘工作人员职位条件一览表

××县林业局

××××年×月×日

3. 请示文字简洁

很多机关要求下级机关报送的请示要简洁、明了，甚至提出明确的字数、篇幅限定，所以，请示中的各个部分都要尽量做到文字简练、条理清晰，如果提交批准的方案、计划等确实篇幅较长，可以用附件的方式，附于请示正文之后。

例文：

16　文件来源于长泰政府网：http：//www. changtai. gov. cn/cms/html/ct×rmzf/2018-03-13/821101765. html

关于设立××科技城台商产业园的请示[17]

省台办：

为进一步加强对台经济工作，与台湾同胞共享××科技城发展机遇，搭建两地经济合作新的承载平台，吸引更多台资企业、台商来×投资发展，经××区政府、××市台办深入调研，拟在××经济开发区内以“园中园”方式挂牌设立“××科技城台商产业园”。

妥否，请批复。

附件：设立“××科技城台商产业园”方案

××市××区人民政府

××××年×月×日

二、请求指示类请示的写作

请求指示的请示，主要用于对上级机关制定的有关政策、规定中尚未明确的问题，或者在工作中遇到难以把握的问题，请求上级机关予以答复或指示。

这类请示主要包括以下内容：

1. 面临的情况、遇到的问题，或者接到的任务、文件等。
2. 请求上级单位就该问题作出指示。

例文：

××县环保局关于跨省转移生活垃圾法律适用问题的请示

省环保厅：

2015年11月18日，我县××乡××村村民曾某应浙江××县某垃圾中转站要求，有偿帮助其处理一批生活垃圾，具体处理方式为将这些生活垃圾擅自填埋于留水村牛栏岗，已填埋量约200吨，已填

17　文件来源于游仙区人民政府网站：http://you×ian.my.gov.cn/govopen/show.cdcb? id=3672

埋部分的垃圾为该垃圾中转站自行联系车辆运送至××村，我局执法人员现场截获的六车尚未倾倒的生活垃圾为曾某应该垃圾中转站要求帮助其联系的车辆，费用为××方面支付，期间曾某未到过该垃圾中转站，具体事宜由货车司机电话联系××方，该垃圾中转站负责垃圾装车。经查阅《中华人民共和国固体废物污染环境防治法》及《城市生活垃圾管理办法》，现就相关法律适用问题，请示如下：

一、上述各方违法行为的法律责任追究，应由住建部门还是环保部门负责？具体适用哪些法条？

二、若由环保部门负责追究上述各方违法行为法律责任，则：

1. 村民曾某除了涉嫌非法处置生活垃圾外，是否还可认定非法转移固体废物出省？

2. 我局是否可根据《中华人民共和国固体废物污染环境防治法》中的第六十八条第一款第六项对曾某作出行政处罚？

3. 若需对转移方（××县某垃圾中转站）进行立案处罚，应由具体哪个行政机关对其作出行政处罚，是否需要上级机关指定管辖？

特此请示，请复。

×县环境保护局

××××年×月×日

近些年来，“向领导请示工作时，要多出选择题，少出问答题”的法则，在管理培训中不断被推广，它要求请示部门发挥积极主动性，针对工作中遇到的问题，提出若干解决方案，并摆出每种解决方案的利害得失，请上级机关参考定夺。“请示工作说方案”也成为请求指示型请示写作的一个原则。

例文：

××市水务局关于引洛济延工程有关问题的请示[18]

市政府：

18　延安市水务局网站 http：//slsb.yanan.gov.cn/info/egovinfo/gkmlnr/016074119/2017-0023.htm

近年来，延河干流及城区各支流流量明显减少，非汛期常流量仅为1立方米/秒左右，2014年5月份平均流量为0.8米立方米/秒左右，月最小流量仅为0.2立方米/秒左右，甚至出现断流现象，南川河在枯水期几近断流。宝塔区境内延河干流杨家湾、柳树店、四联队、七里村、王家川五个省控断面，水质常年呈Ⅳ类，主要污染物为石油类、COD、BOD；延河城区段水少、水脏已严重影响圣地延安形象，与当前创建文明城市、构建生态文明极不相称，解决延河水量、水质问题，跨流域调水成为必然选择。

实施引洛济延工程，由北洛河向延河调水，可有效增加生态用水流量，加大水力疏浚，增强纳污能力，改善人居环境、提高城市品位、再现“巍巍宝塔山，滚滚延河水”胜景，提升圣地延安新形象，使延河成为集安全、文明、生态、景观、文化等元素为一体的延安城市河道新名片。

引洛济延做了两次规划设计。第一次是2000年，委托中国水利水电科学研究院编制完成了项目建议书，工程开发任务是解决延安城市供水（一期5万吨/天，二期10万吨/天；估算投资5.23亿元），但连续3年对取水断面水质监测，因水的本底质差，限于当时的水处理技术难以达到生活饮用水的水质标准而放弃。第二次是2016年，结合争取中央财政江河湖库水系连通项目7000万元投资，委托省水电勘测设计研究院编制了可行性研究报告，开发任务是生态调水（调水流量1.35立方米/秒，日调水11万吨/天，总估算投资6.49亿元），水质监测显示，不存在污染物转移。但由于资金链条断裂，只实施了4坝2河道的项目。

两次规划设计都是通过两级泵站提水，扬程350米左右，年运行费用1700—2700万元，由于属公益性项目，年运行费用职能由财政负担。

为降低引调水工程运行费用，便于工程管理，应首选自流引水方案。经我局初步勘查，拟在北洛河干流取水，年取水量2930万立方米，日平均调水11万立方米，引水流量1.35立方米/秒，并提出三种引水线路方案。

方案一：在洛河干流志丹县永宁镇胡家坬村周河入河口下游

0.9公里处新建取水低坝，抬高洛河水位，经41公里引水隧洞自流至安塞县高桥镇前徐清村附近的西川河干流右岸，工程估算投资6.65亿元（其中隧洞工程投资6.15亿元，取水枢纽工程投资约0.5亿元）。

方案二：在洛河干流志丹县永宁镇胡家坬村周河入河口下游0.9km处新建取水低坝，抬高洛河水位，经46.2公里引水隧洞自流至安塞县楼坪川田家沟沟口，工程估算投资7.43亿元（其中隧洞工程投资6.93亿元，取水枢纽工程投资约0.5亿元）。

方案三：在洛河干流甘泉县下寺湾镇贺家湾村新建取水低坝，抬高洛河水位，经31.3公里引水隧洞自流至宝塔区万花乡乡政府村附近杜甫川河，工程估算投资5.2亿元（其中隧洞工程投资4.7亿元，取水枢纽工程投资约0.5亿元）。

跨流域调水，国际上通行的标准是，河流本身的水资源开发利用率不得超过40%，调水量不得超过调出河流总水量的20%。按此标准，洛河干流志丹县永宁镇胡家坬村周河入河口下游0.9公里断面处，多年平均径流量22282万立方米，年调水量2930万立方米，仅占13.15%；该断面以上除生活用水为最大用水户外，基本无其它用水单位，河流本身水资源开发利用率约为20%左右。今年7月委托陕西省水环境检测中心延安分中心对刘家河、永宁、石门三个断面水质检测显示，除刘家河断面总氮超标倍数1.63外，其它两个断面总氮、硫酸盐、总硬度超标倍数在0.03-0.65之间，其他项目指标均在Ⅲ标准值或限值范围内。因此，综合考虑调出区与调入区水资源承载能力、流域（区域）间水资源分配的社会公平、投融资体制、水质、施工环境等因素，本着“先节水、后调水；先治污、后通水；先环保、后用水”的基本思想，将洛河流域的13%的水量，经41公里引水隧洞自流至安塞县高桥镇前徐清村附近的西川河干流（方案一）。如无不妥，建议启动引洛济延工程前期工作，并将该工程纳入延河综合治理重点项目或按PPP项目建设实施。

妥否，请示。

××市水务局

××××年×月×日

三、请示写作的基本要求

请示是下级机关与上级机关进行沟通的重要文种，为了规范下级机关报送请示的活动，党政机关公文处理工作条例及有关文件中提出了具体规定，在撰拟各类请示时都必须遵守：

1. 内容简明扼要。

2. 一文一事。

3. 原则上主送一个上级机关，根据需要同时抄送相关上级机关和同级机关，不抄送下级机关。

4. 受双重领导的机关向一个上级机关行文，必要时抄送另一个上级机关。

5. 党委、政府的部门向上级主管部门请示重大事项时，应当经本级党委、政府同意或者授权；属于部门职权范围内的事项应当直接报送上级主管部门。

6. 不得将请示事项夹带在报告等非请示性公文中报送。

7. 除上级机关负责人直接交办事项外，不得以本机关名义向上级机关负责人报送公文，不得以本机关负责人名义向上级机关报送公文。

8. 一般情况下只能报送给直接上级领导机关，不能越级请示。

9. 如果请示的工作涉及其他地区或者部门职权范围内的事项，起草单位必须征求相关地区或者部门意见，力求达成一致。

10. 向上级机关发出的请示应由本机关主要负责人签发，并在公文版头部分标注签发人姓名。

本节知识检查站：

一、请回答下列问题

1. 请求批准的请示和请求指示的请示有什么不同？

2. 撰写请示时，有哪些通行的要求？

二、请依据请示写作知识，对下面的请示作出客观评价或提出修改意见。

例文 1

××市发展和改革委员会
关于开展××市××加油站开展前期工作的请示

××发改委：

××市××加油站原位于 312 省道××地段，由于××镇政府实施××大道改造工程，需将本站拆迁，所在乡镇人口为 5.8 万人，为满足××镇周边地区春耕生产农机用油，申请建设××市××加油站，将该加油站新建于 312 省道××地段。现就该项目基本情况报告如下：

一、项目建设主体：××市××加油站。

二、项目建设地点：312 省道××地段。

三、项目建设规模内容：迁建加油站一座，用地总面积 2001.97 平方米，建筑总面积 585.04 平方米，埋地卧式油罐 3 个，加油机 4 台。

四、总投资和资金来源：项目总投资 280 万元，其中，建设资金 200 万元，铺底流动资金 80 万元，资金来源为自筹。

五、经济及社会效益：建成投产后，年销售收入 440 万元，利税 75 万元，可解决 5 人就业。

现随文上报项目相关材料（附件略），恳请贵委予以批复为盼！

××市发展和改革委员会

××××年×月×日

例文 2

××县水务局关于请求拨付城区闸站维修经费的请示

县政府：

××闸站、××河闸始建于上世纪八十年代，自运行以来，为县城区安全度汛发挥了重要作用。近年来，随着城市建设的加快，水情、工情发生了重大变化，城区两座闸站不仅承担防洪排涝任务，而且还长期负责城区河道排污，输水入城释清，改善城区河道水质的工作。由于这两座闸站长期在恶劣的工况下运行，且运行投入经费严重不足，致使机电设备老化、破损设备不能及时更换保养，工程效益衰减。为确保工程安全度汛，急需对8台机泵进行大修，更换电气开关柜，对闸站的供配电设备进行检测和更换，对操作室大修理，增设部分防护设施等项目，需维修费用15.5万元，恳请县政府能及时拨付。

以上请示，当否，请批示。

附件：排涝工程维修经费明细表

××县水务局

××××年×月×日

例文3

××局关于经费补助的请示

××区政府：

今年夏季，我局先后开展了××、××××等一系列任务，尤其是连续几个月周六、周日加班、夜间延时执法使办公费用不断加大，特恳请区政府拨付40万元，以弥补经费不足。

当否，请批示。

××局

××××年×月×日

例文4

××县人民政府关于产业集聚区基础设施建设工程建设项目有关问题的请示

县人民代表大会常务委员会：

根据国家新型城镇化建设发展相关方针政策和本县发展规划，加快本县产业集聚区建设步伐，提升产业集聚区综合竞争力。根据国务院关于加强地方政府性债务管理的意见（国发〔2014〕43号）和财政部关于印发《政府购买服务管理办法（暂行）》的通知（财综〔2014〕96号）相关规定和2015年1月1日起施行的最新《中华人民共和国预算法》相关规定，县政府计划政府购买服务方式确定××市政工程有限公司作为承接主体建设我县产业集聚区基础设施建设工程项目，承接主体负责项目融资、建设及运营工作。该市政工程有限公司向农业银行××分行申请融资，融资额为1.98亿元，项目总投资概算约4.3亿元，由我县财政统筹落实资本金缺口，保证项目建设，每年年初确保将项目当年的采购款明确列入当年财政预算计划并优先安排。

××县人民政府

××××年×月×日

例文5

关于选聘重点院校硕士研究生的请示

市人社局、市卫生计生委：

为增强医院发展核心竞争力，增加人才总量，优化人才结构，强化人才梯队建设。按照《实施优质医疗资源倍增工程人才引进办法》（××字〔2012〕××号）和《关于事业单位实施“××”计划的通知》（×人社字〔2016〕××号）文件精神，结合我院近年来品牌影响力不断提升、业务量不断增加、服务群体多元化等实际情况及发展需要，特申请选聘部分专业985、211工程院校和7年制本硕连读全日制硕士研究生，并为其办理编制。

妥否，请批示。

附件：重点院校硕士研究生选聘方案

（联系人：××　电话：××××）

××市××医院

××××年×月×日

第四节　报告的撰写

“报告”适用于向上级机关汇报工作、反映情况，回复上级机关的询问，所以有工作报告、情况报告、答复报告之分，另外，有时下级机关还会用报告向上级机关报送文件或物品，所以还有一种报送文件的报告。但是报送文件的报告以被报送的文件为主体，撰写相对简单，在此不作讲述。

一、工作报告的写作

工作报告是党政机关、企事业单位和其它各类社会组织按照有关规定，定期或不定期地向上级机关或法定对象汇报工作时使用的一种公文。每年国务院总理代表国务院在全国人民代表大会上所作政府工作报告，就是按照中华人民共和国宪法第九十二条规定（国务院对全国人民代表大会负责并报告工作；在全国人民代表大会闭会期间，对全国人民代表大会常务委员会负责并报告工作。）向全国人民代表大会汇报五年来的工作及下一阶段工作部署所做的工作报告。

工作报告按照内容有综合性工作报告和专项工作报告之分，也有年度工作报告和阶段性工作报告之分。但报告的框架基本相同，主要包括工作回顾（取得的成绩、存在的问题、经验教训）、下一步的工作目标和政策取向、具体工作任务三大部分。

例文 1

2019 年《政府工作报告》提纲[19]

一、2018 年工作回顾

1. 取得的成就

2. 开展的主要工作

---

[19] 中央人民政府网站：http：//www. gov. cn/guowuyuan/2019zfgzbg. htm

3. 取得成就的经验总结

4. 尚待解决的问题

二、2019年经济社会发展总体要求和政策取向

1. 总体要求

2. 国内外形势

3. 今年发展主要预期目标

4. 相关领域的政策取向

三、2019年政府工作任务

例文2

《国务院关于文化遗产工作情况的报告》提纲[20]

2017年12月23日在第十二届全国人民代表大会
常务委员会第三十一次会议上

一、我国文化遗产工作取得的成效

（一）加强立法、普法和执法，推动文化遗产工作在法治轨道上运行

（二）推进文化遗产资源普查，完善保护名录体系

（三）着力加大物质文化遗产保护力度，促进合理适度利用

（四）以保护传承的实践、能力、环境为着力点，不断提升非物质文化遗产工作水平见人见物见生活的工作理念逐步确立，相关保护工作机制不断健全。

（五）不断完善历史文化名城名镇名村和街区的保护机制，保护区域性历史风貌

（六）多措并举推动文化遗产的研究阐释和宣传普及，使优秀传统文化更加深入人心

（七）积极推动对外和对港澳台文化遗产交流合作，努力扩大

---

20 中国人大网：http：//www.npc.gov.cn/npc/× inwen/2017 - 12/23/content _ 2034497.htm

中华文化的凝聚力、影响力

（八）不断强化基础性工作，为文化遗产保护传承利用提供有力支撑

二、当前文化遗产工作面临的形势

（一）文化遗产工作面临着前所未有的机遇，具有良好的外部条件

（二）文化遗产工作面临着严峻的挑战

（三）文化遗产保护利用与传承发展工作存在的问题

三、下一步文化遗产工作安排

（一）加强组织领导，完善工作机制，充分发挥政府和社会两方面的作用，推动形成有利于文化遗产保护利用和传承发展的工作格局。

（二）切实加大文物保护力度，推进文物合理适度利用，使文物保护成果更多惠及人民群众，努力走出一条符合国情的文物保护利用之路。

（三）切实贯彻“见人见物见生活”的理念，以保护传承的能力建设为着力点，全面提高非物质文化遗产保护传承水平。

（四）加强法治教育和知识传播，创新宣传普及方式，提高全民保护意识，着力构建文化遗产可持续发展的良好生态。

（五）持续深化文化遗产对外和对港澳台交流合作，展示中华文化魅力，不断提高国家文化软实力和中华文化影响力。

（六）扎实推进政策法规、教育、科技等相关工作，进一步完善文化遗产支撑保障体系。

二、情况报告的写作

情况报告用于向上级反映工作中遇到的新情况、新问题，特别是突发事件、意外事故、特殊情况、倾向性问题等，以便于上级机关及时了解和获得据以决策的信息和材料。另外汇报个别问题的处理情况、反映正常工作秩序之外的社会动态、民情、社情等情况时，也使用该文种。

向上级反映情况，应该从上级工作的角度确定报告的内容。以突发

事故情况报告为例，一旦出现突发事故，上级机关只有准确了解下列情况，才能快速反应，做出正确部署：

第一，什么事故——哪里、什么时候、什么单位、发生了什么

第二，什么程度——人员和财物损失情况，事故波及范围

第三，什么原因——人为灾害还是自然灾害、怎么造成的、谁的责任

第四，现场情况——现场抢救指挥情况、救治措施

2009年国家安全生产监督管理总局发布的《生产安全事故信息报告和处置办法》第十条规定，报告事故信息，应当包括下列内容：

（1）事故发生单位的名称、地址、性质、产能等基本情况；

（2）事故发生的时间、地点以及事故现场情况；

（3）事故的简要经过（包括应急救援情况）；

（4）事故已经造成或者可能造成的伤亡人数（包括下落不明、涉险的人数）和初步估计的直接经济损失；

（5）已经采取的措施；

（6）其他应当报告的情况。

例文

××安监局关于××区“12·1”较大道路交通事故的情况报告[21]

2016年12月1日15时30分接××市公安交警支队书面报告：12月1日中午12时20分左右，××市端州区驾驶员×××（男，41岁）驾驶一辆牌号为粤H19200半挂牵引车（挂车号粤AB877挂）从××区南岸街道大桥路由北往南方向行驶过程中失控，在西环匝道路口先碰撞一辆同方向行驶的鄂S35581号牵引车，再驶至要南路蔚蓝国际路段，接连碰撞前方4辆小客车、2辆摩托车、1辆自行车后起火燃烧。经扑救，起火车辆于中午12：40许扑灭，事故造成3人受伤，已送往高要中医院救治，暂无生命危险。同时，还有

21　西江网（肇庆门户网站）http：//www. ×jrb. com/2016/1201/323064. shtml

3人被困于小汽车内，于14时左右被救出，经医生检查证实已死亡，死者身份正在核实中。

事故发生后，市交警支队，××区人民政府及消防、公安、120等有关部门立即到场处置，现事故现场救援工作已结束，交通恢复。

目前，事故原因正在进一步调查中。

三、答复报告的写作

答复报告用于答复上级机关的询问，上级机关的询问包括两类：一类是显性询问，即上级机关直接过问、询问的问题；另一类是隐性询问，即各种临时交办工作（如交有关部门办理的提案、议案、信访案件等），接到办理任务的机关应该认真办理，并及时将办理结果答复交办的上级机关，以便做到“件件有结果，事事有回音”）。答复上级机关询问或交办事项的报告，即答复报告。答复报告的撰写要点是问什么，答什么，答复明确、具体。

例文1

关于2016年省人大代表建议办理情况的报告[22]

——2016年9月26日在省十二届人大常委会第二十五次会议上

省人力资源和社会保障厅厅长 贺安杰

主任、各位副主任、秘书长、各位委员：

根据会议安排，现将2016年省人力资源和社会保障厅人大代表建办理工作情况报告如下：

一、代表建议办理情况

今年我厅共承办人大代表建议119件，其中主办47件、会办72件。人社部门是政府主要的民生工作部门，人大代表十分关注民生问题、关注人力资源社会保障工作，所提建议涉及我厅各项主要工作领域。在省人大常委会、省政府的监督、指导下，我厅加强统

---

[22] 湖南人大网：http：//www. hnrd. gov. cn/Info. asp×？ModelId＝1&Id＝10348

筹协调，强化跟踪督办，按照规定所有主、会办件已全部按期办复，代表对答复情况均表示满意或基本满意。47件主办件中，吸纳意见已经解决或基本解决的（A类）15件、占31.9%，列入工作计划正在解决或准备解决的（B类）12件、占25.6%，受法规政策等客观条件限制目前一时难以解决、留作参考的（C类）18件、占38.3%，所提建议目前只能向代表作出解释说明的（D类）2件，占4.2%。我们坚持把办理人大代表建议作为推动深化改革、推进重点工作、解决实际问题的契机，取得积极成效。一是强化了民生保障。根据谭永峰等代表关于加强就业创业方面的建议，我们坚持实施就业优先战略，健全完善了具有湖南特色的"1+3+×"新一轮更加积极就业创业政策，狠抓政策落实落地，今年来我省就业局势保持总体稳定，创新创业日趋活跃。预计到9月底，全省新增城镇就业63.5万人，新增创业主体27.6万人，城镇登记失业率保持在4.15%，低于4.5%的控制目标。根据彭子旋等代表提出的关于提高城乡居民基础养老金的建议，统筹考虑各项社会保障水平和我省财力，印发文件将城乡居民基础养老金最低标准从每月75元提高到80元。根据陈建教代表提出的关于确保农民工工资兑付的建议，结合当前我省农民工工资支付存在的问题，研究出台了《湖南省关于全面治理拖欠农民工工资问题的实施意见》、《湖南省建设领域农民工工资保证金管理试行办法》，进一步健全了农民工工资支付的制度保障，加强了源头治理和监管检查。国务院治理拖欠农民工工资督察组对我省保障农民工工资支付工作给予充分肯定。二是促进了深化改革。根据张运华等代表提出的关于社会保险制度改革方面的建议，结合国家和省里相关部署安排，我们大力推进机关事业单位养老保险制度改革，加快城乡居民医保制度整合。机关事业单位养老保险制度改革方面，出台了改革实施意见，印发了参保范围、缴费基数和统筹项目、养老金计发办法等配套文件，省本级和部分市州开始启动经办工作。城乡居民医保制度整合方面，出台了实施意见，印发了职能移交工作方案配套文件，召开了会议进行部署，各地正在稳步推进。根据李乐等代表关于职称评审方面的建议，按照国家部署安排，我们出台了我省中小学教师职称制度改革实施方案，年内还将出台改革完善基层卫生专业技术人员职称评审工作实施意见。在推进事业单位人事制度改革、加强我省人才工作等方面，也都充分吸纳人大代表提出的相关建议。三是降低了企业成本。根据魏岳林等代表关于降低社会保险费率的建议，结合国家要求和我省实际，出台《关于阶段性降低全省企业职工养老保险和失业保险费率的通知》等文件，先后降低失业、工伤、生育保险费率，阶段性降低企业职工养老保险费率，每年总计可为企业减负约27.4亿元。实施企业养老保险费率过渡试点，累计批准执行试点政策企业340家，每年减轻企业负担约2.77亿元。加大企业稳岗补贴政策落实力度，1~9月发放稳岗补贴5亿元，惠及1800余户企业、45万职工。

同时，对目前条件还不成熟的相关建议，我们列入相关工作内容，积极开展调查，主动向上请示，加强相关研究。如根据钟群英代表关于解决被征地农民社会保障的建议，结合省政府相关要求，我们组织开展了全省被征地农民社会保障专项调研，向省领导进行了专题报告，积极推动相关问题解决。根据肖红林代表关于国家机关定向招录残疾人公务员的建议，我们积极向国家公务员局请示，了解学习上海等地做法，联合省残联开展了相关调查摸底，会同卫生部门抓紧研究相关体检标准。

二、办理代表建议的主要做法

（一）健全工作机制，确保思想认识、组织领导、责任落实“三到位”。厅党组高度重视代表建议办理工作，作为落实依法治国、执政为民的具体体现，作为联系群众、改进工作的有效举措，作为自觉接受批评监督、实现科学民主决策重要途径，列入全厅中心工作。成立了由厅长任组长的建议提案办理工作领导小组，制定《办理工作规定》，明确了办理规程、工作要求，将办理工作纳入全厅年度绩效考核，实行量化考评。厅党组会、厅务会多次研究部署建议提案办理工作，分析建议内容、提出办理思路、明确责任分工。厅领导遴选5件重点建议，实行直接督办。

（二）保证办理质量，实施督查督办、跟踪落实、信息公开“三强化”。建立定期调度督办机制，厅党组多次集中督办，责任厅领导每月定期催办，建立建议提案办理承办人QQ群、微信群，实施即时督办。建立代表建议办理统一台账，采取见面座谈、走访调研、电话邮件等方式，所有建议均与代表进行充分沟通、听取意见。加强落实情况跟踪督查，特别是对B类建议，实行逐一跟踪，落实一件销号一件。去年我厅27件B类件，今年已经落实19件，正在落实中或已部分落实7件。同时，在厅门户网站特色专栏中开设了建议提案办理结果公开专栏，将答复意见集中全文公开，自觉接受代表委员和社会监督。

（三）助推事业发展，坚持与调查研究、与中心工作、与作风建设“三结合”。人大代表来自各阶层、各领域，反映的问题、提出的建议，代表了广大人民群众的呼声和诉求。我们把人大代表反映的问题和建议，纳入厅年度调研计划，针对重点热点问题，积极开展调查研究。将办理代表建议作为解决民生问题的现实依据、推动制度顶层设计的内在动力、服务全省经济社会发展大局的着力方向，积极推动人社工作重点难点问题的解决突破。将建议办理与机关作风建设相结合，与“两学一做”学习教育活动相结合，积极倡导“人社人，为人民”的工作理念，努力改进系统工作作风和提高服务水平。

三、下一步工作打算

面对人力资源社会保障工作改革发展的新形势、新任务，我们将坚持务实担当，把代表建议办理落实与认真履行职责相结合，进一步密切与代表的联系，持续加强跟踪督办，实现对建议办理的全程把握，切实保障相关建议落到实处。对能够解决、已出台相关政策文件的，抓好落地落实，切实取得实效，不断增强人民群众的获得感。对正在研究的相关问题，在推进工作中认真吸纳代表建议，力争尽早解决落实。对建议合理但短期难以解决的问题，切实纳入工作视野，持续加强跟踪研究。通过代表建议的办理，不断提高人社工作水平，不断改进系统工作作风。

主任、各位副主任、秘书长、各位委员，办理人大代表建议是政府部门的法定职责，我们将在省人大及其常委会的监督指导下，在各位代表的关心支持下，认真总结经验，不断改革创新，努力把建议办理工作提高到一个新水平。

以上报告，请予审议。

例文 2

关于×××××号交办件办理情况的报告[23]

××市环境保护督察整改工作领导小组办公室：

2018 年 6 月 23 日，我委收到关于中央第六环境保护督察组“回头看”转办的举报材料（省督转 212 号）×××××号交办件，已办结。现将具体办理情况简要报告如下（下文只保留标题，内容省略）：

转办编号×530000201806220020 的办理情况

（一）反映问题

（二）属实情况

（三）重复情况

（四）涉及国家级环保督察专项行动情况

（五）办结情况

（六）检查处理情况

（七）责任追究情况

附件：相关的督查工作照片

××市工业和信息化委员会

2018 年×月×日

本节知识检查站

一、请回答下列问题

1. 工作报告和情况报告有什么不同，在写作时侧重点分别是什么？

2. 结合应用文和公文写作要求，情况报告中的情况陈述应该注意哪些问题？

[23] 昆明市工业和信息化委员会网站：http：//g×w. km. gov. cn/c/2018－06－26/2621671. shtml

3. 下文属于哪种报告？请你对其提出修改建议。

关于对领导交办事项落实情况的汇报

××政府督查室：

根据市政府关于城区道路交通拥堵调研工作的部署，我局高度重视、立即行动，于3月13日召开专门会议，聘请市政设计院专家，并抽调局城建科、市政处、城建档案馆骨干力量，共15名同志组成专项工作小组，局主要领导抓总，分管领导担任组长。通过调阅资料、网上查询、现场摸底、实况航拍等多种形式，重点从路网硬件方面入手，进行原因分析和提出解决建议，形成了调研分析报告。

附件：城区路网建设及交通拥堵情况调研分析报告

××市住房和城乡建设局

××××年×月×日

4. 请指出下文在撰写中存在的问题

关于政协××市第×届委员会
第一次会议委员提案第××号答复的报告

市旅游局：

今年初国家旅游局办公室印发通知，确定2018年为“美丽中国—2018全域旅游年”，宣传口号为“新时代，新旅游，新获得”；“全域旅游，全新追求”。今年两会代表均就推进滁州市全域旅游发展提出了意见、建议。滁州市旅游业能够得到众多代表的关注，说明我们的旅游是大有前途、大有可为的。

针对提案所述，建议答复如下：

一、推动旅游业供给侧改革，主动出击促进旅游+农业、工业、体育、健康、文化、教育等产业发展，以产业为基础开发旅游业，以旅游业为活力带动产业发展。注重把控各县市区旅游发展动向，及时指导提示，避免区域间旅游发展过度同质化，鼓励创新发展，形成互补格局。鼓励引导各县市区培育1–2个各具特色的田园综合体项目，同一策划形成品牌。

二、协调各县市区加强旅游交通基础设施建设，打通景区最后一公里。在完善停车场、标识牌、无线网络覆盖等方面，加大扶持力度，强化考核机制。先行建立旅游数据信息平台，建立咨询服务体系和应急保障体系。

三、创新运营模式，重点是抓好创新人才培养，利用好旅游行业协会、导游行业协会、旅游高校等资源，培养、引进、发展一批旅游人才，提升旅游管理服务水平。从××市级层面组织开展具有规模、有影响力的旅游节庆活动和宣传营销活动，利用“5・19”中国旅游日，中国农民歌会等一些具有影响力的大型节庆活动做好旅游宣传推广。线上利用好微信、微博、头条、抖音等高人气网络平台做好旅游宣传，线下利用好户外广告、旅行社等展示窗口，做好旅游推广，提升旅游吸引力和影响力。组织搭建好××市旅游服务平台、智慧旅游平台，进一步强化我市智慧旅游体系建设，加强旅游宣传，提高智慧旅游产品使用效率，为游客提供方便快捷的旅游服务，为决策提供数据支撑。鼓励有条件地区建设旅游咨询服务中心、游客集散中心，在游客流量较大地区统一制定设立旅游电子屏。

二、延伸思考

1. 工作报告与总结是否相类似？

2. 报告写作中如何参考借鉴明托金字塔原理？

3. 网络上正在热传的职场工作 7 原则你认同吗，是否应该将它们融于公文写作工作？

- 汇报工作说结果
- 请示工作说方案
- 总结工作说流程
- 布置工作说标准
- 关心下级问过程
- 交接工作讲道德
- 回忆工作说感受

附录 1

党政机关公文处理工作条例

第一章　总则

第一条　为了适应中国共产党机关和国家行政机关（以下简称党政机关）工作需要，推进党政机关公文处理工作科学化、制度化、规范化，制定本条例。

第二条　本条例适用于各级党政机关公文处理工作。

第三条　党政机关公文是党政机关实施领导、履行职能、处理公务的具有特定效力和规范体式的文书，是传达贯彻党和国家的方针政策，公布法规和规章，指导、布置和商洽工作，请示和答复问题，报告、通报和交流情况等的重要工具。

第四条　公文处理工作是指公文拟制、办理、管理等一系列相互关联、衔接有序的工作。

第五条　公文处理工作应当坚持实事求是、准确规范、精简高效、安全保密的原则。

第六条　各级党政机关应当高度重视公文处理工作，加强组织领导，强化队伍建设，设立文秘部门或者由专人负责公文处理工作。

第七条　各级党政机关办公厅（室）主管本机关的公文处理工作，并对下级机关的公文处理工作进行业务指导和督促检查。

第二章　公文种类

第八条　公文种类主要有：

（一）决议。适用于会议讨论通过的重大决策事项。

（二）决定。适用于对重要事项作出决策和部署、奖惩有关单位和人员、变更或者撤销下级机关不适当的决定事项。

（三）命令（令）。适用于公布行政法规和规章、宣布施行重大强制性措施、批准授予和晋升衔级、嘉奖有关单位和人员。

（四）公报。适用于公布重要决定或者重大事项。

（五）公告。适用于向国内外宣布重要事项或者法定事项。

（六）通告。适用于在一定范围内公布应当遵守或者周知的事项。

（七）意见。适用于对重要问题提出见解和处理办法。

（八）通知。适用于发布、传达要求下级机关执行和有关单位周知或者执行的事项，批转、转发公文。

（九）通报。适用于表彰先进、批评错误、传达重要精神和告知重要情况。

（十）报告。适用于向上级机关汇报工作、反映情况，回复上级机关的询问。

（十一）请示。适用于向上级机关请求指示、批准。

（十二）批复。适用于答复下级机关请示事项。

（十三）议案。适用于各级人民政府按照法律程序向同级人民代表大会或者人民代表大会常务委员会提请审议事项。

（十四）函。适用于不相隶属机关之间商洽工作、询问和答复问题、请求批准和答复审批事项。

（十五）纪要。适用于记载会议主要情况和议定事项。

第三章 公文格式

第九条 公文一般由份号、密级和保密期限、紧急程度、发文机关标志、发文字号、签发人、标题、主送机关、正文、附件说明、发文机关署名、成文日期、印章、附注、附件、抄送机关、印发机关和印发日期、页码等组成。

（一）份号。公文印制份数的顺序号。涉密公文应当标注份号。

（二）密级和保密期限。公文的秘密等级和保密的期限。涉密公文应当根据涉密程度分别标注“绝密”“机密”“秘密”和保密期限。

（三）紧急程度。公文送达和办理的时限要求。根据紧急程度，紧急公文应当分别标注“特急”“加急”，电报应当分别标注“特提”“特急”“加急”“平急”。

（四）发文机关标志。由发文机关全称或者规范化简称加“文件”二字组成，也可以使用发文机关全称或者规范化简称。联合行文时，发文机关标志可以并用联合发文机关名称，也可以单独用主办机关名称。

（五）发文字号。由发文机关代字、年份、发文顺序号组成。联合行文时，使用主办机关的发文字号。

（六）签发人。上行文应当标注签发人姓名。

（七）标题。由发文机关名称、事由和文种组成。

（八）主送机关。公文的主要受理机关，应当使用机关全称、规范化简称或者同类型机关统称。

（九）正文。公文的主体，用来表述公文的内容。

（十）附件说明。公文附件的顺序号和名称。

（十一）发文机关署名。署发文机关全称或者规范化简称。

（十二）成文日期。署会议通过或者发文机关负责人签发的日期。联合行文时，署最后签发机关负责人签发的日期。

（十三）印章。公文中有发文机关署名的，应当加盖发文机关印章，并与署名机关相符。有特定发文机关标志的普发性公文和电报可以不加盖印章。

（十四）附注。公文印发传达范围等需要说明的事项。

（十五）附件。公文正文的说明、补充或者参考资料。

（十六）抄送机关。除主送机关外需要执行或者知晓公文内容的其他机关，应当使用机关全称、规范化简称或者同类型机关统称。

（十七）印发机关和印发日期。公文的送印机关和送印日期。

（十八）页码。公文页数顺序号。

第十条 公文的版式按照《党政机关公文格式》国家标准执行。

第十一条 公文使用的汉字、数字、外文字符、计量单位和标点符号等，按照有关国家标准和规定执行。民族自治地方的公文，可以并用汉字和当地通用的少数民族文字。

第十二条 公文用纸幅面采用国际标准 A4 型。特殊形式的公文用纸幅面，根据实际需要确定。

第四章 行文规则

第十三条 行文应当确有必要，讲求实效，注重针对性和可操作性。

第十四条 行文关系根据隶属关系和职权范围确定。一般不得越级行文，特殊情况需要越级行文的，应当同时抄送被越过的机关。

第十五条 向上级机关行文，应当遵循以下规则：

（一）原则上主送一个上级机关，根据需要同时抄送相关上级机关和同级机关，不抄送下级机关。

（二）党委、政府的部门向上级主管部门请示、报告重大事项，应当经本级党委、政府同意或者授权；属于部门职权范围内的事项应当直接报送上级主管部门。

（三）下级机关的请示事项，如需以本机关名义向上级机关请示，应当提出倾向性意见后上报，不得原文转报上级机关。

（四）请示应当一文一事。不得在报告等非请示性公文中夹带请示事项。

（五）除上级机关负责人直接交办事项外，不得以本机关名义向上级机关负责人报送公文，不得以本机关负责人名义向上级机关报送公文。

（六）受双重领导的机关向一个上级机关行文，必要时抄送另一个上级机关。

第十六条 向下级机关行文，应当遵循以下规则：

（一）主送受理机关，根据需要抄送相关机关。重要行文应当同时抄送发文机关的直接上级机关。

（二）党委、政府的办公厅（室）根据本级党委、政府授权，可以向下级党委、政府行文，其他部门和单位不得向下级党委、政府发布指令性公文或者在公文中向下级党委、政府提出指令性要求。需经政府审批的具体事项，经政府同意后可以由政府职能部门行文，文中须注明已经政府同意。

（三）党委、政府的部门在各自职权范围内可以向下级党委、政府的相关部门行文。

（四）涉及多个部门职权范围内的事务，部门之间未协商一致的，不得向下行文；擅自行文的，上级机关应当责令其纠正或者撤销。

（五）上级机关向受双重领导的下级机关行文，必要时抄送该下级机关的另一个上级机关。

第十七条 同级党政机关、党政机关与其他同级机关必要时可以联合行文。属于党委、政府各自职权范围内的工作，不得联合行文。

党委、政府的部门依据职权可以相互行文。

部门内设机构除办公厅（室）外不得对外正式行文。

第五章　公文拟制

第十八条　公文拟制包括公文的起草、审核、签发等程序。

第十九条　公文起草应当做到：

（一）符合党的理论路线方针政策和国家法律法规，完整准确体现发文机关意图，并同现行有关公文相衔接。

（二）一切从实际出发，分析问题实事求是，所提政策措施和办法切实可行。

（三）内容简洁，主题突出，观点鲜明，结构严谨，表述准确，文字精练。

（四）文种正确，格式规范。

（五）深入调查研究，充分进行论证，广泛听取意见。

（六）公文涉及其他地区或者部门职权范围内的事项，起草单位必须征求相关地区或者部门意见，力求达成一致。

（七）机关负责人应当主持、指导重要公文起草工作。

第二十条　公文文稿签发前，应当由发文机关办公厅（室）进行审核。审核的重点是：

（一）行文理由是否充分，行文依据是否准确。

（二）内容是否符合党的理论路线方针政策和国家法律法规；是否完整准确体现发文机关意图；是否同现行有关公文相衔接；所提政策措施和办法是否切实可行。

（三）涉及有关地区或者部门职权范围内的事项是否经过充分协商并达成一致意见。

（四）文种是否正确，格式是否规范；人名、地名、时间、数字、段落顺序、引文等是否准确；文字、数字、计量单位和标点符号等用法是否规范。

（五）其他内容是否符合公文起草的有关要求。

需要发文机关审议的重要公文文稿，审议前由发文机关办公厅（室）进行初核。

第二十一条　经审核不宜发文的公文文稿，应当退回起草单位并说明理由；符合发文条件但内容需作进一步研究和修改的，由起草单位修改后重新报送。

第二十二条 公文应当经本机关负责人审批签发。重要公文和上行文由机关主要负责人签发。党委、政府的办公厅（室）根据党委、政府授权制发的公文，由受权机关主要负责人签发或者按照有关规定签发。签发人签发公文，应当签署意见、姓名和完整日期；圈阅或者签名的，视为同意。联合发文由所有联署机关的负责人会签。

第六章 公文办理

第二十三条 公文办理包括收文办理、发文办理和整理归档。

第二十四条 收文办理主要程序是：

（一）签收。对收到的公文应当逐件清点，核对无误后签字或者盖章，并注明签收时间。

（二）登记。对公文的主要信息和办理情况应当详细记载。

（三）初审。对收到的公文应当进行初审。初审的重点是：是否应当由本机关办理，是否符合行文规则，文种、格式是否符合要求，涉及其他地区或者部门职权范围内的事项是否已经协商、会签，是否符合公文起草的其他要求。经初审不符合规定的公文，应当及时退回来文单位并说明理由。

（四）承办。阅知性公文应当根据公文内容、要求和工作需要确定范围后分送。批办性公文应当提出拟办意见报本机关负责人批示或者转有关部门办理；需要两个以上部门办理的，应当明确主办部门。紧急公文应当明确办理时限。承办部门对交办的公文应当及时办理，有明确办理时限要求的应当在规定时限内办理完毕。

（五）传阅。根据领导批示和工作需要将公文及时送传阅对象阅知或者批示。办理公文传阅应当随时掌握公文去向，不得漏传、误传、延误。

（六）催办。及时了解掌握公文的办理进展情况，督促承办部门按期办结。紧急公文或者重要公文应当由专人负责催办。

（七）答复。公文的办理结果应当及时答复来文单位，并根据需要告知相关单位。

第二十五条 发文办理主要程序是：

（一）复核。已经发文机关负责人签批的公文，印发前应当对公文的审批手续、内容、文种、格式等进行复核；需作实质性修改的，应当报原签批人复审。

(二) 登记。对复核后的公文，应当确定发文字号、分送范围和印制份数并详细记载。

(三) 印制。公文印制必须确保质量和时效。涉密公文应当在符合保密要求的场所印制。

(四) 核发。公文印制完毕，应当对公文的文字、格式和印刷质量进行检查后分发。

第二十六条 涉密公文应当通过机要交通、邮政机要通信、城市机要文件交换站或者收发件机关机要收发人员进行传递，通过密码电报或者符合国家保密规定的计算机信息系统进行传输。

第二十七条 需要归档的公文及有关材料，应当根据有关档案法律法规以及机关档案管理规定，及时收集齐全、整理归档。两个以上机关联合办理的公文，原件由主办机关归档，相关机关保存复制件。机关负责人兼任其他机关职务的，在履行所兼职务过程中形成的公文，由其兼职机关归档。

第七章　公文管理

第二十八条 各级党政机关应当建立健全本机关公文管理制度，确保管理严格规范，充分发挥公文效用。

第二十九条 党政机关公文由文秘部门或者专人统一管理。设立党委（党组）的县级以上单位应当建立机要保密室和机要阅文室，并按照有关保密规定配备工作人员和必要的安全保密设施设备。

第三十条 公文确定密级前，应当按照拟定的密级先行采取保密措施。确定密级后，应当按照所定密级严格管理。绝密级公文应当由专人管理。

公文的密级需要变更或者解除的，由原确定密级的机关或者其上级机关决定。

第三十一条 公文的印发传达范围应当按照发文机关的要求执行；需要变更的，应当经发文机关批准。

涉密公文公开发布前应当履行解密程序。公开发布的时间、形式和渠道，由发文机关确定。

经批准公开发布的公文，同发文机关正式印发的公文具有同等效力。

第三十二条 复制、汇编机密级、秘密级公文，应当符合有关规定并经本机关负责人批准。绝密级公文一般不得复制、汇编，确有工作需要的，应当经发文机关或者其上级机关批准。复制、汇编的公文视同原件管理。

复制件应当加盖复制机关戳记。翻印件应当注明翻印的机关名称、日期。汇编本的密级按照编入公文的最高密级标注。

第三十三条 公文的撤销和废止，由发文机关、上级机关或者权力机关根据职权范围和有关法律法规决定。公文被撤销的，视为自始无效；公文被废止的，视为自废止之日起失效。

第三十四条 涉密公文应当按照发文机关的要求和有关规定进行清退或者销毁。

第三十五条 不具备归档和保存价值的公文，经批准后可以销毁。销毁涉密公文必须严格按照有关规定履行审批登记手续，确保不丢失、不漏销。个人不得私自销毁、留存涉密公文。

第三十六条 机关合并时，全部公文应当随之合并管理；机关撤销时，需要归档的公文经整理后按照有关规定移交档案管理部门。

工作人员离岗离职时，所在机关应当督促其将暂存、借用的公文按照有关规定移交、清退。

第三十七条 新设立的机关应当向本级党委、政府的办公厅（室）提出发文立户申请。经审查符合条件的，列为发文单位，机关合并或者撤销时，相应进行调整。

第八章 附 则

第三十八条 党政机关公文含电子公文。电子公文处理工作的具体办法另行制定。

第三十九条 法规、规章方面的公文，依照有关规定处理。外事方面的公文，依照外事主管部门的有关规定处理。

第四十条 其他机关和单位的公文处理工作，可以参照本条例执行。

第四十一条 本条例由中共中央办公厅、国务院办公厅负责解释。

第四十二条 本条例自2012年7月1日起施行。1996年5月3日中共中央办公厅发布的《中国共产党机关公文处理条例》和2000年8月24日国务院发布的《国家行政机关公文处理办法》停止执行。

附录2

GB/T 9704—2012 党政机关公文格式

1 范围

本标准规定了党政机关公文通用的纸张要求、排版和印制装订要求、公文格式各要素的编排规则，并给出了公文的式样。

本标准适用于各级党政机关制发的公文。其他机关和单位的公文可以参照执行。

使用少数民族文字印制的公文，其用纸、幅面尺寸及版面、印制等要求按照本标准执行，其余可以参照本标准并按照有关规定执行。

2 规范性引用文件

下列文件对于本标准的应用是必不可少的。凡是注日期的引用文件，仅所注日期的版本适用于本标准。凡是不注日期的引用文件，其最新版本（包括所有的修改单）适用于本标准。

GB/T 148 印刷、书写和绘图纸幅面尺寸

GB 3100 国际单位制及其应用

GB 3101 有关量、单位和符号的一般原则

GB 3102（所有部分）量和单位

GB/T 15834 标点符号用法

GB/T 15835 出版物上数字用法

3 术语和定义

下列术语和定义适用于本标准。

3.1

字 word

标示公文中横向距离的长度单位。在本标准中，一字指一个汉字宽度的距离。

3.2

行 line

标示公文中纵向距离的长度单位。在本标准中，一行指一个汉字的高度加3号汉字高度的7/8的距离。

4 公文用纸主要技术指标

公文用纸一般使用纸张定量为60 g/m^2~80 g/m^{2}的胶版印刷纸或复印纸。纸张白度80%~90%，横向耐折度≥15次，不透明度≥85%，pH值为7.5~9.5。

5 公文用纸幅面尺寸及版面要求

5.1 幅面尺寸

公文用纸采用GB/T 148中规定的A4型纸，其成品幅面尺寸为：210 mm×297mm。

GB/T 9704—2012

5.2 版面

5.2.1 页边与版心尺寸

公文用纸天头（上白边）为37 mm±1 mm，公文用纸订口（左白边）为28 mm±1 mm，版心尺寸为156 mm×225 mm。

5.2.2 字体和字号

如无特殊说明，公文格式各要素一般用3号仿宋体字。特定情况可以作适当调整。

5.2.3 行数和字数

一般每面排22行，每行排28个字，并撑满版心。特定情况可以作适当调整。

5.2.4 文字的颜色

如无特殊说明，公文中文字的颜色均为黑色。

6 印制装订要求

6.1 制版要求

版面干净无底灰，字迹清楚无断划，尺寸标准，版心不斜，误差不超过1 mm。

6.2 印刷要求

双面印刷；页码套正，两面误差不超过2 mm。黑色油墨应当达到色谱所标 BL100%，红色油墨应当达到色谱所标 Y80%、M80%。印品着墨实、均匀；字面不花、不白、无断划。

6.3 装订要求

公文应当左侧装订，不掉页，两页页码之间误差不超过 4 mm，裁切后的成品尺寸允许误差±2 mm，四角成 90°，无毛茬或缺损。

骑马订或平订的公文应当：

a）订位为两钉外订眼距版面上下边缘各 70 mm 处，允许误差±4mm；

b）无坏钉、漏钉、重钉，钉脚平伏牢固；

c）骑马订钉锯均订在折缝线上，平订钉锯与书脊间的距离为 3 mm~5 mm。

包本装订公文的封皮（封面、书脊、封底）与书芯应吻合、包紧、包平、不脱落。

7 公文格式各要素编排规则

7.1 公文格式各要素的划分

本标准将版心内的公文格式各要素划分为版头、主体、版记三部分。公文首页红色分隔线以上的部分称为版头；公文首页红色分隔线（不含）以下、公文末页首条分隔线（不含）以上的部分称为主体；公文末页首条分隔线以下、末条分隔线以上的部分称为版记。

页码位于版心外。

7.2 版头

7.2.1 份号

如需标注份号，一般用 6 位 3 号阿拉伯数字，顶格编排在版心左上角第一行。

7.2.2 密级和保密期限

如需标注密级和保密期限，一般用 3 号黑体字，顶格编排在版心左上角第二行；保密期限中的数字用阿拉伯数字标注。

7.2.3 紧急程度

如需标注紧急程度，一般用 3 号黑体字，顶格编排在版心左上角；如需同时标注份号、密级和保密期限、紧急程度，按照份号、密级和保密期限、紧急程度的顺序自上而下分行排列。

7.2.4　发文机关标志

由发文机关全称或者规范化简称加“文件”二字组成，也可以使用发文机关全称或者规范化简称。

发文机关标志居中排布，上边缘至版心上边缘为 35 mm，推荐使用小标宋体字，颜色为红色，以醒目、美观、庄重为原则。

联合行文时，如需同时标注联署发文机关名称，一般应当将主办机关名称排列在前；如有“文件”二字，应当置于发文机关名称右侧，以联署发文机关名称为准上下居中排布。

7.2.5　发文字号

编排在发文机关标志下空二行位置，居中排布。年份、发文顺序号用阿拉伯数字标注；年份应标全称，用六角括号“〔 〕”括入；发文顺序号不加“第”字，不编虚位（即 1 不编为 01），在阿拉伯数字后加“号”字。

上行文的发文字号居左空一字编排，与最后一个签发人姓名处在同一行。

7.2.6　签发人

由“签发人”三字加全角冒号和签发人姓名组成，居右空一字，编排在发文机关标志下空二行位置。“签发人”三字用 3 号仿宋体字，签发人姓名用 3 号楷体字。

如有多个签发人，签发人姓名按照发文机关的排列顺序从左到右、自上而下依次均匀编排，一般每行排两个姓名，回行时与上一行第一个签发人姓名对齐。

7.2.7　版头中的分隔线

发文字号之下 4 mm 处居中印一条与版心等宽的红色分隔线。

7.3　**主体**

7.3.1　标题

一般用 2 号小标宋体字，编排于红色分隔线下空二行位置，分一行或多行居中排布；回行时，要做到词意完整，排列对称，长短适宜，间距恰当，标题排列应当使用梯形或菱形。

GB/T 9704—2012

7.3.2　主送机关

编排于标题下空一行位置，居左顶格，回行时仍顶格，最后一个机关名称后标全角冒号。如主送机关名称过多导致公文首页不能显示正文时，应当将主送机关名称移至版记，标注方法见 7.4.2。

7.3.3. 正文

公文首页必须显示正文。一般用 3 号仿宋体字，编排于主送机关名称下一行，每个自然段左空二字，回行顶格。文中结构层次序数依次可以用“一、”“（一）”“1.”“（1）”标注；一般第一层用黑体字、第二层用楷体字、第三层和第四层用仿宋体字标注。

7.3.4 附件说明

如有附件，在正文下空一行左空二字编排“附件”二字，后标全角冒号和附件名称。如有多个附件，使用阿拉伯数字标注附件顺序号（如“附件：1. ×××××”）；附件名称后不加标点符号。附件名称较长需回行时，应当与上一行附件名称的首字对齐。

7.3.5 发文机关署名、成文日期和印章

7.3.5.1 加盖印章的公文

成文日期一般右空四字编排，印章用红色，不得出现空白印章。

单一机关行文时，一般在成文日期之上、以成文日期为准居中编排发文机关署名，印章端正、居中下压发文机关署名和成文日期，使发文机关署名和成文日期居印章中心偏下位置，印章顶端应当上距正文（或附件说明）一行之内。

联合行文时，一般将各发文机关署名按照发文机关顺序整齐排列在相应位置，并将印章一一对应、端正、居中下压发文机关署名，最后一个印章端正、居中下压发文机关署名和成文日期，印章之间排列整齐、互不相交或相切，每排印章两端不得超出版心，首排印章顶端应当上距正文（或附件说明）一行之内。

7.3.5.2 不加盖印章的公文

单一机关行文时，在正文（或附件说明）下空一行右空二字编排发文机关署名，在发文机关署名下一行编排成文日期，首字比发文机关署名首字右移二字，如成文日期长于发文机关署名，应当使成文日期右空二字编排，并相应增加发文机关署名右空字数。

联合行文时，应当先编排主办机关署名，其余发文机关署名依次向下编排。

7.3.5.3 加盖签发人签名章的公文单一机关制发的公文加盖签发人签名章

时，在正文（或附件说明）下空二行右空四字加盖签发人签名章，签名章左空二字标注签发人职务，以签名章为准上下居中排布。在签发人签名章下空一行右空四字编排成文日期。

联合行文时，应当先编排主办机关签发人职务、签名章，其余机关签发人职务、签名章依次向下编排，与主办机关签发人职务、签名章上下对齐；每行只编排一个机关的签发人职务、签名章；签发人职务应当标注全称。

签名章一般用红色。

7.3.5.4　成文日期中的数字

用阿拉伯数字将年、月、日标全，年份应标全称，月、日不编虚位（即 1 不编为 01）。

7.3.5.5　特殊情况说明

当公文排版后所剩空白处不能容下印章或签发人签名章、成文日期时，可以采取调整行距、字距的措施解决。

7.3.6　附注

如有附注，居左空二字加圆括号编排在成文日期下一行。

7.3.7　附件

附件应当另面编排，并在版记之前，与公文正文一起装订。“附件”二字及附件顺序号用 3 号黑体字顶格编排在版心左上角第一行。附件标题居中编排在版心第三行。附件顺序号和附件标题应当与附件说明的表述一致。附件格式要求同正文。

如附件与正文不能一起装订，应当在附件左上角第一行顶格编排公文的发文字号并在其后标注“附件”二字及附件顺序号。

7.4　版记

7.4.1　版记中的分隔线

版记中的分隔线与版心等宽，首条分隔线和末条分隔线用粗线（推荐高度为 0.35 mm），中间的分隔线用细线（推荐高度为 0.25 mm）。首条分隔线位于版记中第一个要素之上，末条分隔线与公文最后一面的版心下边缘重合。

7.4.2　抄送机关

如有抄送机关，一般用 4 号仿宋体字，在印发机关和印发日期之上一行、左右各空一字编排。“抄送”二字后加全角冒号和抄送机关名称，回行时与冒号后的首字对齐，最后一个抄送机关名称后标句号。

如需把主送机关移至版记，除将“抄送”二字改为“主送”外，编排方法同抄送机关。既有主送机关又有抄送机关时，应当将主送机关置于抄送机关之上一行，之间不加分隔线。

7.4.3　印发机关和印发日期

印发机关和印发日期一般用 4 号仿宋体字，编排在末条分隔线之上，印发机关左空一字，印发日期右空一字，用阿拉伯数字将年、月、日标全，年份应标全称，月、日不编虚位（即 1 不编为 01），后加“印发”二字。

版记中如有其他要素，应当将其与印发机关和印发日期用一条细分隔线隔开。

7.5　**页码**

一般用 4 号半角宋体阿拉伯数字，编排在公文版心下边缘之下，数字左右各放一条一字线；一字线上距版心下边缘 7 mm。单页码居右空一字，双页码居左空一字。公文的版记页前有空白页的，空白页和版记页均不编排页码。公文的附件与正文一起装订时，页码应当连续编排。

8　公文中的横排表格

A4 纸型的表格横排时，页码位置与公文其他页码保持一致，单页码表头在订口一边，双页码表头在切口一边。

9　公文中计量单位、标点符号和数字的用法

公文中计量单位的用法应当符合 GB 3100、GB 3101 和 GB 3102（所有部分），标点符号的用法应当符合 GB/T 15834，数字用法应当符合 GB/T 15835。

10　公文的特定格式

10.1　信函格式

发文机关标志使用发文机关全称或者规范化简称，居中排布，上边缘至上页边为 30 mm，推荐使用红色小标宋体字。联合行文时，使用主办机关标志。

发文机关标志下 4 mm 处印一条红色双线（上粗下细），距下页边 20 mm 处印一条红色双线（上细下粗），线长均为 170 mm，居中排布。

如需标注份号、密级和保密期限、紧急程度，应当顶格居版心左边缘

编排在第一条红色双线下，按照份号、密级和保密期限、紧急程度的顺序自上而下分行排列，第一个要素与该线的距离为3号汉字高度的7/8。

发文字号顶格居版心右边缘编排在第一条红色双线下，与该线的距离为3号汉字高度的7/8。

标题居中编排，与其上最后一个要素相距二行。

第二条红色双线上一行如有文字，与该线的距离为3号汉字高度的7/8。

首页不显示页码。

版记不加印发机关和印发日期、分隔线，位于公文最后一面版心内最下方。

10.2 命令（令）格式

发文机关标志由发文机关全称加“命令”或“令”字组成，居中排布，上边缘至版心上边缘为20 mm，推荐使用红色小标宋体字。

发文机关标志下空二行居中编排令号，令号下空二行编排正文。

签发人职务、签名章和成文日期的编排见7.3.5.3。

10.3 纪要格式

纪要标志由“×××××纪要”组成，居中排布，上边缘至版心上边缘为35 mm，推荐使用红色小标宋体字。

标注出席人员名单，一般用3号黑体字，在正文或附件说明下空一行左空二字编排“出席”二字，后标全角冒号，冒号后用3号仿宋体字标注出席人单位、姓名，回行时与冒号后的首字对齐。

标注请假和列席人员名单，除依次另起一行并将“出席”二字改为“请假”或“列席”外，编排方法同出席人员名单。

纪要格式可以根据实际制定。

11 式样

A4型公文用纸页边及版心尺寸见图1；公文首页版式见图2；联合行文公文首页版式1见图3；联合行文公文首页版式2见图4；公文末页版式1见图5；公文末页版式2见图6；联合行文公文末页版式1见图7；联合行文公文末页版式2见图8；附件说明页版式见图9；带附件公文末页版式见图10；信函格式首页版式见图11；命令（令）格式首页版式见图12。

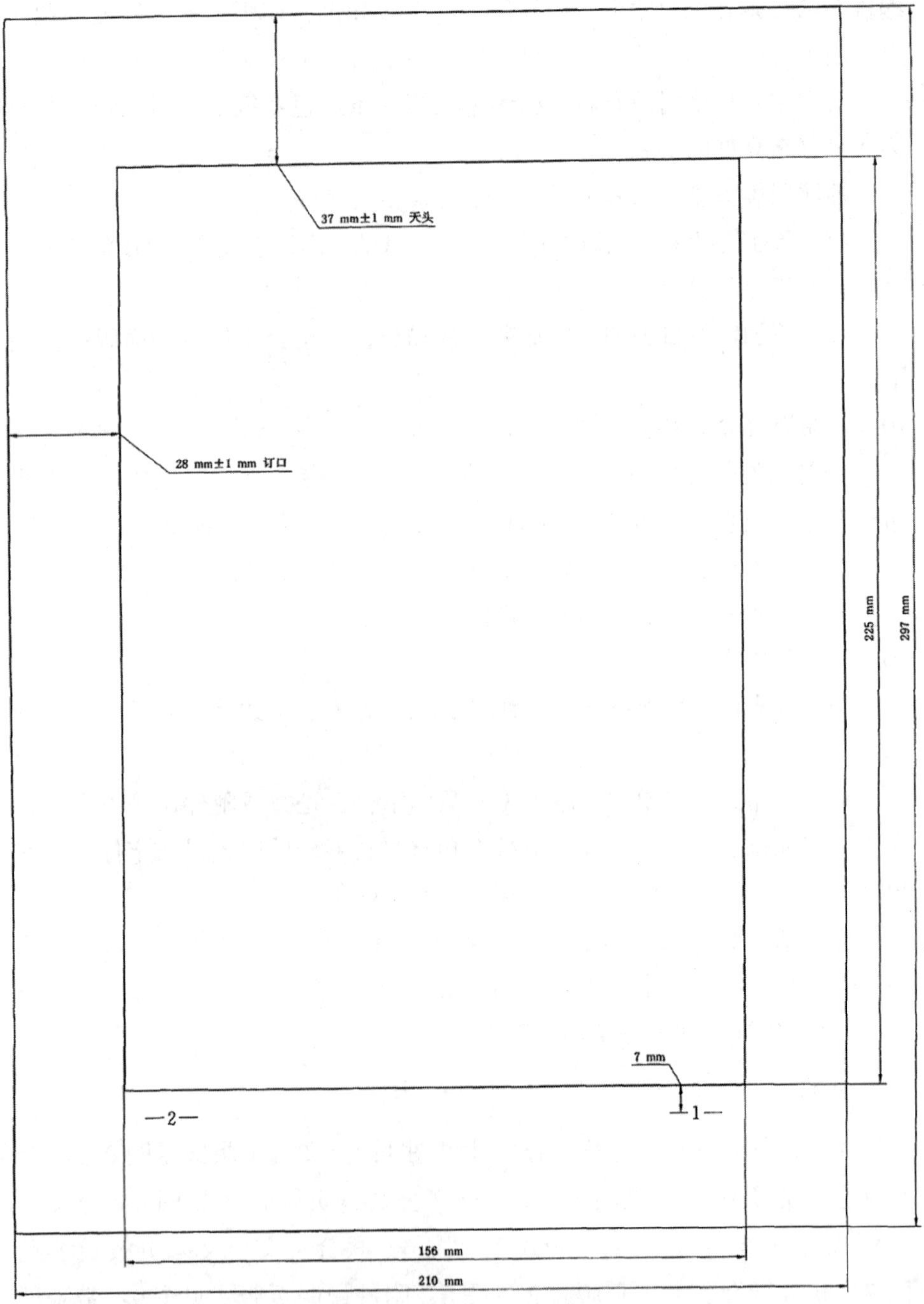

附图 1　A4 型公文用纸页边及版心尺寸

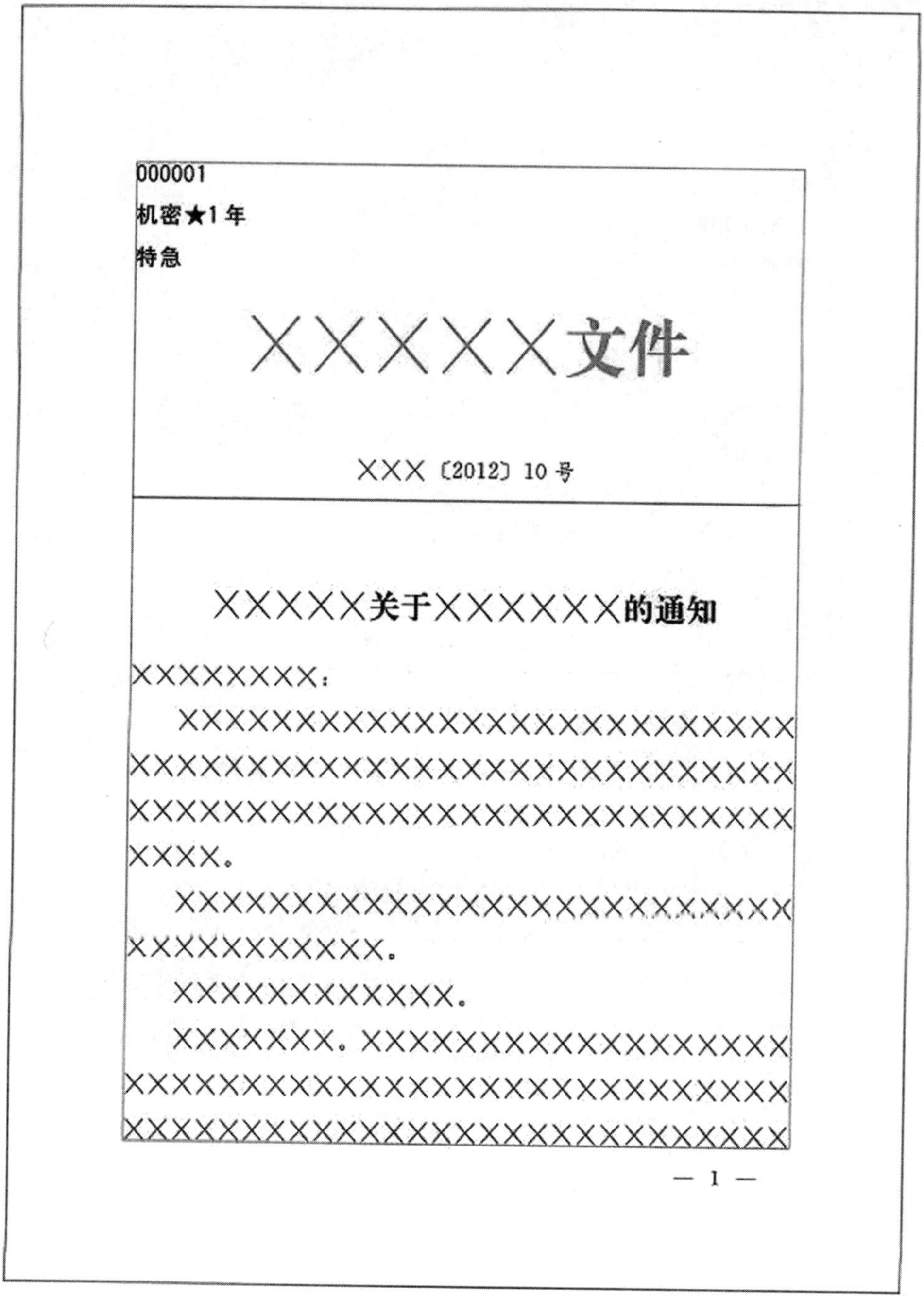

000001

机密★1 年

特急

××××××文件

×××〔2012〕10 号

×××××关于××××××的通知

××××××××：

××××××××××××××××××××××××××
××××××××××××××××××××××××××××
××××××××××××××××××××××××××××
××××。

××××××××××××××××××××××××××
×××××××××××。

×××××××××××××。

×××××××。××××××××××××××××××
××××××××××××××××××××××××××××
××××××××××××××××××××××××××××

— 1 —

附图 2　公文首页版式

注：版心实线框仅为示意，在印制公文时并不印出。

000001

机密★1年

特急

XXXXXX
X　X　X 文件
XXXXXX

XXX〔2012〕10号

XXXXXX关于XXXXXXXX的通知

XXXXXXXX：

XXXXXXXXXXXXXXXXXXXXXXXXX。

XXXXXXXXXXXXXXXXXXXXXXXXXXXXXXXXXXXXXXXXXXXXXXXXXXXXXXXXXXXXXXXXXXXXXXXXXXXXXXXXXXXXXXXXXXX。

XXXXXXXXXXXXXXXXXXXXXXXXXXX

— 1 —

附图3　联合行文公文首页版式1

注：版心实线框仅为示意，在印制公文时并不印出。

000001

机 密

特 急

××××××
×　×　×
××××××

签发人：×××　×××

×××〔2012〕10 号　　　　　　×××

××××××关于×××××××的请示

××××××××：

××。

×××××××××××××××××××××××××

— 1 —

附图 4　**联合行文公文首页版式 2**

注：版心实线框仅为示意，在印制公文时并不印出。

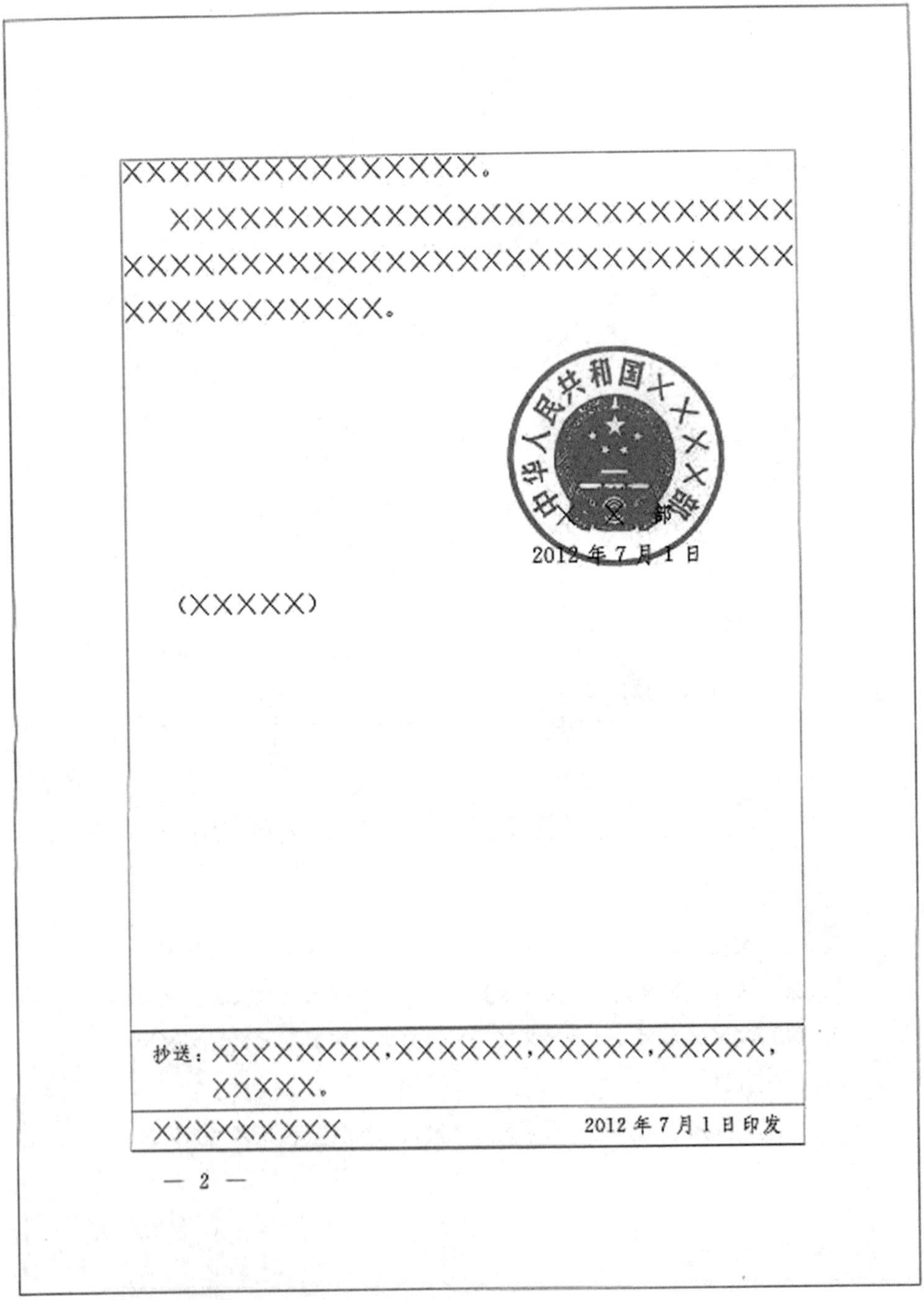

XXXXXXXXXXXXXXXX。

XXXXXXXXXXXXXXXXXXXXXXXXXXXXXXXXXXXXXXXXXXXXXXXXXXXXXXXXXXXXXX。

中华人民共和国××××部

2012年7月1日

（XXXXX）

抄送：XXXXXXXX，XXXXXX，XXXXX，XXXXX，XXXXX。

XXXXXXXXX　　2012年7月1日印发

— 2 —

附图5　公文末页版式1

注：版心实线框仅为示意，在印制公文时并不印出。

XXXXXXXXXXXXXXXX。

XXXXXXXXXXXXXXXXXXXXXXXXXXXXXXXXXXXXXXXXXXXXXXXXXXXXXXXXX。

XXXXXXXXXXXX

2012 年 7 月 1 日

（XXXXX）

抄送：XXXXXXXX，XXXXXX，XXXXX，XXXXX，XXXXX。

XXXXXXXXX　　2012 年 7 月 1 日印发

— 2 —

附图 6　公文末页版式 2

注：版心实线框仅为示意，在印制公文时并不印出。

××××××××××××××××。

××。

2012年7月1日

（×××××）

抄送：××××××××，××××××，×××××，×××××，×××××。

×××××××××　　2012年7月1日印发

— 2 —

附图7　联合行文公文末页版式1

注：版心实线框仅为示意，在印制公文时并不印出。

XXXXXXXXXXXXXXXX。

XXXXXXXXXXXXXXXXXXXXXXXXXXXXXXXXXXXXXXXXXXXXXXXXXXXXXXXXXXXXXX。

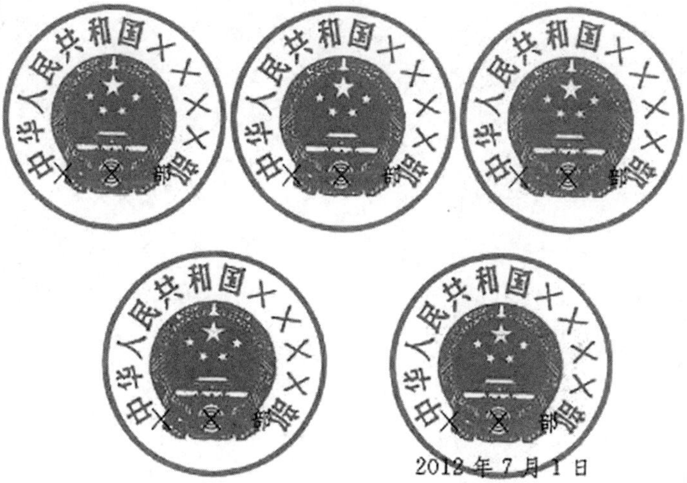

2012 年 7 月 1 日

（XXXXX）

抄送：XXXXXXXX，XXXXXX，XXXXX，XXXXX，XXXXX。

XXXXXXXXXX　　2012 年 7 月 1 日印发

— 2 —

附图 8　联合行文公文末页版式 2

注：版心实线框仅为示意，在印制公文时并不印出。

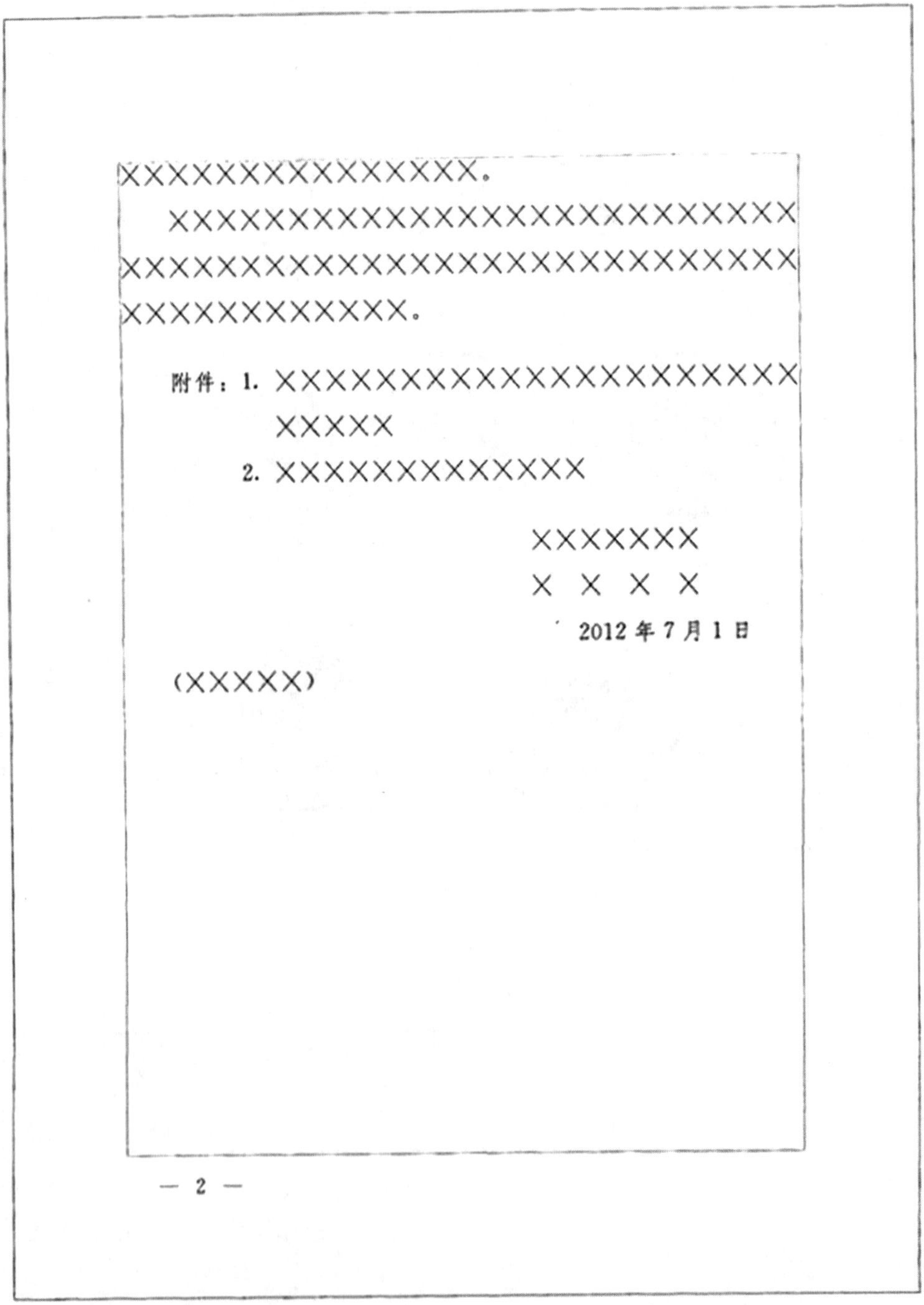

XXXXXXXXXXXXXXX。

XXXXXXXXXXXXXXXXXXXXXXXXXXX
XXXXXXXXXXXXXXXXXXXXXXXXXXXXX
XXXXXXXXXXXX。

附件：1. XXXXXXXXXXXXXXXXXXXXXX
XXXXX
2. XXXXXXXXXXXXX

XXXXXXX
X X X X
2012 年 7 月 1 日

（XXXXX）

— 2 —

附图 9　附件说明页版式

注：版心实线框仅为示意，在印制公文时并不印出。

附件 2

XXXXXXXXXXXXX

　　XXXXXXXXXXXXXXXXXXXXXXXXXX
XXXXXXXXXXXXXXXXXXXXXXXXXXXX
XXX。

　　XXXXXXXXXXXXXXXXXXXXXXXXXX
XXXXXXXXXXXXXXXXXXXXXXXXXXXX
XXXXXXXXXXXXXXXXXXXXXXXXXXXX
XXXXXXXXXXXXXXXXXXXXXXXXXXXX
XXXXXXXXXXXXXXXXXXXXXXXXXXXX
XXXXXXXXXXXXXXX。

抄送：XXXXXXXX，XXXXXX，XXXXX，XXXXX，
　　　XXXXX。

XXXXXXXXX　　　　2012 年 7 月 1 日印发

— 4 —

附图 10　带附件公文末页版式

注：版心实线框仅为示意，在印制公文时并不印出。

中华人民共和国×××××部

000001　　　　　　　　　　　　　　　　×××〔2012〕10号

机　密

特　急

×××××关于×××××××的通知

××××××××：

　　××××××××××××××××××××××××××
××××××××××××××××××××××××××××
××××××××××××××××××××××××××××
×××××××××××××××××××××××××。

　　××××××××××××××××××××××××××
××××××××××××××××××××××××××××
××××××××××××××××××××××××××××
××××××××××××××××××××××××。

　　××××××××××××××××××××××××××
××××××××××××××××××××××××××××
××××××××××××××××××××××××××××
××××××××××××××××××××××××××××
××××××××××××××××××××××××××××
××××××××××××××××××××××××××××
×××××××××××××××××××××××××。

附图11　信函格式首页版式

注：版心实线框仅为示意，在印制公文时并不印出。

XXXXXX令

第XXX号

XXXXXXXXXXXXXXXXXXXXXXXXXXXXXXXXXXXXXXXXXXXXXXXXXXXXXXXXX。XXXXXXXXXXXXXXXXXXXXXXXXXXXXXXXXXXXXXXXXXXXXXXXXXXXXXX。

部　长　XXX

2012年7月1日

— 1 —

附图12　命令（令）格式首页版式

注：版心实线框仅为示意，在印制公文时并不印出。

附录 3

《党政机关公文格式》排版教程

一、《党政机关公文格式》制作基础知识

1. 字体大小计量

我国的活字采用以号数制为主、点数制为辅的混合制来计量。

号数制：我国用来计算汉字铅活字大小标准的制度。以互不成倍数的几种活字为标准，加倍或减半自称体系。字号的大小可以分为四个序列：

四号序列（一号、四号、小六号）；

五号序列（初号、二号、五号、七号）；

小五号序列（小初号、小二号、小五号、八号）；

六号序列（三号、六号）。

其中：四号为一号的一半，小六号为四号的一半；二号为初号的一半，五号为二号的一半，七号为五号的一半；小二号为小初的一半，小五号为小二号的一半，八号为小五号的一半；六号为三号的一半。通常书籍上正文多用五号字，也称老五号字。

号数制的特点是用起来简单、方便，使用时指定字号即可，无需关心字体的实际尺寸；缺点是字体的大小受号的限制，有时不够用，大字无法用号数来表达，号数不能直接表达字体的实际尺寸，字号之间没有统一的倍数关系，折算起来不方便。尽管如此，号数制仍是目前表示字体规格最常用的方法。

点数制：又叫做磅数制（“点数制”是英文 point 的意译，“磅数制”是英文 point 的音译，缩写为 p 或 pt），既不是公制，也不是英制，是印刷中专用的尺度，是欧美各国用来计算拉丁字母（西文字母）活字大小标准的制度。因各字母的字身宽度不同，其点数只能按长度来计算。我国大都使用英美点数制。点数制的字体大小为 1～1638 磅。也就是说最大的字号可以是 1638 磅，约 58 厘米见方，最小的字号为 1 磅，三个这样的字加起来还不到一毫米宽。而且，我们在工具栏上的字号栏内能够输入整数和小

数点后为“0”或“5”的数值。因此，从理论上讲，Word 中字体的“大”与“小”共有 1638+1637=3275 种之多。

在改变字体大小时，为了更具有直观性，可反复使用快捷键“Ctrl+]”使字体逐渐增大，使用快捷键“Ctrl+［”使字体逐渐变小，直到您满意为止。

1 英寸=72 磅=25. 3 毫米，则 1 点即 1 磅≈0. 3513889 毫米，1 毫米≈2. 8458498 磅。（注：各个国家对点的大小规定不尽相同，欧洲的点制跟美国的点制不同。美国为 1pt=0. 35146mm，欧洲为 1pt=0. 352778 mm，我国为 1pt=0. 35 mm。Word 为美国微软公司的产品，所以是前者。也有其他排版软件，则可能有所不同。）

目前排版中，点数制与号数制并存使用，互为补充，两者相互之间对应的折算关系详见附表 3-1：

附表 3-1　专业排版字号、磅数与实际尺寸对照表

中文字号	英文字号（磅）	毫米	中文字号	英文字号（磅）	毫米
大特号	63pt	22.14mm	小三	15pt	5.29mm
特号	54pt	18.97mm	四号	14pt	4.94mm
初号	42pt	14.82mm	小四	12pt	4.23mm
小初	36pt	12.70mm	五号	10.5pt	3.70mm
一号	26pt	9.17mm	小五	9pt	3.18mm
小一	24pt	8.47mm	六号	7.5pt	2.56mm
二号	22pt	7.76mm	小六	6.5pt	2.29mm
小二	18pt	6.35mm	七号	5.5pt	1.94mm
三号	16pt	5.54mm	八号	5pt	1.76mm

《党政机关公文格式》要求公文格式各要素一般用 3 号字，则对应是 16pt。

2. 行距

(1)行距的概念

行距，顾名思义，是指两行字符之间的距离，即从上一行字符的上边缘到相邻的下一行字符的上边缘的垂直距离。在 GB/T9704—2012 中,一行指一个汉字的高度加三号汉字高度的 7/8 的距离。即一行=三号汉字高度+14 磅,则正文行距为 30 磅(16 磅+14 磅)。三号字上边缘紧贴行的顶端排版,三号字字高的 7/8 紧贴三号字下边缘排版,与行底端紧贴,见附图 3-1。

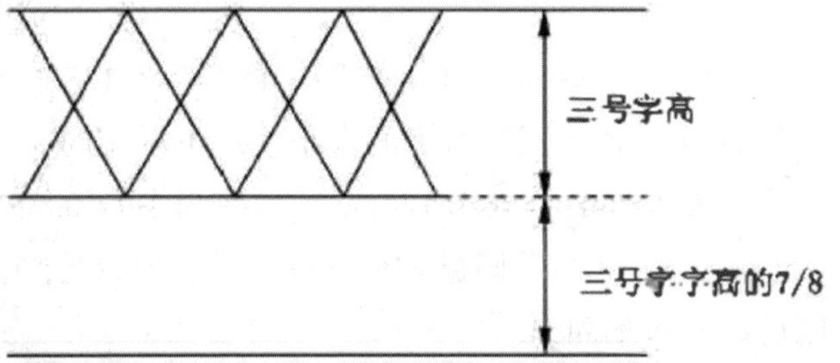

附图 3-1　GB/T9704—2012 一行的概念

但在 word 的行距设置中,行距的值并不是指的这个距离。word 一行高度与 GB/T9704—2012 规范相同。三号字在一行中居中排布,三号字上边缘至行的顶端的距离为三号字字高的 7/16,三号字下边缘至行的底端的距离为三号字字高的 7/16,见附图 3-2。

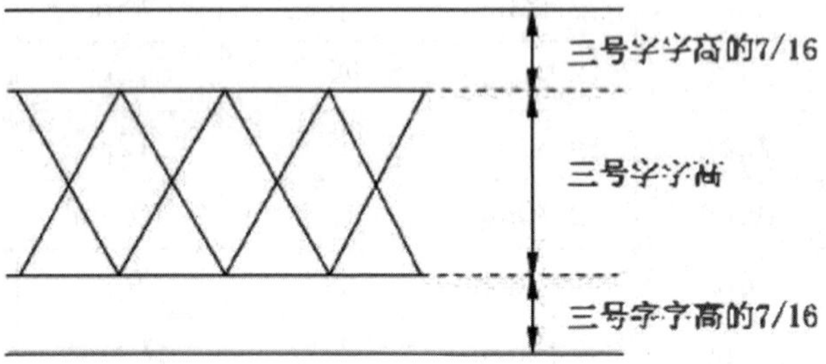

附图 3-2　Word 一行中的概念

可以看出,在 word 的行距设置中,我们所选择或者输入的数值,都是指从一行字符的水平中心线同时向上下两个方向延伸所得到的两个方向的距离之和,单位是“磅”。如果在这个以字符的水平中心线为中点的距离内,字符上下两侧空白区域的高度之和与字符高度相等,这种大小的行距就叫单倍行距,以此类推,这个空白区域高度之和是字符高度的几倍,就叫几倍行距。

另外,在 word 一行中,默认文本对齐方式是自动设置,需要改成居中对齐方式(字符未缩放情况下准确),在“段落”对话框,切换到“中文版式”选项卡,在“文本对齐方式”选择“居中”,如下图 3-3。

附图 3-3　文本对齐方式设置

此外，行距是和字号设定有关，字号的行距是不固定的，一般来说字号大行距也大。但是可以在行间距中调整，具体方法有两种：一是在“段落”对话框里设置，有行距的调整；二是在“页面设置—文档网格—行”里设置，默认的 A4 纸是 44 行，行距为 15. 85 磅，一页可设 1-48 行，磅数和行数相互关联。

（2）Word 中行距的种类

word 行距主要有：

单倍行距：是个相对值，是每行中最大字体的高度加很小的额外间距，额外间距的大小取决于所用的字体，单位为点数。一般默认字体 5 号的单倍行距是 12 磅。

1. 5 倍行距：每行的行距是单倍行距的 1. 5 倍。例如，对于字号为 10 磅的文本，在使用 1. 5 倍行距时，行距约为 15 磅。

2 倍行距：每行的行距是单倍行距的 2 倍。例如，对于字号为 10 磅的文本，在使用 2 倍行距时，行距约为 20 磅。

最小值：在对话框【设置值】框中输入的磅值，如果行中含有大的字符或图形，word 会相应地增加行间距（这是文档正文中最常用的一种行距设定）。若输入的数值大于该行字符的磅值，则会在字符上方加相应的空白。若输入的数值小于该行中最大字符的磅值，则会自动将行距调整为该字符的磅值数,“设置值”框中输入的数值不起作用。

固定值:为每行设置固定的行距值,Word 不能对其进行调整。

多倍行距:允许设置每行行距为单倍行距的任意倍数。

另外,有些 word 因为有默认的文档网格,即使操作了以上步骤也还是没有变化,你可以将系统默认的与网格对齐的这个选项去掉,这样就能真正按照你的意思来调整了。

此外,在电子公文排版的时候,可利用输入回车符并设置回车符的大小和行距,来精确地定位公文中某个要素的位置。

(3)《党政机关公文格式》在 Word 中应用行距方法

比如,《党政机关公文格式》中要求,发文机关标识的上边缘至版心的上边缘距离为 35mm,我们就可以把版心第一行的行距设置成 99.5 磅(即 35mm)。然后,在第二行输入发文机关标识的内容,并把该行字符的行距设置为与该行字符的高度相同,就使发文机关标识的位置完全满足了《党政机关公文格式》的要求。

精确设置行距的方法是:选中回车符或字符,单击“格式”→“段落”,打开“段落”对话框,选择“缩进和间距”选项卡,在“行距”下面的下拉列表框中选择“固定值”,在“行距”设置的下拉列表框右侧有一个“设置值”选择框,选择或者输入所需的磅值,如“99.5 磅”,单击确定。

3. 字体类型

对于公文所用仿宋、楷体、黑体等类型,当前微软、苹果等操作系统的字体库中都包含,因此系统所装的 word 等办公软件都可以选择,而对于标题建议采用的小标宋体,需要单独下载、安装。

目前常用的有长城小标宋体和方正小标宋体两种,安装方法极其简单:在控制面板的分类视图中点击左侧“切换到经典视图”(如果已经是经典视图界面就不需要切换了),打开“字体”文件夹(C:\Windows\Fonts),将小标宋体字库粘贴到“字体”文件夹中即可。

安装完毕后,则在 word 等字体库中可以设置标题的字体类型为小标宋体。

4. 页边与版心尺寸

《党政机关公文格式》规定公文用纸采用 GB/T 148 中规定的 A4 型纸,其成品幅面尺寸为:210 mm×297 mm。公文用纸天头(上白边)为 37 mm±1 mm,公文用纸订口(左白边)为 28mm±1mm,版心尺寸为 156 mm×225 mm。

在 word 页面设置的“页边距”设置栏中设置上 37mm，下 35mm，内 28mm，外 26mm，即满足要求，如附图 3-4 所示：

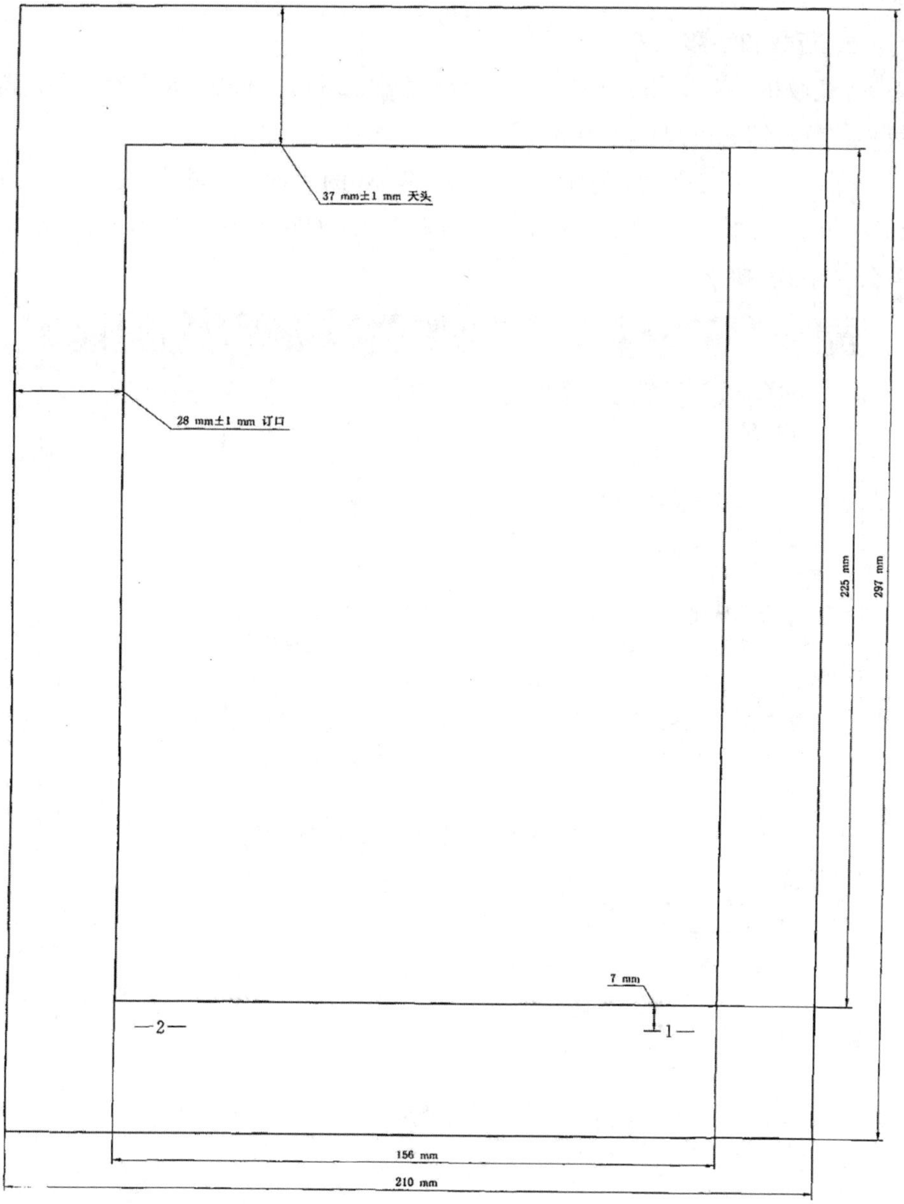

图 1 A4 型公文用纸页边及版心尺寸

附图 3-4 A4 纸型、天头、订口和版心尺寸如果 word 默认度量单位是磅,为了便于设置版心,可以变换度量单位为毫米。通过用“文件”—“选项”—“高级”—“度量单位”选择度量单位为“毫米”。

5. 行数和字数

《党政机关公文格式》规定:一般每面排 22 行,每行排 28 个字,并撑满版心。特定情况可以作适当调整。

在确定了版心尺寸、字体字号后,在 Word 的页面设置中,通过“指定行和字符网格”,修改字符数每行 28,行数每页 22,如附图 3-5,即实现《党政机关公文格式》要求。

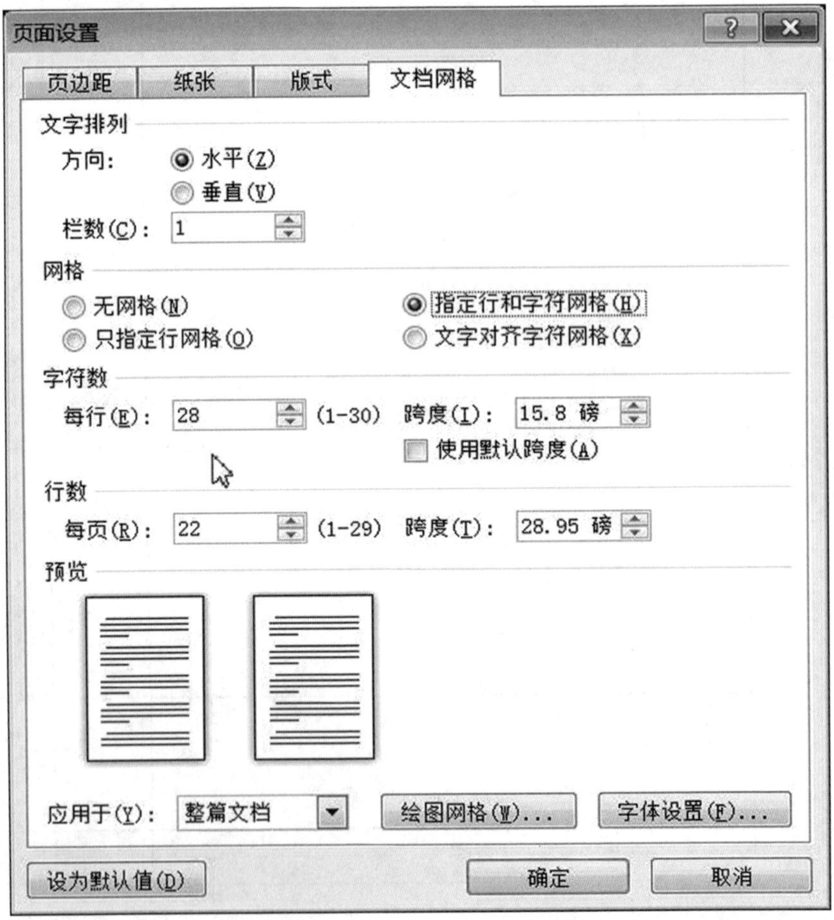

附图 3-5　公文字符和行网格设置

特定情况可以作适当调整，在 7. 3. 5. 5 条款中有表述：“当公文排版后所剩空白处不能容下印章或签发人签名章、成文日期时，可以采取调整行距、字距的措施解决。”

6. 制表符

所谓的制表位，你可以简单地理解为按 Tab 键（制表键）后，光标右边的文字向右移动的位置。设置格式模板时，会遇到若干要素在同一行出现左边左对齐、右边右对齐的情况，而且有些要素规定行首行尾各空一字符。Word 中制表位是在**同一行中实现多种对齐的工具**。

制作符合新国标的版记部分中的印发机关和印发日期的时候，也要用到制表位。国标中规定，印发机关在最后一行左侧，前空一字符，印发日期在最后一行右侧，后空一字符。首先输入印发机关和印发日期。同处一行，行首、行尾各空一个字符。

打开 Word，在水平标尺和竖直标尺延长相交的地方可以看到一个图标，其就是“**制表符切换**”的图标，用鼠标点击它，可以使之在不同类型的制表符之间进行切换。

如下图：

点击段落命令框中的“¶”，可以显示诸如空格、制表符操作等的标记。

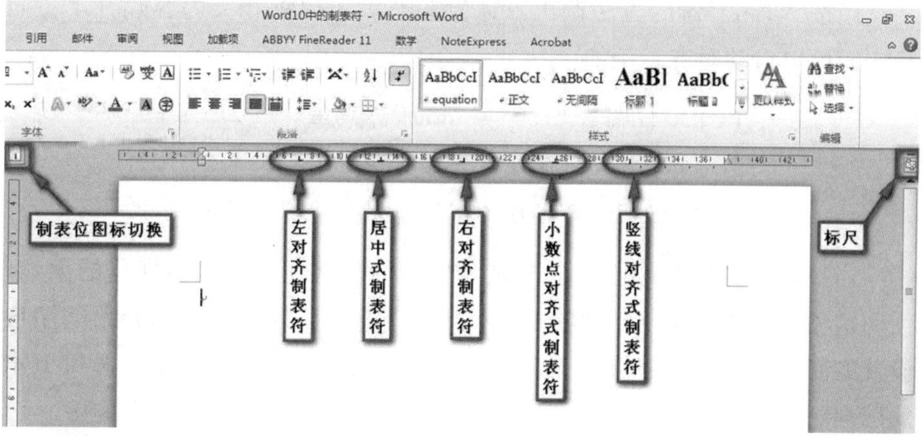

各个不同类型的制表符的功能如下表所示：

符号	制表符的类型	功　　能
	左对齐制表符	Tab 键键入后，后面段落的文字在制表符处左侧对齐
	右对齐制表符	Tab 键键入后，后面段落的文字在制表符处右侧对齐
	居中制表符	Tab 键键入后，后面段落的文字在制表符处居中对齐
	小数点对齐制表符	Tab 键键入后，后面段落的文字在制表符处小数点对齐
	竖线对齐制表符	Tab 键键入后，后面段落的文字在制表符处竖线对齐

如何在 Word 中添加制表符形成制表位？

所谓的制表位是指制表符在水平标尺上的位置。首先，我们需要说明一下，Word 中的制表位分为两种：**软件默认制表位**和**用户设置的制表位**。**默认制表位**自标尺左端起自动设置，默认间距为 0.75 厘米，即两个汉字宽。也就是说每隔 0.75 厘米在标尺上存在一个默认制表位。所以顶格的段落第一个字如果需要设置为空两格，可以直接按 Tab 键即可达到目的。

用按“Tab”键的方法调出默认制表符就可以把相关内容隔开了，而且它们可以自动对齐。例如：

白菜炒豆腐	1.0	香椿炒鸡蛋	2.5
红烧肉	5.0	炒腰花	4.5
麻辣鸡丝	4.0	红烧带鱼	3.5

当打印时，制表符是不会被显示出来的。这就是一个很规范的菜谱。使用这种方法比使用空格键的方法稍好些。不过，还是用下面介绍的**用户设置的制表位**来规范字符的位置更好些。有两种方法可以在水平标尺上添加**用户制表位**。

方法 1：点击“**制表符切换**”图标，切换到所需的制表符上来。然后将鼠标移到“水平标尺”上所需插入制表符的位置上，点击左键，即可插入一个制表符，生成制表位。可以拖动制表符标记移动其位置（因为页面有一个看不见的网格用来对齐，所以拖动制表位标记（或缩进标记）时总是按一定宽度跳跃的。如果想要准确的定位到某个位置，可以按位［Alt］键拖动）。

方法 2：打开“段落”对话框，点击左下角的“制表位”，打开“制表位”对话框。如下图：

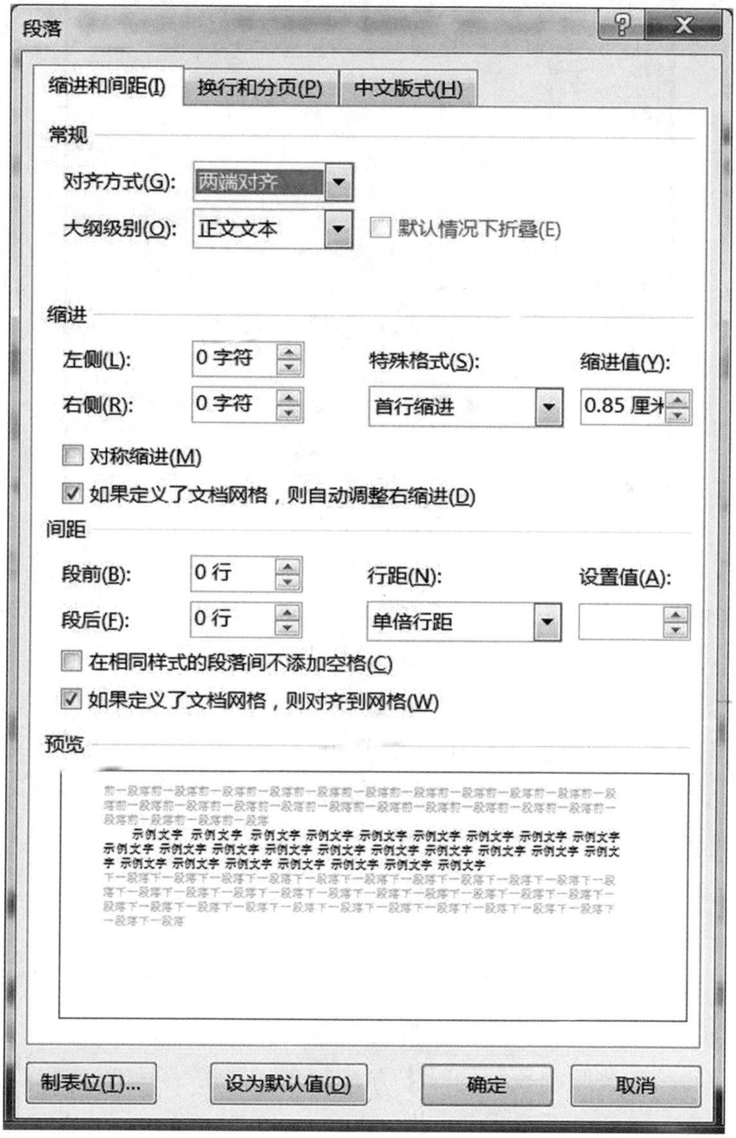

在”制表位”对话框中的“**对齐方式**”中所选定的就是在所在的制表

位上插入哪种类型的制表符。

在”制表位”对话框中的“**前导符**”中可以选定某种**前导符**。**前导符**是填充键入 Tab 键后所产生的空位的符号。

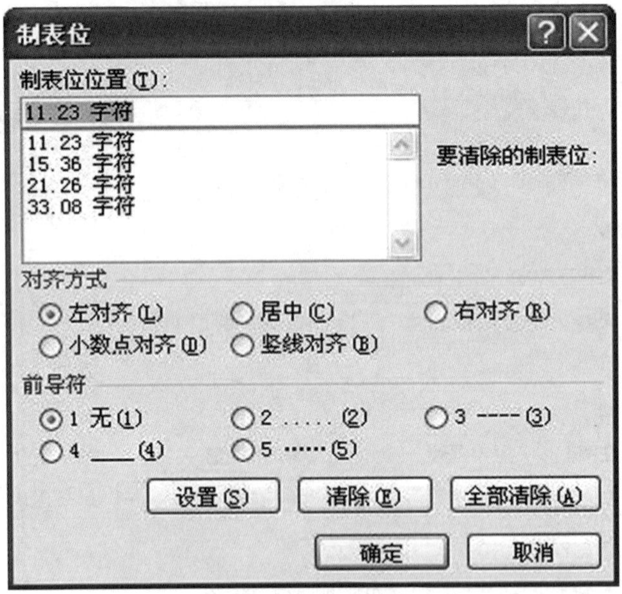

制表位对话框

上图就是把居左制表位置于标尺第 11.23 个字符的设置。这样设置过后，还必须点击“设置”和“确定”按钮后，设置才是有效的。所谓“有效”，就是在水平标尺上出现你设置的制表符。

如果需要对一个以上的制表位进行设置，每设置完一个制表位后，只需点击“设置”按钮就可以了，不要按“确定”按钮。待各个制表位都“设置”完毕以后才按“确定”键。按过“确定”键以后，在水平标尺上就会出现相应的制表符了。

如何实施制表符所对应的操作？

实施制表符的操作很简单，按一个 Tab 键就行。

现将 Word 界面上的光标移到所要插入制表符操作的位置，按一下 Tab 键，就会插入一个制表符操作，将光标向右移动到最近的制表位，并且使光标之后的段落按照制表符的对齐方式对齐。再按一下 Tab 键就会移到下一个制表位。

我们需要注意的是：假若光标移到某一位置，右边并没有用户设置的制表位，那么键下Tab键之后，会向右移动到Word自带的默认的制表位。

举例操作如下：

在Word中输入“张三籍贯湖北人男性98.02”，并且执行左对齐；

将光标插入到“张三”的前面，键入Tab，随后“张三籍贯湖北人男性98.02”就会左对齐到第一个制表位；

将光标插入“籍贯”的前面，键入Tab，“籍贯湖北人男性98.02”就会居中对齐到第二个制表位；

将光标插入“男性”的前面，键入Tab，“男性98.02”就会右对齐到第三个制表位；

将光标插入“98.02”的前面，键入Tab，“98.02”就会小数点到第四个制表位。

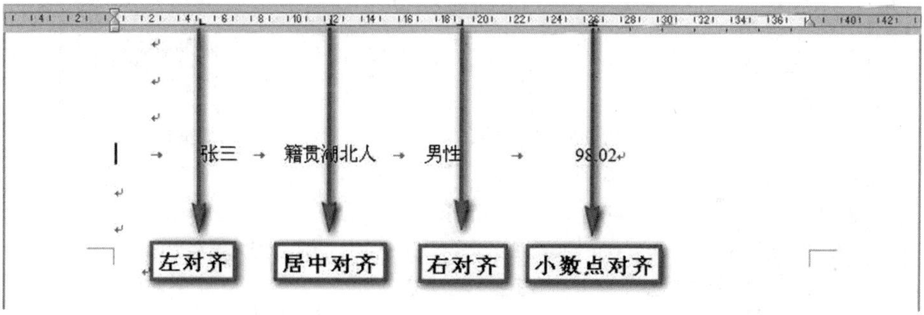

制表位对话框

最终得到的结果，如上图所示。

通过上面的操作，我们不难看出一个制表符操作起作用的范围为其右边的文字直到下一个制表符操作之前或者是**段落操作符**(即“ ↵ ”）之前。

提示：如果需要删除添加的制表符，只需要从水平标尺上将其拖离标尺即可。按住“Alt”键拖动制表符，能够实现制表符的精确移动。按回车键，段落的制表符位置会自动复制上一段落的制表位。选择多个段落可统一设定制表符格式。

二、党政机关公文格式排版方法

1. 公文版面设置

首先，新建一个word文档，打开“文件”→“页面设置”，对公文的纸张、版心、排版、字体依次设置：

（1）选择“纸张”选项卡，把纸张大小设置为A4；

（2）选择“页边距”选项卡，首先在“页码范围”设置栏的下拉选项中选择“对称页边距”，然后在“方向”设置栏中选择“纵向”，然后在“页边距”设置栏中设置上37mm，下35mm，左28mm，右26mm；

（3）选择“文档网格”选项卡，首先，选择“字体设置”，将中文字体设置为“仿宋”，字号设置为“三号”，如下图：

（4）然后，选择“指定行和字符网格”，字符数每行28，行数每页22。如下图：

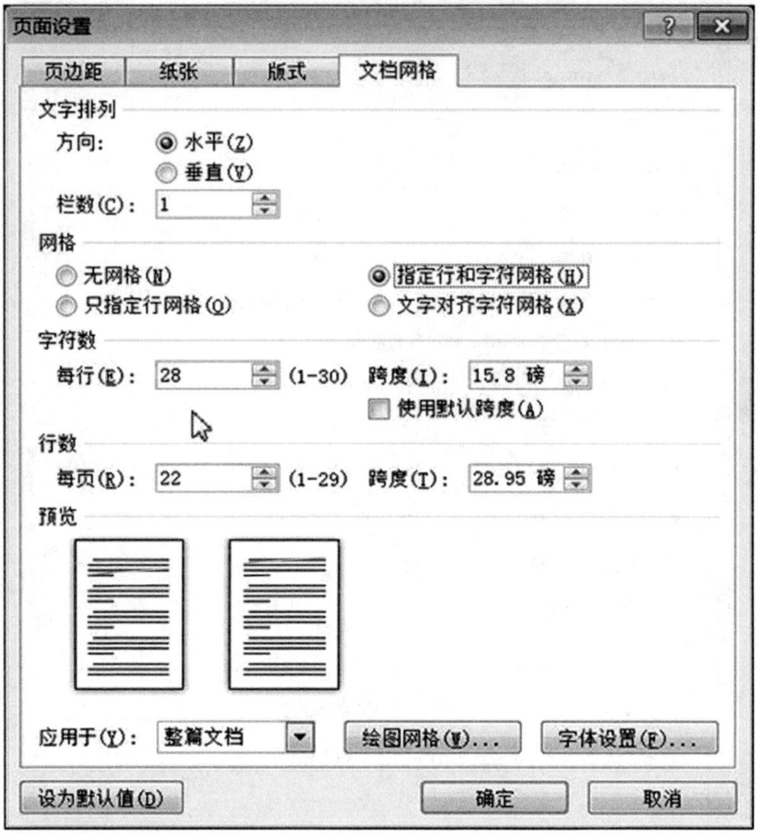

2. 公文版头制作

（1）制作发文机关标识

依据：发文机关标志居中排布，上边缘至版心上边缘为35mm。

①第一行输入一个空行，其行距设置为固定值99.5磅，即35mm。

②第二行输入“江苏省人民政府文件”。居中对齐、红色、小标宋体。

③字号设置为62磅（以醒目、美观、庄重为原则），行距设置为固定值65磅（测试表明行距为：字体大小+3磅，则汉字恰好全部显示）。现行“国务院文件”的字号即是22mm×15mm（22mm约62.5磅），以此为高限，以不大于上级机关为原则自行酌定。

④选择“字符间距”选项卡，在“缩放”选择框中设置“68%”（15/22），使单个字的宽度缩小为高度的68%，点击“确定”，完成发文机关标识的制作。

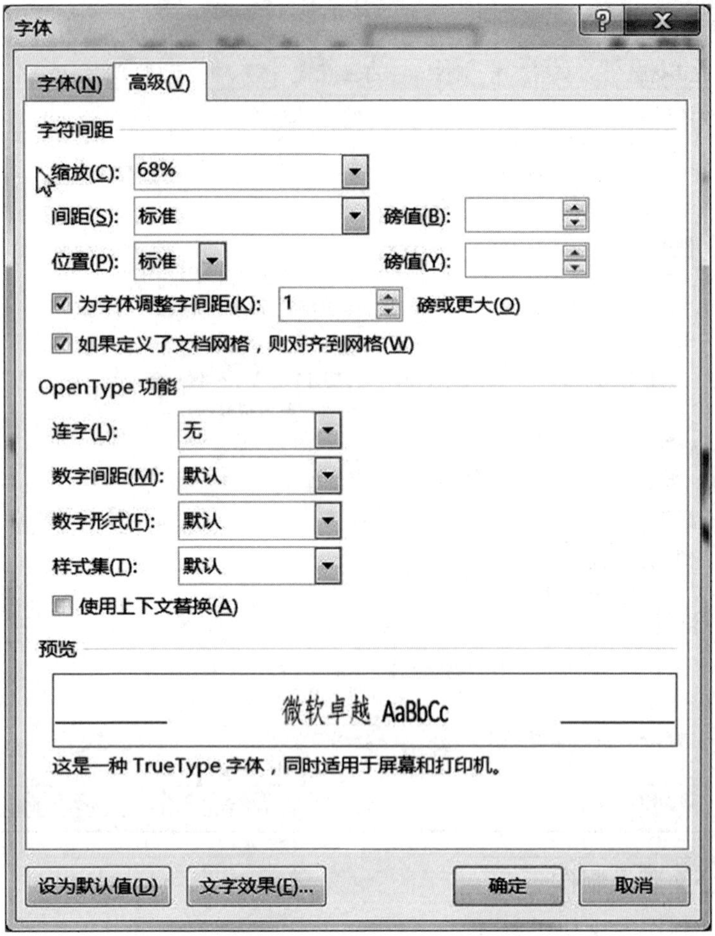
字体
字体(N)
高级(V)
字符间距
缩放(C): 68%
间距(S): 标准
磅值(B):
位置(P): 标准
磅值(Y):
为字体调整字间距(K): 1
磅或更大(O)
如果定义了文档网格，则对齐到网格(W)
OpenType 功能
连字(L): 无
数字间距(M): 默认
数字形式(F): 默认
样式集(T): 默认
使用上下文替换(A)
预览
微软卓越 AaBbCc
这是一种 TrueType 字体，同时适用于屏幕和打印机。
设为默认值(D)
文字效果(E)...
确定
取消

效果如下图：

江苏省人民政府文件

（2）确定并标识发文字号

①在第三、第四行输入两个空行，并把行距都设置成 30 磅，即一基准行。

②在第五行，输入发文字号：苏政发〔2013〕94 号，3 号仿宋、居中，行距设置成 30（16+14）磅。（六角括号：“插入”→“符号”，打开“符号”对话框，在右上角的“子集”栏中选择“小写变体”，找到龟壳型括号即是）。并同时设置文本对齐方式为居中（在“段落”对话框，切换到“中文版式”选项卡，在“文本对齐方式”选择“居中”）。

③选择“字符间距”选项卡，在“缩放”选择框中设置“100%”，恢复正常字体，点击“确定”，完成发文字号的制作。

（3）版头中的红色分隔线

①在第六行，输入一个大小和行距都是 11 磅即约 4mm 的空行；

②在第七行，插入一条与版心等宽的红色分隔线：

菜单栏“插入”→“形状”→“直线”，鼠标会变成“十”字形，左手按住键盘上的 Shift 键，右手拖动鼠标从左到右划一条水平线；

选中直线，菜单栏“格式”→“形状轮廓”→“其他轮廓颜色”，设置为“红色”，“虚线”设置为“实线”，“粗细虚线”设置为“1. 5 磅”（党政机关公文格式国家标准应用指南中推荐宽度 0. 35mm～0. 5mm 即 1 磅～1. 5 磅）；

“大小”→“宽度”设置为“15. 6cm”，“对齐”设置成“左右居中”，效果如下图：

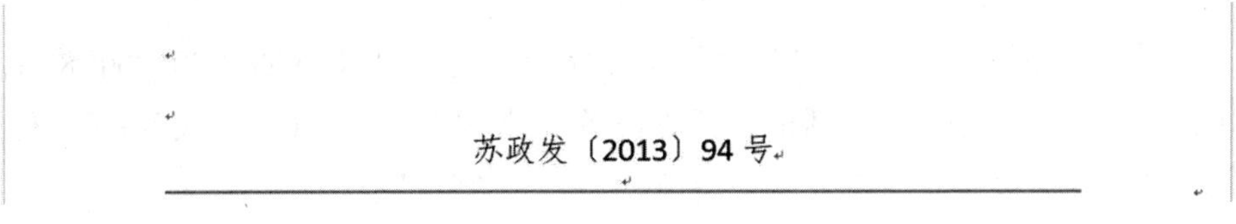

3. 公文主体制作

（1）设置标题

①在第八、第九行输入两个空行，并把行距都设置成 30 磅；

②在第十行，输入公文的标题，设置成 2 号小标宋体字、居中，行距设置成 36（22+14）磅。

（2）设置主送机关

编排于标题下空一行位置（空行行距 30 磅），居左顶格，回行时仍顶格，最后一个机关名称后标全角冒号。

（3）设置正文

编排于主送机关名称下一行，正文采用3号仿宋，行距30磅，自然段首行左空2字，回行顶格。

（4）设置发文机关署名、成文日期

成文日期一般右空四字编排，印章用红色，不得出现空白印章。

单一机关行文时，一般在成文日期之上、以成文日期为准居中编排发文机关署名。

成文日期的标注位置需要经过计算。对于单一机关发文来说，成文日期的标注位置应该满足加盖印章时“居中下压发文机关署名和成文日期，使发文机关署名和成文日期居印章中心偏下位置，印章顶端应当上距正文（或附件说明）一行之内”的要求。由于一般印章直径是45mm（126磅），加上距正文（或附件说明）一行之内（0~30磅），这就要求发文机关的上边缘与正文最后一行的下边缘之间的垂直距离保持在36~66磅之间。则需要在正文的最后一行与发文机关之间空出一个36~66磅的距离。因此：

①在正文最后一行的下面输入一个高度为36~66磅的空行（比如50磅），然后把这一行的行距设置为与空行高度相等的“固定值”；

②在空行的下面输入发文机关，3号仿宋，行距设置成30磅；

③在发文机关下面输入成文日期，3号仿宋、右对齐，行距设置成30磅；

④选中发文机关和成文日期两行文字，“段落”→“缩进”→“特殊格式”→“（无）”；

⑤成文日期要求右空四字，占4个字符。选中成文日期“2013年8月3日”，打开“段落”对话框，首先设置“常规”→“对齐方式”→“右对齐”，然后设置“缩进”→“右侧”→“4字符”；

⑥光标定位在发文机关，在标尺下部分点击一下，生成一个默认“左对齐式制表符”，并双击该“制表符”，在对话框中，“对齐方式”选择“居中”，“前导符”选择“无”，然后点击“设置”，最后“确定”，退出对话框；

⑦把光标点位到发文机关前面，点击键盘“Tab”键一次。在标尺上拖动“居中式制表符”，使该“制表符”位置位于成文日期中心即可（可以通过绘制文本框测量成文日期的长度及中心位置，然后对文本框宽度减

半，并通过按键盘 Alt 同时鼠标拖动制表符精准定位，鼠标先停止移动再松开 Alt 键）。即可完成发文机关以成文日期为中心编排要求。

省政府关于取消一批
行政审批项目等事项的通知

各市、县（市、区）人民政府，省各委办厅局，省各直属单位：

为贯彻落实《国务院关于取消和下放一批行政审批项目等事项的决定》（国发〔2013〕19 号），省人民政府决定，对此次国务院决定取消的行政审批、评比达标表彰事项，全省各级、各部门相对应的审核、初审等事项一律取消。同时，取消省级相应行政审批项目 16 项，衔接国务院决定取消行政事业性收费项目 3 项。

各地、各部门要认真做好取消行政审批项目等事项的落实和

4. 公文版记制作

（1）抄送单位

左右空一字用 4 号仿宋体字标识“抄送”，后标全角冒号；抄送机关间用逗号隔开，回行时与冒号后的抄送机关对齐；在最后一个抄送机关标句号。如主送机关移至抄送之上，标识方法同抄送机关。

（2）设置印发机关和印发日期

抄送下一行，输入印发机关和印发日期，4 号仿宋体字，印发机关左空一字居左，印发时间右空一字居右。印发时间使用阿拉伯数码标识。

（3）版记各要素下输入分隔线；并确保版记整体应置于公文最后一面，版记的最后一个要素置于最后一行。注：版记中的分隔线与版心等宽，首条分隔线和末条分隔线用粗线（推荐高度为 0. 35mm 或 1 磅），中间的分隔线用细线（推荐高度为 0. 25 mm 或 0. 7 磅）。首条分隔线位于版记中第一个要素之上，末条分隔线与公文最后一面的版心下边缘重合。

（4）“插入”→“表格”，在插入表格对话框中，输入 3 列 2 行，如下图。

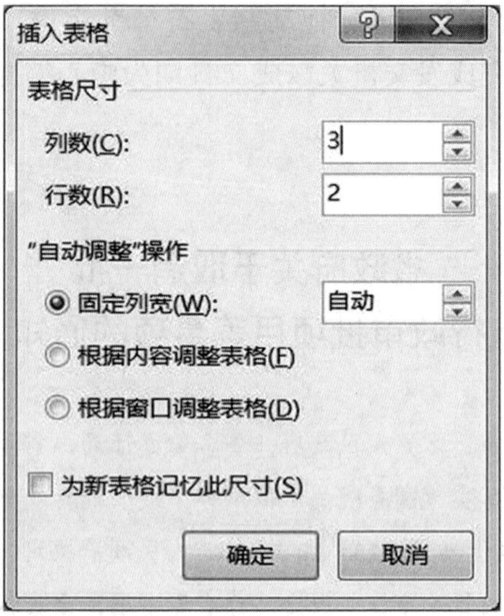

（5）选择表格，右键打开“表格属性”对话框，表格对齐方式设置为居中，文字环绕设置为环绕，如下图：

然后，左键点击“定位”按钮，打开“表格定位”对话框，水平位置和相对于分别设置为居中、页边距，垂直位置和相对于分别设置为底端、页边距，则表格自动移到版心底部，如下图：

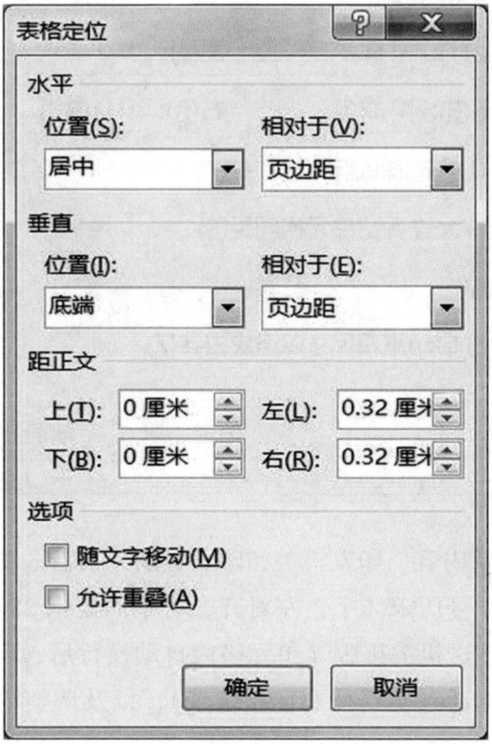

（6）选择表格，打开“布局”菜单，表格的最左边和最右边的两列宽度均设置为 0.494 厘米（四号字的宽度），中间一列宽度设置为 14.6 厘米，如下图；

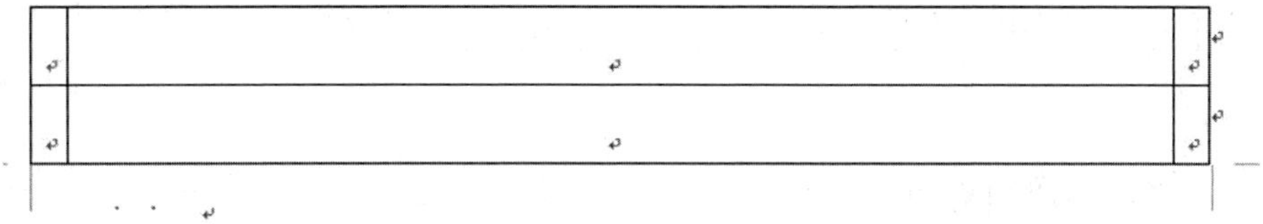

打开“布局”菜单的“单元格边距”对话框，默认单元格边距的上下左右均设置为 0 厘米。如下图：

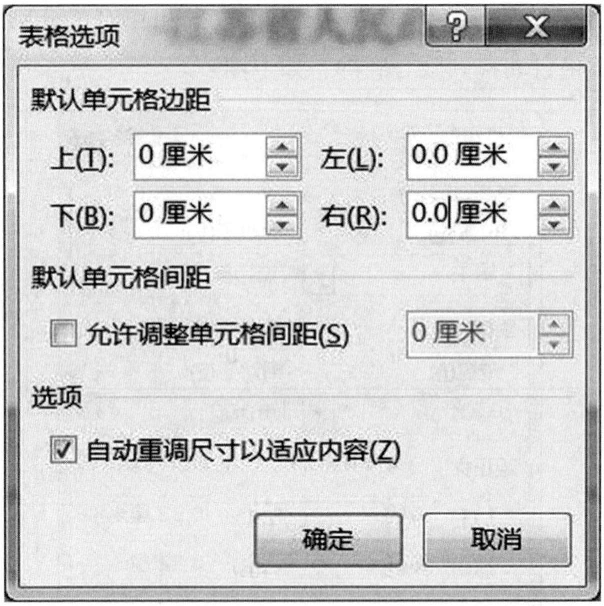

（7）把抄送及内容、印发机关和印发日期分别输入中间列的上下两行中，字体设置为4号仿宋体字，左对齐，行距固定值28磅（14+14），并按要求对换行的抄送机关排版（单元格内自动换行后，需要在第二行首字前按回车键，方能通过空格往右调整位置），以及调整印发日期使其靠最右边，如下图：

	抄送：省委各部委，省人大常委会办公厅，省政协办公厅，省法院， 省检察院，省军区。	
	江苏省人民政府办公厅　　　　　　　2013年8月6日印发	

（8）切换到表格“设计”选项卡，打开“边框”下拉菜单的“边框与底纹”对话框，边框选择无，去掉所有框线，如下图：

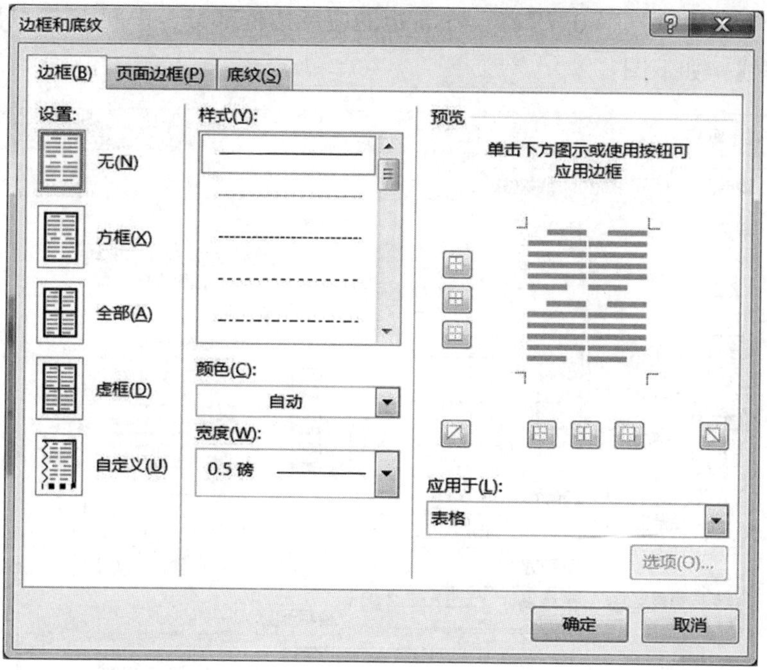

然后，宽度选择1磅，在右边的应用边框部分，上下点击一下，添加上下框线，如下图：

最后，宽度选择 0.75 磅，在右边的应用边框部分，中间点击一下，添加内框线，如下图：

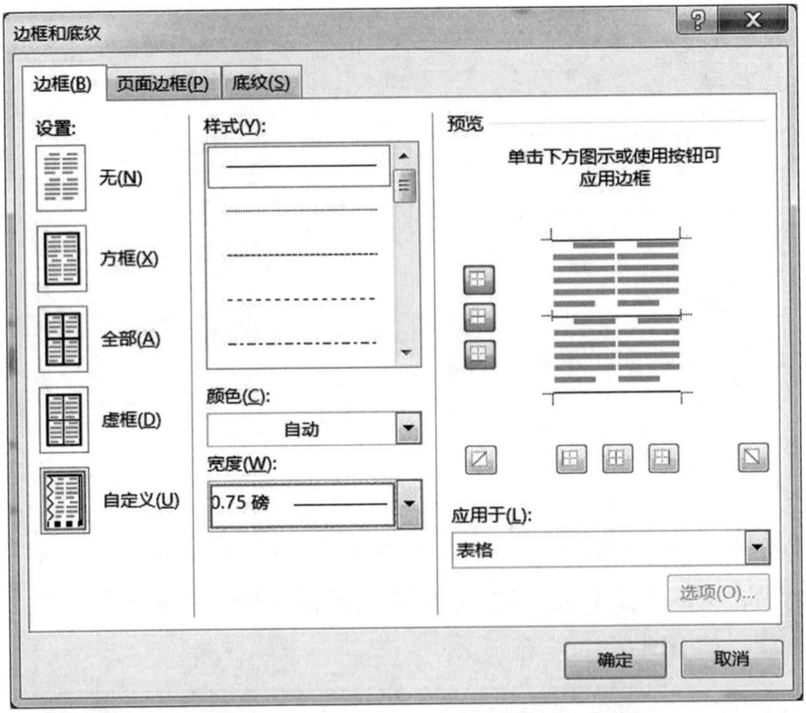

版记最终效果如下图：

抄送：省委各部委，省人大常委会办公厅，省政协办公厅，省法院，……省检察院，省军区。

江苏省人民政府办公厅　　2013年8月6日印发

5. 公文页码制作

（1）打开要设置页码的文档，单击“插入”→“页码”→“设置页码格式”，单击“编号格式”下拉菜单，从中选择符合公文要求的“一字线阿拉伯数字”格式，单击“确定”按钮，完成页码格式设置。

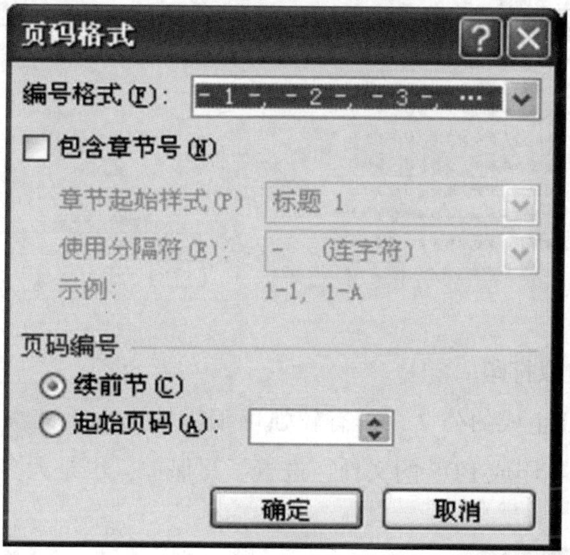

(2)设置奇偶页不同:单击“页面布局”→“页面设置”→“版式”选项卡,在其“页眉和页脚”项目组中,选择“奇偶页不同”,页脚距边界值2.1cm(满足一字线距版心下边缘7mm)。

之所以要选择“奇偶页不同”复选项,是因为要求公文双面印刷,且单页码居右,双页码居左。

(3)单击“插入”→“页码”→“页面底端”,偶数页选择“普通数字1”底端居左,奇数页选择“普通数字3”底端居右。这里选择的是奇数页底端居右(“普通数字3”样式)。每页中的指定位置上按顺序添加了页码后,自动进入页眉和页脚编辑状态,在功能区显示“页眉和页脚工具”。

(4)设置页码字体字号:选中插入后包括一字线在内的页码文本,在“开始”→“字体”选项组内,选择宋体、四号。

(5)设置页码缩进值:选中插入后包括一字线在内的页码文本,在“页面布局”→“段落”→“缩进”选项,选择“左缩进”(或“右缩进”)1个字符。

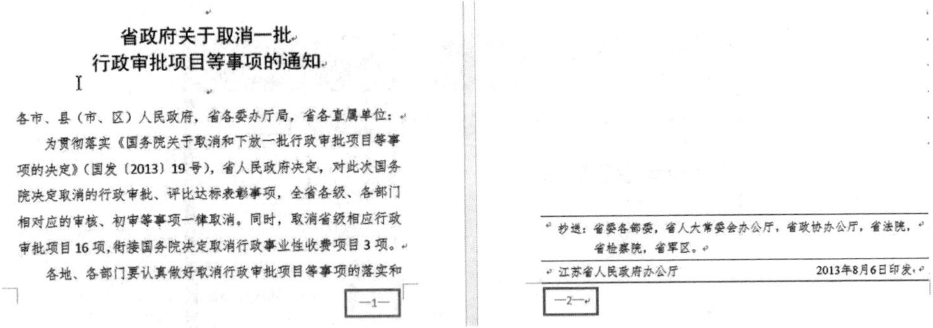
省政府关于取消一批
行政审批项目等事项的通知

各市、县（市、区）人民政府，省各委办厅局，省各直属单位：

为贯彻落实《国务院关于取消和下放一批行政审批项目等事项的决定》（国发〔2013〕19号），省人民政府决定，对此次国务院决定取消的行政审批、评比达标表彰事项，全省各级、各部门相对应的审核、初审等事项一律取消。同时，取消省级相应行政审批项目16项，衔接国务院决定取消行政事业性收费项目3项。

各地、各部门要认真做好取消行政审批项目等事项的落实和

—1—

抄送：省委各部委，省人大常委会办公厅，省政协办公厅，省法院，省检察院，省军区。

江苏省人民政府办公厅　　2013年8月6日印发

—2—

6. 公文虚拟打印

使用Word生成的公文，具有较强可编辑性，也不宜快速浏览每页内容，通过虚拟打印成PDF的文件，进行了写保护，也是大多数公文交换的要求之一。

（1）打开“文件”→“打印”选项，从打印机下拉列表中，选择虚拟打印机“Adobe PDF”，然后，点击“打印”，会弹出对话框，对保存名称及路径进行选择。

或者“文件”→“另存为 Adobe PDF”选项，会弹出对话框，对保存名称及路径进行选择。

（2）如果打印后，发现 PDF 没有版头的红色分隔线，则需要在打印前进行设置。“文件”→“选项”→“显示”→“打印选项”，勾选“打印在 Word 中创建的图形”即可。如下图：

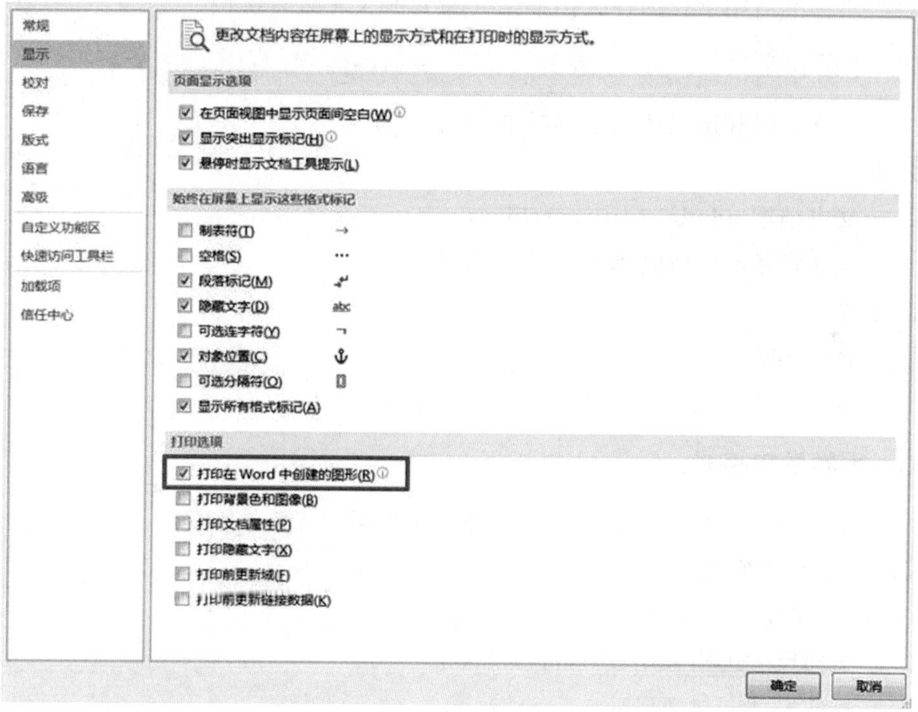

附录 4

GB/T 9705—2008 文书档案案卷格式

1 范围

本标准规定了文书档案案卷格式的基本内容，并对其构成和填写方法提出要求。

本标准适用于我国各级档案馆（室）和文书处理部门。

2 术语和定义

下列术语和定义适用于本标准。

2.1

文书档案 administrativearchives

反映党务、行政管理等活动的档案。

2.2

案卷 file

由互有联系的若干文件组合成的档案保管单位。

3 案卷卷皮格式

文书档案案卷卷皮分两种，一种是硬卷皮，一种是软卷皮。

3.1 硬卷皮格式

3.1.1 硬卷皮外形尺寸

封面尺寸规格采用 310mm×220mm。

封底尺寸同封面尺寸。

封底三边（上、下、翻口处）要另有 70mm 宽的折叠纸舌。

卷脊可根据需要分别设 10、15、20mm 三种厚度。

用于成卷装订的卷皮，上、下侧装订处要各有 20mm 宽的装订纸舌（见附录 A）。本标准推荐使用 250 克牛皮纸制作案卷硬卷皮。

3.1.2 案卷封面项目

封面项目包括：全宗名称、类目名称、案卷题名、时间、保管期限、件、页数、归档号、档号。各项目具体位置、尺寸（见附录 B）。

3.1.3 封面项目的填写方法

3.1.3.1 全宗名称

全宗名称相同于立档单位的名称。填写全宗名称必须用全称或通用简称。如“中国共产党中央委员会”简称为“中共中央”；“中华人民共和国外交部”简称为“外交部”；“河北省人民政府人事局”简称为“河北省人事局”。不得简称为“本部”、“本委”、“本省人事局”等。

3.1.3.2 类目名称

类目名称指全宗内分类方案的第一级类目名称。在一个全宗内应按统一的方案分类，并应保持分类体系的稳定性。

3.1.3.3 案卷题名

案卷题名即案卷标题，一般由立卷人自拟。案卷题名应当准确概括本卷文件的主要制发机关、内容、文种。文字应力求简练、明确。

3.1.3.4 时间：卷内文件所属的起止年月。

3.1.3.5 保管期限：立卷时划定的案卷保管期限，一般由立卷人填写。

3.1.3.6 件、页数：装订的案卷要填写总页数，不装订的案卷要填写本卷的总件数。

3.1.3.7 归档号：填写文书处理号，由立卷人填写。

3.1.3.8 档号的编制

封面档号由全宗号、目录号、案卷号组成。

全宗号：档案馆指定给立档单位的编号。

目录号：全宗内案卷所属目录的编号，在同一个全宗内不允许出现重复的案卷目录号。案卷号：目录内案卷的顺序编号，在同一个案卷目录内不允许出现重复的案卷号。

3.1.4 卷脊项目

卷脊项目包括：全宗号、目录号、年度、案卷号、归档号，其排列格式尺寸（见附录 C）。

3.2 软卷皮格式

使用软卷皮装订的案卷，必须装入卷盒内保存。

3.2.1 软卷皮外形尺寸

软卷皮设封皮和封底，其封皮和封底可根据需要采用长宽为 310mm×220mm 的规格（见附录 D）。

3.2.2　软卷皮封面项目

软卷皮封面项目及填写方法均同硬卷皮格式。封面项目尺寸、位置（见附录D）。

3.2.3　软卷皮封二项目

软卷皮封二印制项目包括：顺序号、文号、责任者、题名、日期、页号、备注。各项目具体位置、尺寸（见附录E）。

软卷皮封二项目的填写方法同4.4卷内文件目录填写方法。

3.2.4　软卷皮封三项目

软卷皮封三项目包括：本卷情况说明、立卷人、检查人、立卷时间，其尺寸位置（见附录J）。

软卷皮封三项目的填写方法同5. 3卷内备考表填写方法。

3.3　卷盒格式

3.3.1 卷盒外形尺寸

采用310mm×220mm（长×宽），其高度可根据需要分别设置30、40或50mm的规格。在盒盖翻口处中部要设置绳带，使盒盖能紧扣住卷盒（见附录F图F.1、图F.2、图F.3）。

3.3.2　卷盒封面和卷脊格式

卷盒封面为空白面。

卷脊项目包括全宗名称、目录号、年度、起止卷号。

其中起止卷号填写××-×卷，其余项目的填写方法同硬卷皮革是。各项目具体位置、尺寸（见附录G）

3.4　填写要求

填写案卷封面及卷脊时一律使用碳素墨水或蓝黑墨水字迹材料，字迹要求工整。

4　卷内文件目录格式

4.1　目录用纸幅面尺寸

采用国际标准A4型（即长×宽为297mm×210mm）。

4.2　页边与文字区尺寸

卷内目录用纸上白边（天头）宽20±0.5mm

卷内目录用纸下白边（地脚）宽15±0.5mm

卷内目录用纸左白边（订口）宽 25±0. 5mm

卷内目录用纸右白边（翻口）宽 15±0. 5mm（见附录 H）

4.3 卷内文件目录项目

包括：顺序号、文号、责任者、题名、日期、页号、备注。各项目具体位置、尺寸（见附录 H）。

4.4 卷内文件目录填写方法

4.4.1 顺序号：以卷内文件排列先后顺次填写的序号，亦即件号。

4.4.2 文号：文件制发机关的发文字号。

4.4.3 责任者：对档案内容进行创造或负有责任的团体和个人，亦即文件的署名者。

机关团体责任者一般要著录全称，在全称字数太多的情况下可以著录统一规范的通用简称，不得著录“本市”“本局”。个人责任者一般只著录姓名，必要时在姓名后著录对档案负有责任的职务、职称或其他身份，并用“（ ）”表示。联合行文的责任者，应著录列于首位的责任者，立档单位本身是责任者的必须著录，被省略的责任者用“［等］”表示，两个责任者之间的间隔用“;”。

4.4.4 题名：即文件的标题，一般应照实抄录。没有标题或标题不能说明文件内容的文件，可自拟标题，外加“［ ］”号。

4.4.5 日期：文件的形成时间。填写时可省略“年”、“月”、“日”字。时间以 8 位数字表示，其中前 4 位表示年，中间 2 位表示月，后 2 位表示日，月日不足两位的，前面补“0”。

4.4.6 页号：卷内文件所在之页的编号。

4.4.7 单份装订的案卷应逐件加盖档号章。档号章的位置在每件文件首页上端空白处，归档章设置全宗号、年度、保管期限、件号等必备项，并可设置机构（问题）等选择项（见附录 I）。

4.4.8 备注：留待对卷内文件变化时作说明之用。

5 卷内备考表格式

5.1 卷内备考表外形尺寸及页边与文字区尺寸

均同卷内目录（见附录 J）。

5.2 卷内备考表项目

包括：本卷情况说明、立卷人、检查人、立卷时间。各项目具体位置、尺寸（见附录J）。

5.3 卷内备考表填写方法

5.3.1 本卷情况说明：填写卷内文件缺损、修改、补充、移出、销毁等情况。案卷立好以后发生或发现的问题由有关的档案管理人员填写并签名、标注时间。

5.3.2 立卷人：由责任立卷者签名。

5.3.3 检查人：由案卷质量审核者签名。

5.3.4 立卷时间：立卷完成的日期。

6 案卷各部分的排列格式

6.1 使用硬卷皮组卷，无论装订与否，其案卷各部分的排列格式均是：

案卷封面—卷内文件目录—文件—备考表—封底。

6.2 使用软卷皮组卷，其案卷各部分按下列格式排列：软卷封面（含卷内文件目录）—文件—封底（含备考表），以案卷号排列次序装入卷盒保存。

7 文书档案案卷格式监制

7.1 文书档案案卷的硬卷皮、软卷皮、卷盒、卷内文件目录、备考表的监制权属于各级档案局。

7.2 在卷皮封底的下部应印上“由××档案局监制”的字样。

附　录　A

（规范性附录）

硬卷皮外形尺寸

单位为毫米

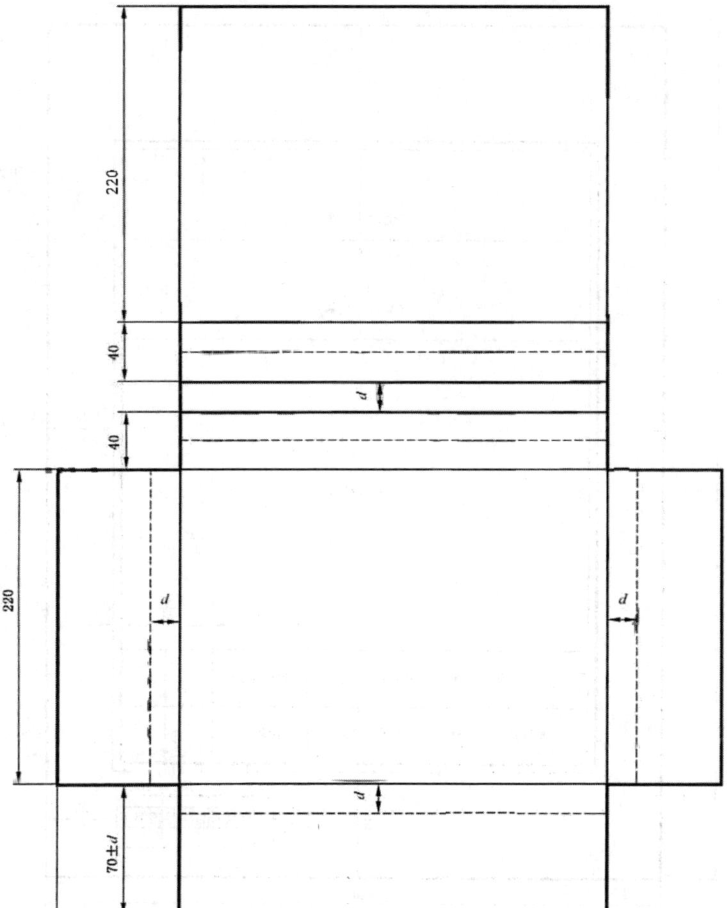

比例：1∶2

d=10 mm，15 mm，20 mm。

附　录　B

（规范性附录）

硬卷皮封面项目

单位为毫米

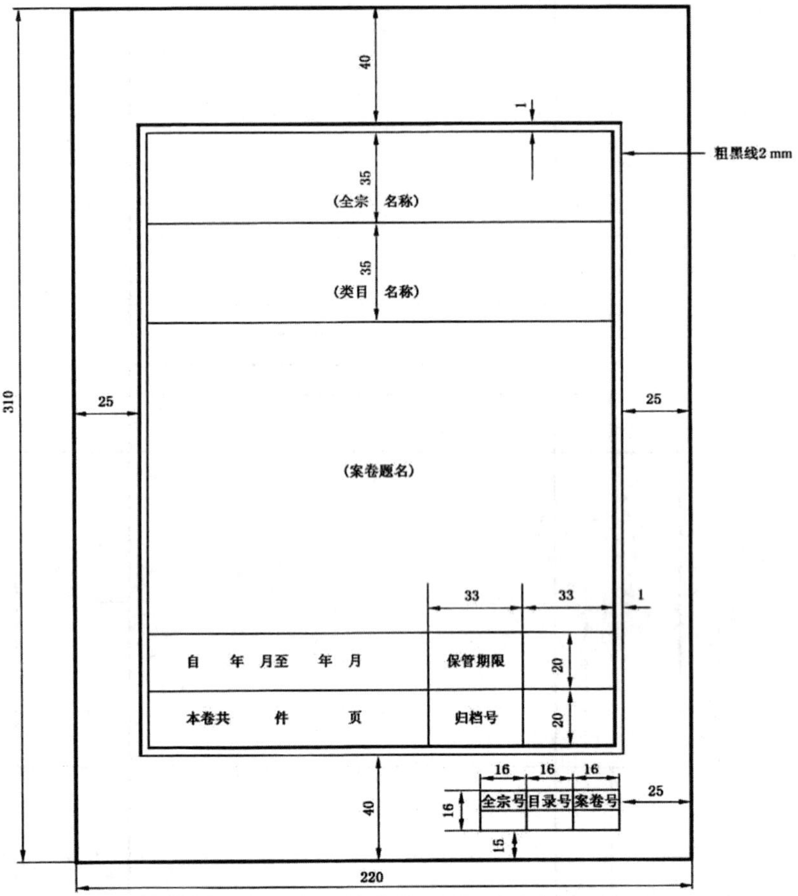

比例：1∶2

附 录 C

（规范性附录）

硬卷皮卷脊项目

单位为毫米

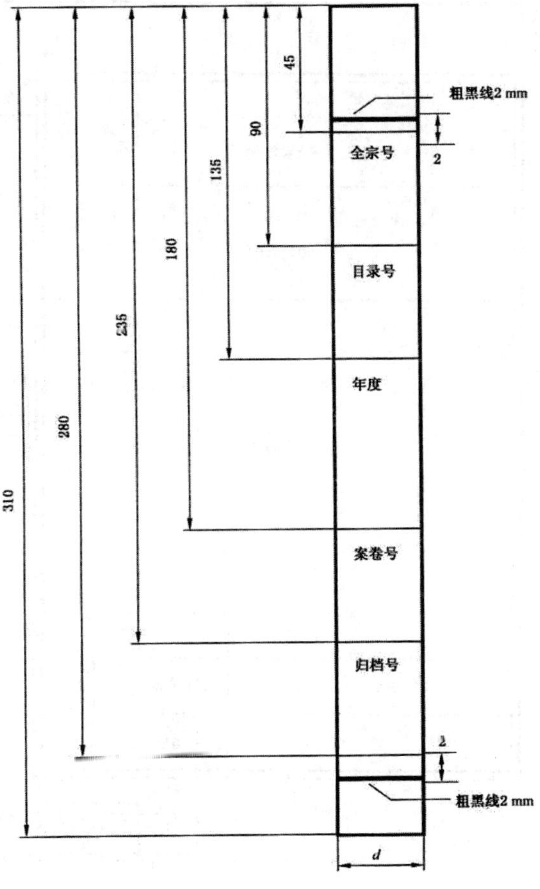

比例：1∶2

d=10 mm，15 mm，20 mm。

附　录　D
（规范性附录）
软卷皮封面项目

单位为毫米

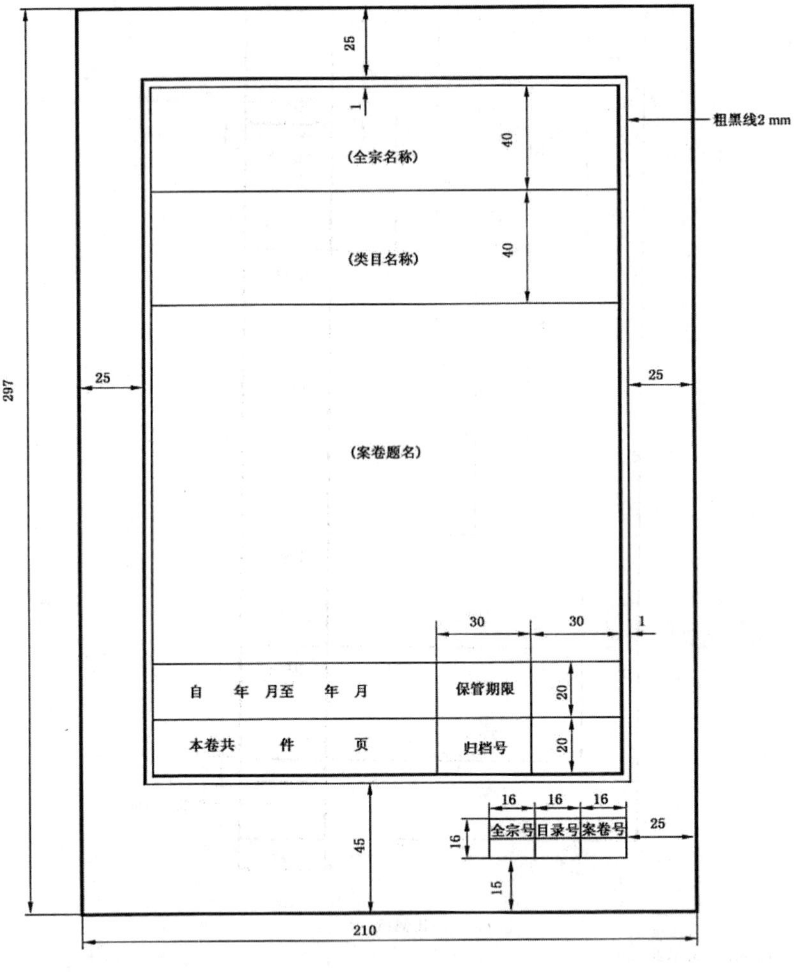

比例：1∶2

附　录　E

（规范性附录）

软卷皮封二项目

单位为毫米

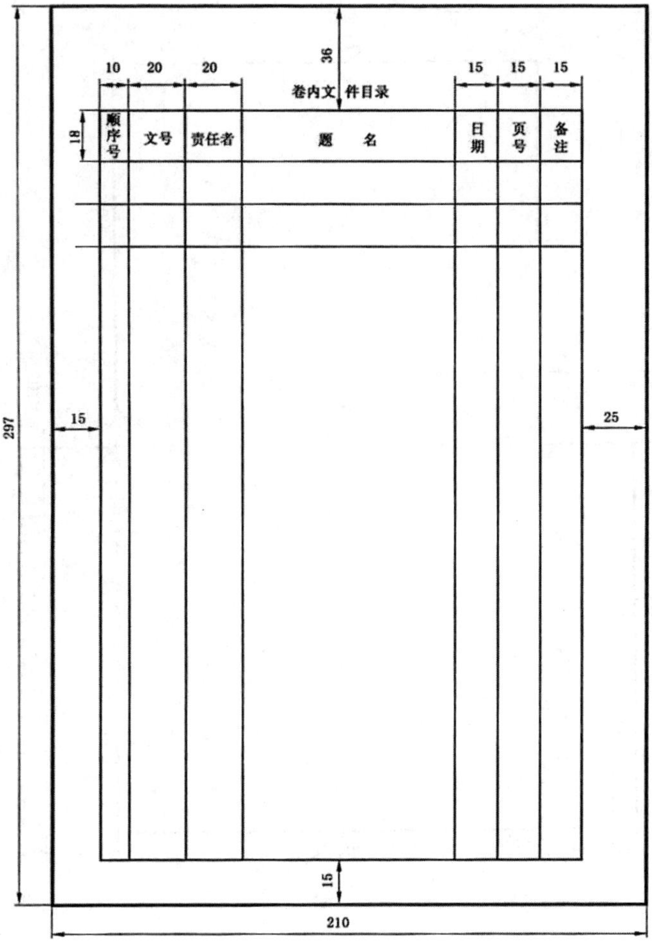

比例：1∶2

附 录 F
（规范性附录）
卷 盒 规 格

单位为毫米

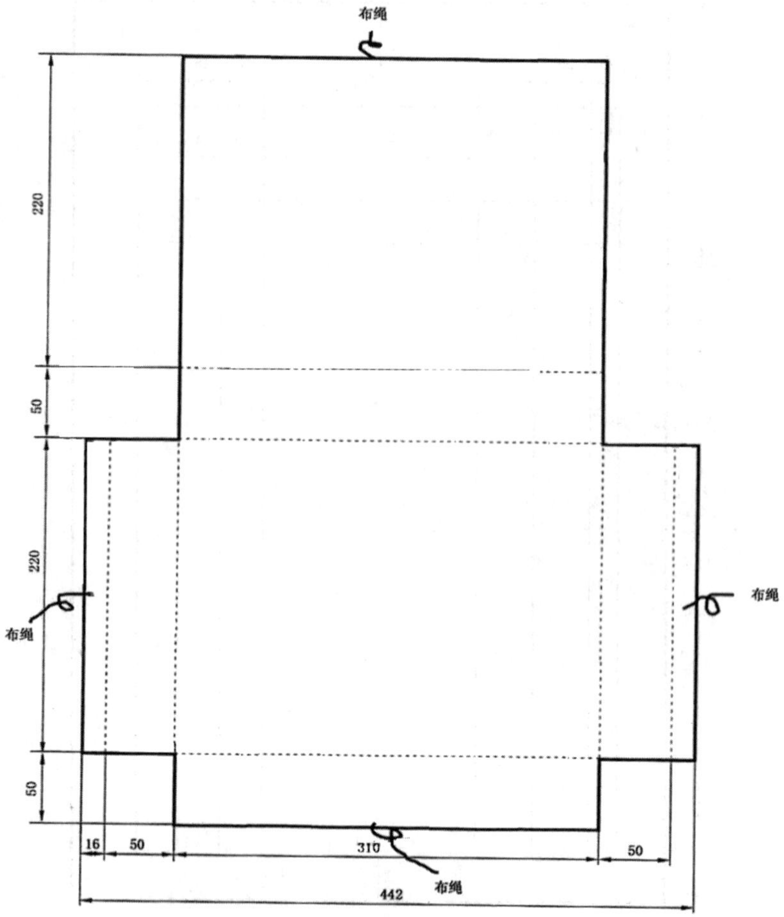

比例:1∶2
图 F.1 卷盒外形尺寸

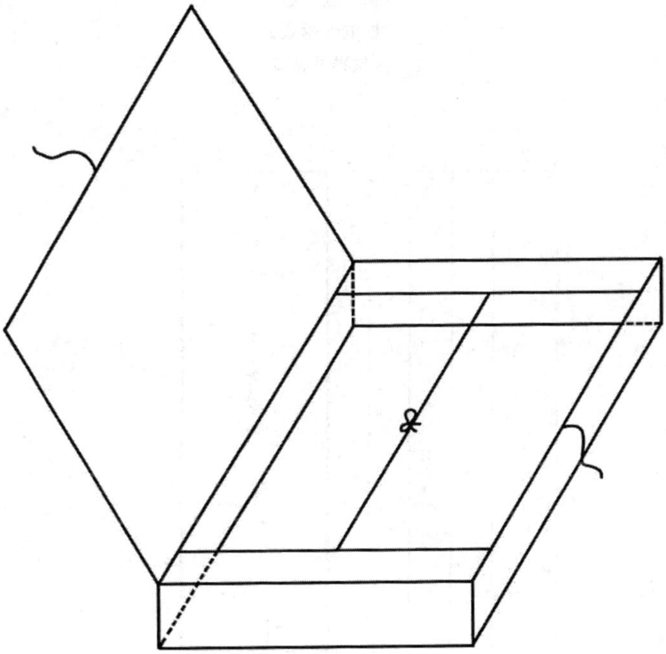

图 F.2　卷盒打开形态

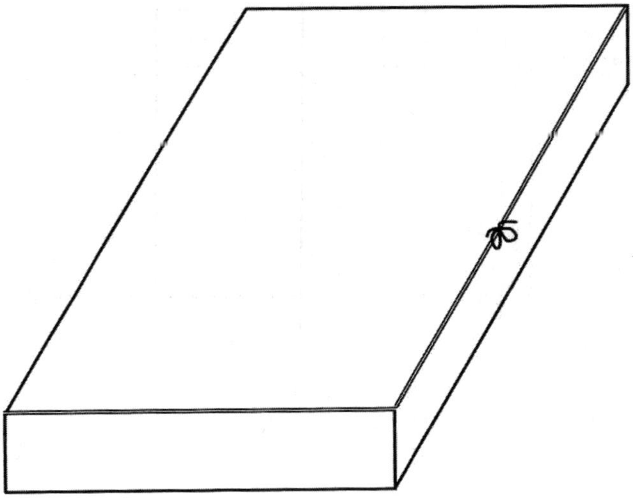

图 F.3　卷盒关闭形态

附 录 G

（规范性附录）

卷盒卷脊格式

单位为毫米

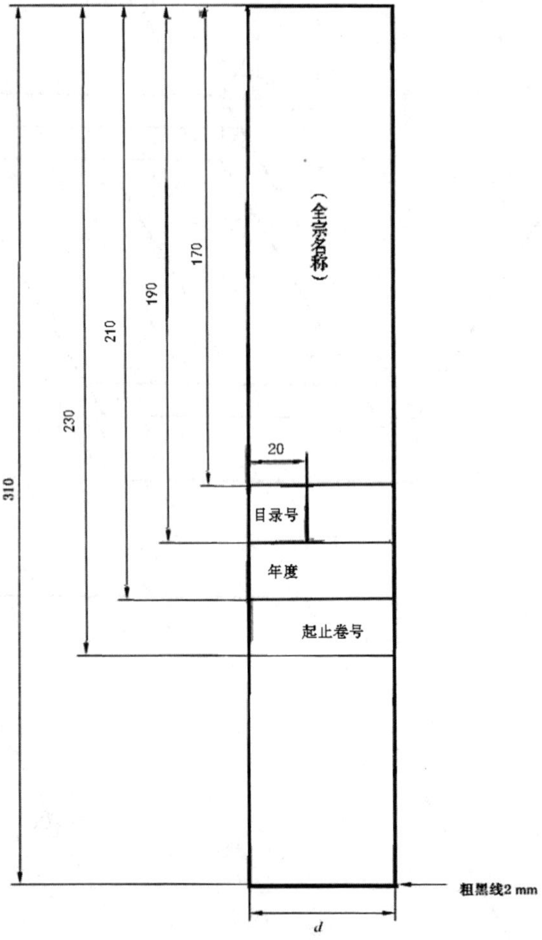

比例：1∶2

d=50 mm，40 mm，30 mm。

附录 4：GB/T 9705—2008 文书档案案卷格式

附 录 H

（规范性附录）

卷内文件目录格式

单位为毫米

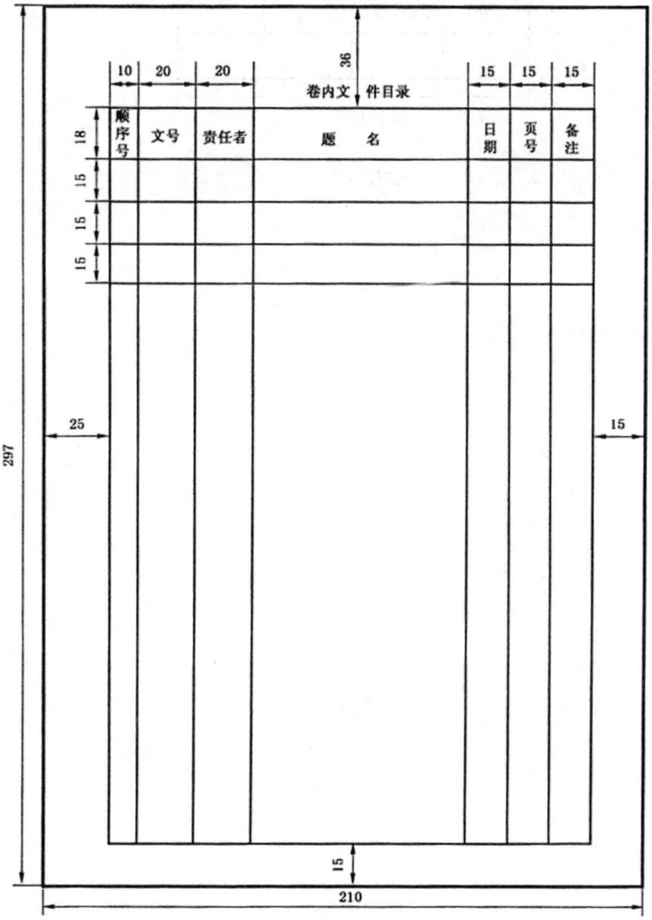

比例:1∶2

附　录 I

（规范性附录）

档号章格式

单位为毫米

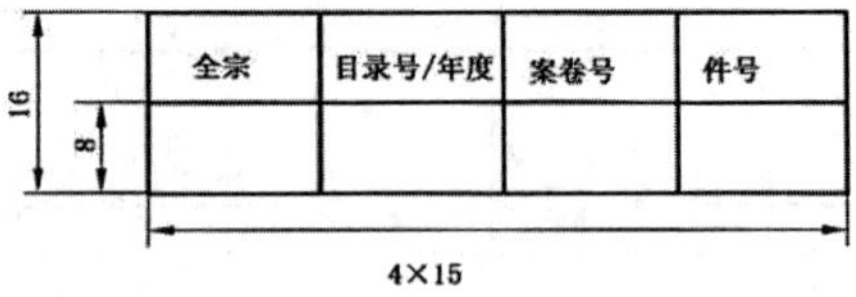

比例:1∶1

附　录　J

（规范性附录）

卷内备考表格式

单位为毫米

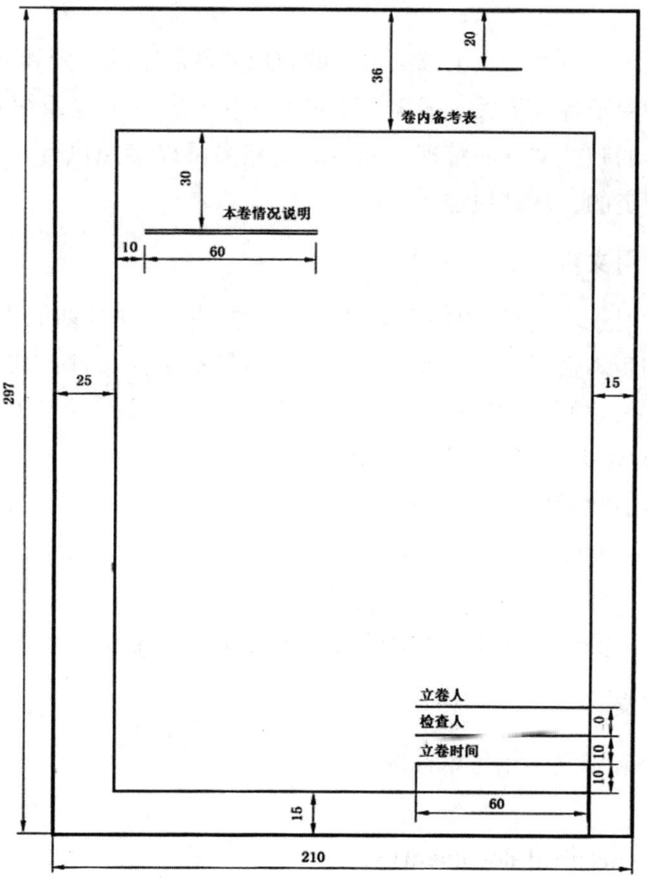

比例：1∶2

附录 5

DA/T 22—2015 归档文件整理规则

1 范围

本标准规定了应作为文书档案保存的归档文件的整理原则和方法。

本标准适用于各级机关、团体、企事业单位和其他社会组织对应作为文书档案保存的归档文件的整理。其他门类档案可以参照执行。企业单位有其他特殊规定的，从其规定。

2 规范性引用文件

下列文件对于本文件的应用是必不可少的。凡是注日期的引用文件，仅所注日期的版本适用于本文件。凡是不注日期的引用文件，其最新版本（包括所有的修改单）适用于本文件。

GB/T 18894 电子文件归档与管理规范

DA/T 1—2000 档案工作基本术语

DA/T 13—1994 档号编制规则

DA/T 25—2000 档案修裱技术规范

DA/T 38—2008 电子文件归档光盘技术要求和应用规范

3 术语和定义

下列术语和定义适用于本标准。

3.1

归档文件 archival document(s)

立档单位在其职能活动中形成的、办理完毕、应作为文书档案保存的文件材料，包括纸质和电子文件材料。

3.2

整理 arrangement

将归档文件以件为单位进行组件、分类、排列、编号、编目等（纸质归档文件还包括修整、装订、编页、装盒、排架；电子文件还包括格式转换、元数据收集、归档数据包组织、存储等），使之有序化的过程。

3.3

件 item

归档文件的整理单位。

3.4

档号 archival code

在归档文件整理过程中赋予其的一组字符代码，以体现归档文件的类别和排列顺序。

4 整理原则

4.1 归档文件整理应遵循文件的形成规律，保持文件之间的有机联系。

4.2 归档文件整理应区分不同价值，便于保管和利用。

4.3 归档文件整理应符合文档一体化管理要求，便于计算机管理或计算机辅助管理。

4.4 归档文件整理应保证纸质文件和电子文件整理协调统一。

5 一般要求

5.1 组件（件的组织）

5.1.1 件的构成

归档文件一般以每份文件为一件。正文、附件为一件；文件正本与定稿（包括法律法规等重要文件的历次修改稿）为一件；转发文与被转发文为一件；原件与复制件为一件；正本与翻译本为一件；中文本与外文本为一件；报表、名册、图册等一册（本）为一件（作为文件附件时除外）；简报、周报等材料一期为一件；会议纪要、会议记录一般一次会议为一件，会议记录一年一本的，一本为一件；来文与复文（请示与批复、报告与批示、函与复函等）一般独立成件，也可为一件。有文件处理单或发文稿纸的，文件处理单或发文稿纸与相关文件为一件。

5.1.2 件内文件排序

归档文件排序时，正文在前，附件在后；正本在前，定稿在后；转发文在前，被转发文在后；原件在前，复制件在后；不同文字的文本，无特殊规定的，汉文文本在前，少数民族文字文本在后；中文本在前，外文本在后；来文与复文作为一件时，复文在前，来文在后。有文件处理单或发文稿纸的，文件处理单在前，收文在后；正本在前，发文稿纸和定稿在后。

5.2　分类

5.2.1　立档单位应对归档文件进行科学分类，同一全宗应保持分类方案的一致性和稳定性。

5.2.2　归档文件一般采用年度—机构（问题）—保管期限、年度—保管期限—机构（问题）等方法进行三级分类。

a）按年度分类

将文件按其形成年度分类。跨年度一般应以文件签发日期为准。对于计划、总结、预算、统计报表、表彰先进以及法规性文件等内容涉及不同年度的文件，统一按文件签发日期判定所属年度。跨年度形成的会议文件归入闭幕年。跨年度办理的文件归入办结年。当形成年度无法考证时，年度为其归档年度，并在附注项加以说明。

b）按机构（问题）分类

将文件按其形成或承办机构（问题）分类。机构分类法与问题分类法应选择其一适用，不能同时采用。采用机构分类的，应根据文件形成或承办机构对归档文件进行分类，涉及多部门形成的归档文件，归入文件主办部门。采用问题分类的，应按照文件内容所反映的问题对归档文件进行分类。

c）按保管期限分类

将文件按划定的保管期限分类。

5.2.3　规模较小或公文办理程序不适于按机构（问题）分类的立档单位，可以采取年度—保管期限等方法进行两级分类。

5.3　排列

5.3.1　归档文件应在分类方案的最低一级类目内，按时间结合事由排列。

5.3.2　同一事由中的文件，按文件形成先后顺序排列。

5.3.3　会议文件、统计报表等成套性文件可集中排列。

5.4　编号

5.4.1　归档文件应依分类方案和排列顺序编写档号。档号编制应遵循唯一性、合理性、稳定性、扩充性、简单性原则。

5.4.2　档号的结构宜为：全宗号—档案门类代码·年度—保管期限—机构（问题）代码—件号。上、下位代码之间用“-”连接，同一级代码之间用“·”隔开。如“Z109-WS·2011-Y-BGS-0001”。

5.4.3 档号按照以下要求编制：

a）全宗号：档案馆给立档单位编制的代号，用 4 位数字或者字母与数字的结合标识，按照 DA/T13—1994 编制。

b）档案门类代码·年度：归档文件档案门类代码由“文书”2 位汉语拼音首字母“WS”标识。年度为文件形成年度，以 4 位阿拉伯数字标注公元纪年，如“2013”。

c）保管期限：保管期限分为永久、定期 30 年、定期 10 年，分别以代码“Y”、“D30”、“D10”标识。

d）机构（问题）代码：机构（问题）代码采用 3 位汉语拼音字母或阿拉伯数字标识，如办公室代码“BGS”等。归档文件未按照机构（问题）分类的，应省略机构（问题）代码。

e）件号：件号是单件归档文件在分类方案最低一级类目内的排列顺序号，用 4 位阿拉伯数字标识，不足 4 位的，前面用“0”补足，如“0026”。

5.4.4 归档文件应在首页上端的空白位置加盖归档章并填写相关内容。电子文件可以由系统生成归档章样式或以条形码等其他形式在归档文件上进行标识。

5.4.5 归档章应将档号的组成部分，即全宗号、年度、保管期限、件号，以及页数作为必备项，机构（问题）可以作为选择项（见附录 A 图 A1）。归档章中全宗号、年度、保管期限、件号、机构（问题）按照 5.4.3 编制，页数用阿拉伯数字标识（见附录 A 图 A2）。为便于识记，归档章保管期限也可以使用“永久”“30 年”“10 年”简称标识，机构（问题）也可以用“办公室”等规范化简称标识（见附录 A 图 A3）。

5.5 编目

5.5.1 归档文件应依据档号顺序编制归档文件目录。编目应准确、详细，便于检索。

5.5.2 归档文件应逐件编目。来文与复文作为一件时，对复文的编目应体现来文内容。归档文件目录设置序号、档号、文号、责任者、题名、日期、密级、页数、备注等项目。

a）序号：填写归档文件顺序号。

b）档号：档号按照 5.4.2—5.4.3 编制。

c）文号：文件的发文字号。没有文号的，不用标识。d）责任者：制发文件的组织或个人，即文件的发文机关或署名者。

e）题名：文件标题。没有标题、标题不规范，或者标题不能反映文件主要内容、不方便检索的，应全部或部分自拟标题，自拟内容外加方括号“［ ］”。

f）日期：文件的形成时间，以国际标准日期表示法标注年月日，如19990909。

g）密级：文件密级按文件实际标注情况填写。没有密级的，不用标识。

h）页数：每一件归档文件的页面总数。文件中有图文的页面为一页。

i）备注：注释文件需说明的情况。

5.5.3 归档文件目录推荐由系统生成或使用电子表格进行编制。目录表格采用A4幅面，页面宜横向设置（见附录B图B1）。

5.5.4 归档文件目录除保存电子版本外，还应打印装订成册。装订成册的归档文件目录，应编制封面（见附录B图B2）。封面设置全宗号、全宗名称、年度、保管期限、机构（问题），其中全宗名称即立档单位名称，填写时应使用全称或规范化简称。归档文件目录可以按年装订成册，也可每年区分保管期限装订成册。

6 纸质归档文件的修整、装订、编页、装盒和排架

6.1 修整

6.1.1 归档文件装订前，应对不符合要求的文件材料进行修整。

6.1.2 归档文件已破损的，应按照DA/T 25-2000予以修复；字迹模糊或易退变的，应予复制。

6.1.3 归档文件应按照保管期限要求去除易锈蚀、易氧化的金属或塑料装订用品。

6.1.4 对于幅面过大的文件，应在不影响其日后使用效果的前提下进行折叠。

6.2 装订

6.2.1 归档文件一般以件为单位装订。归档文件装订应牢固、安全、简便，做到文件不损页、不倒页、不压字，装订后文件平整，有利于归档文

件的保护和管理。装订应尽量减少对归档文件本身影响，原装订方式符合要求的，应维持不变。

6.2.2 应根据归档文件保管期限确定装订方式，装订材料与保管期限要求相匹配。为便于管理，相同期限的归档文件装订方式应尽量保持一致，不同期限的装订方式应相对统一。

6.2.3 用于装订的材料，不能包含或产生可能损害归档文件的物质。不使用回形针、大头针、燕尾夹、热熔胶、办公胶水、装订夹条、塑料封等装订材料进行装订。

6.2.4 永久保管的归档文件，宜采取线装法装订。页数较少的，使用直角装订（见附录C图C1、图C2）或缝纫机轧边装订，文件较厚的，使用“三孔一线”装订。永久保管的归档文件，使用不锈钢订书钉或浆糊装订的，装订材料应满足归档文件长期保存的需要。

6.2.5 永久保管的归档文件，不使用不锈钢夹或封套装订。

6.2.6 定期保管的、需要向综合档案馆移交的归档文件，装订方式按照6.2.4—6.2.5执行。定期保管的、不需要向综合档案馆移交的归档文件，装订方式可以按照6.2.4执行，也可以使用不锈钢夹或封套装订。

6.3 编页

6.3.1 纸质归档文件一般应以件为单位编制页码。

6.3.2 页码应逐页编制，宜分别标注在文件正面右上角或背面左上角的空白位置。

6.3.3 文件材料已印制成册并编有页码的；拟编制页码与文件原有页码相同的，可以保持原有页码不变。

6.4 装盒

将归档文件按顺序装入档案盒，并填写档案盒盒脊及备考表项目。不同年度、机构（问题）、保管期限的归档文件不能装入同一个档案盒。

6.4.1 档案盒

6.4.1.1 档案盒封面应标明全宗名称。档案盒的外形尺寸为310mm×220mm（长×宽），盒脊厚度可以根据需要设置为20 mm、30mm、40mm、50mm等（见附录D图D1）。

6.4.1.2 档案盒应根据摆放方式的不同，在盒脊或底边设置全宗号、年度、保管期限、起止件号、盒号等必备项，并可设置机构（问题）等选择项（见附录D图D2、图D3）。其中，起止件号填写盒内第一件文件和最后一件文件的件号，起件号填写在上格，止件号填写在下格；盒号即档案盒的排列顺序号，按进馆要求在档案盒盒脊或底边编制。

6.4.1.3 档案盒应采用无酸纸制作。

6.4.2 备考表

备考表置于盒内文件之后，项目包括盒内文件情况说明、整理人、整理日期、检查人、检查日期（见附录E）。

a）盒内文件情况说明：填写盒内文件缺损、修改、补充、移出、销毁等情况。

b）整理人：负责整理归档文件的人员签名或签章。

c）整理日期：归档文件整理完成日期。

d）检查人：负责检查归档文件整理质量的人员签名或签章。

e）检查日期：归档文件检查完毕的日期。

6.5 排架

6.5.1 归档文件整理完毕装盒后，上架排列方法应与本单位归档文件分类方案一致，排架方法应避免频繁倒架。6.5.2 归档文件按年度—机构（问题）—保管期限分类的，库房排架时，每年形成的档案按机构（问题）序列依次上架，便于实体管理。

6.5.3 归档文件按年度—保管期限—机构（问题）分类的，库房排架时，每年形成的档案按保管期限依次上架，便于档案移交进馆。

7 归档电子文件的整理要求

7.1 归档电子文件组件（件的组织）、分类、排列、编号、编目，应符合本《规则》“5 一般要求”的规定。

7.2 归档电子文件的格式转换、元数据收集、归档数据包组织、存储等整理要求，参照《数字档案室建设指南》（2014年）、GB/T 18894、DA/T 48、DA/T 38等标准执行。

7.3 归档电子文件整理，应使用符合《数字档案室建设指南》（2014年）、GB/T 18894等标准的应用系统。

附录 A
归档章式样及示例
（规范性附录）

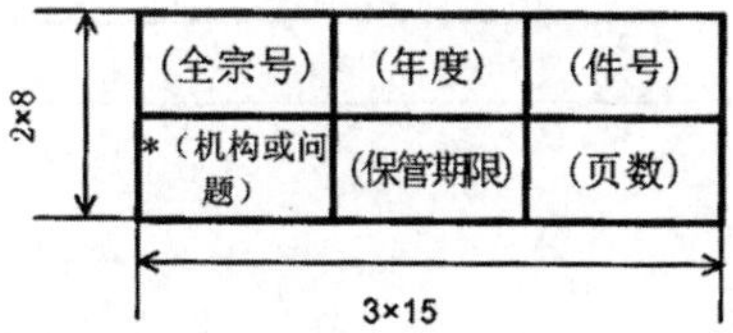

单位：mm 比例：1∶1

注：标有“*”号的为选择项，下同。

图 A1 归档章式样

Z109	2011	1
BGS	Y	45

图 A2 归档章示例一

Z109	2011	1
办公室	永久	45

图 A3 归档章示例二

附录 B
归档文件目录式样
（资料性附录）

归档文件目录

序号	档号	文号	责任者	题名	日期	密级	页数

图 B1 归档文件目录式样

归 档 文 件 目 录

全 宗 号____________

全宗名称____________

年　　度____________

保管期限____________

*机构（问题）_________

比例：1∶2

图 B2 归档文件目录封面式样

附录 C
（资料性附录）
直角装订

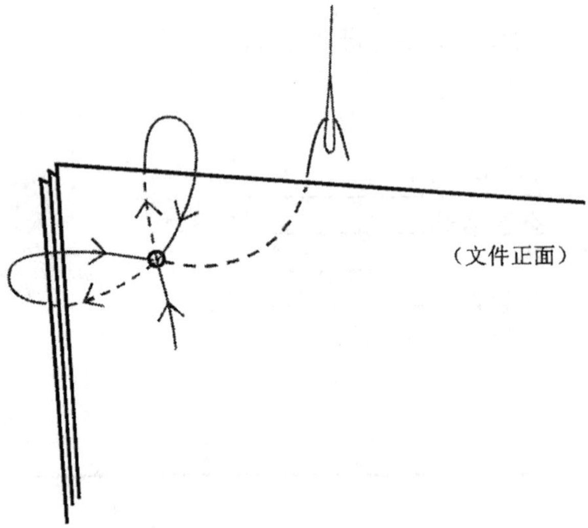

图 C1 装订方法

图 C2 装订效果

附录 D

档案盒式样

（资料性附录）

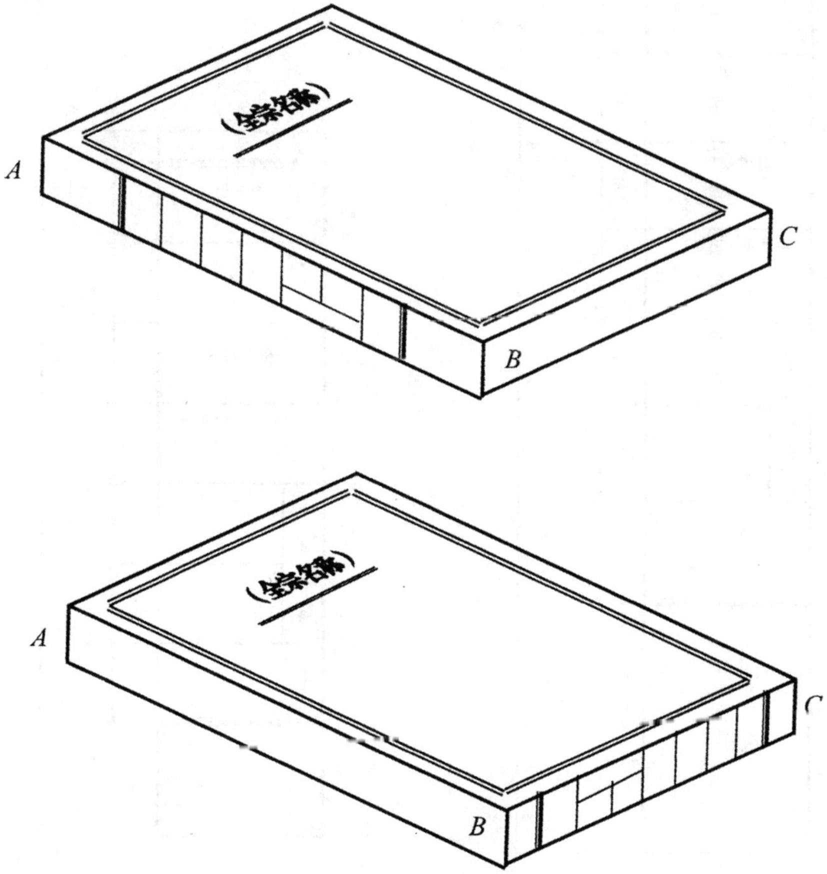

A=B=C=20，30，40，50mm 等

图 D1 档案盒封面式样及规格

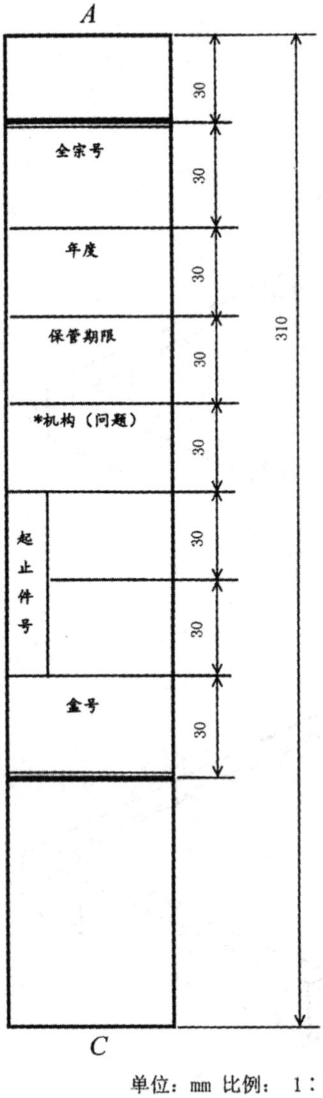

图 D2　档案盒盒脊式样

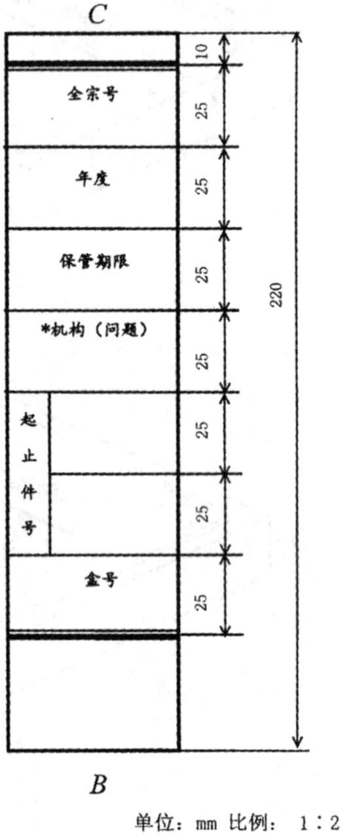

图 D3　档案盒底边式样

附录 E
备考表式样
（资料性附录）

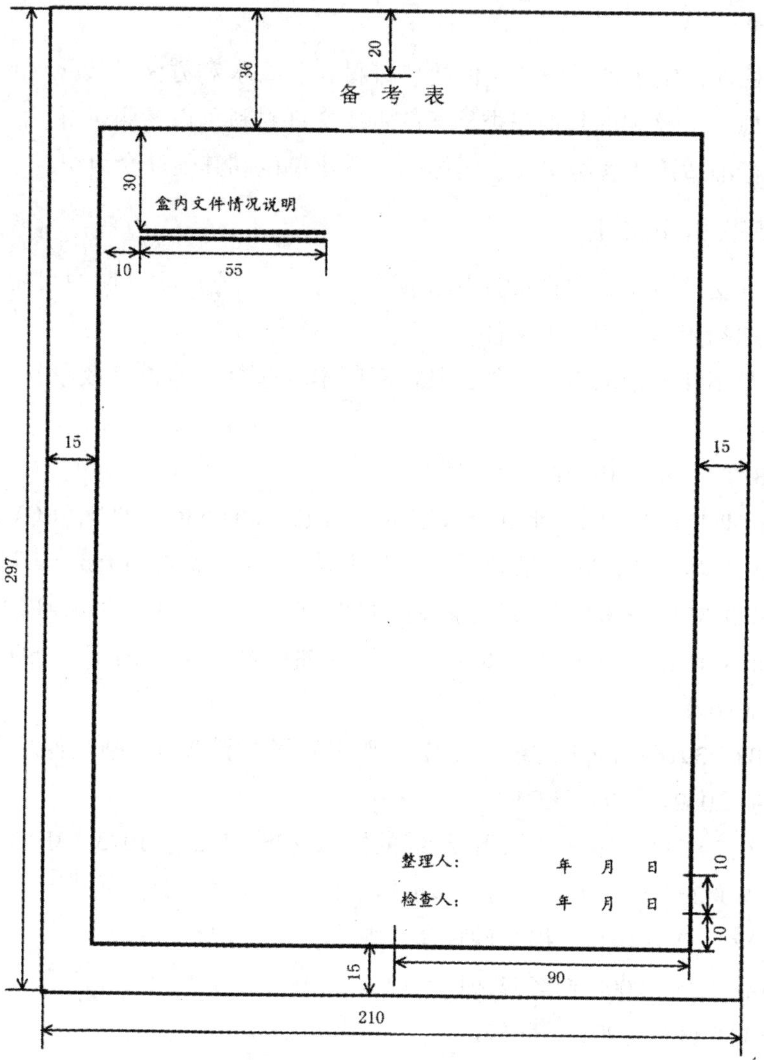

单位：mm 比例：1：2

图 E1 备考表式样

附录 6

DA/T 69—2018 纸质归档文件装订规范

1 范围

本标准规定了纸质归档文件的装订材料、要求和方法。按照《归档文件整理规则》整理的其他门类档案的纸质文件材料可以参照执行。

本标准适用于各级机关、团体、企事业单位和其他社会组织。

2 规范性引用文件

下列文件对于本文件的应用是必不可少的。凡是注日期的引用文件，仅注日期的版本适用于本文件。

凡是不注日期的引用文件，其最新版本（包括所有的修改单）适用于本文件。

GB/T 398—2008 棉本色纱线

GB/T 451.2—2002 纸和纸板定量的测定（ISO 536：1995，EQV）

GB/T 451.3—2002 纸和纸板厚度的测定（ISO 534：1988，IDT）

GB/T 455—2002 纸和纸板撕裂度的测定（ISO 1974：1990，EQV）

GB/T 1545—2008 纸、纸板和纸浆水抽提液 PH 的测定（ISO 6588：1981，MOD）

GB/T 3916—1997 纺织品卷装纱 单根纱线断裂强力和断裂伸长率的测定（ISO 2062：1993，EQV）

GB/T 8693—2008 纺织品-纱线的标示（ISO 1139：1973，MOD）

GB/T 20878—2007 不锈钢和耐热钢牌号及化学成分

DA/T 22—2015 归档文件整理规则

DA/T 25—2000 档案修裱技术规范

QB/T 1151—2011 订书钉

QB/T 1962—2011 浆糊

3 术语和定义

下列术语和定义适用于本文件。

3.1

归档文件 archivaldocument

立档单位在其职能活动中形成的、办理完毕、应作为文书档案保存的各种文件材料，包括纸质和电子文件材料。

[DA/T 22—2015，定义 3.1\ ]

3.2

装订 binding

通过线装法、粘接法、变形材料装订法、封套法等方式，将归档文件以件为单位进行固定的过程。

3.3

线装法 sewingbinding

将归档文件以三孔一线、直角或多孔一线等方式进行缝合的装订方法。3.4

变形材料装订法 deformation material binding

将归档文件以不锈钢订书钉、不锈钢夹固定在一起的装订方法。

3.5

粘接法 adhesivebinding

将归档文件以浆糊等粘合剂粘合在一起的装订方法。

3.6

封套法 envelopebinding

用无酸纸制作成上方开口或上方、侧面开口的封套，将归档文件夹装其中的装订方法。

4 总则

4.1 稳定性原则

应对归档文件进行仔细检查和评估，制定适宜的装订方案。方案应考虑文件保管期限、文件纸张质量、文件厚度、纵横向、订口空白尺寸、原装订方式等因素。装订方案确定后，应保持相对稳定。

4.2 最小影响原则

装订应尽量减少对归档文件本身影响。应避免多次装订，原装订方式符合文件保管期限等相关要求的，应维持不变。

4.3 一致性原则

装订应有利于归档文件的保护和管理。相同期限的归档文件装订方式应尽量保持一致，不同期限的装订方式应相对统一。

4.4 安全简便原则

装订应牢固安全、简便实用、整洁美观。装订材料不能包含或产生可能损害归档文件的物质。

5 装订需求类型和装订方式选择

5.1 装订需求

根据归档文件保管期限和整理要求，归档文件装订需求分成 5 类：

a）类型 A：永久保管；

b）类型 B：定期 30 年保管，需要移交档案馆；

c）类型 C：定期 30 年保管，不需要移交档案馆；

d）类型 D：定期 10 年保管；

e）类型 E：需永久或定期保管，但尚未完成整理、数字化工作，需要临时固定。

5.2 装订方式

5.2.1 归档文件装订一般采用线装法（T1 直角装订、T2 缝纫机轧边装订、T3 三孔一线装订）、变形材料装订法（T4 不锈钢订书钉装订、T5 不锈钢夹装订）、粘接法（T6 浆糊装订）、封套法（T7 封套装订）4 个类型 7 种方式。

5.2.2 归档文件装订不得使用回形针、大头针、燕尾夹、热熔胶、办公胶水、装订夹条、塑料封等可能对归档文件造成危害或固定效果不佳的装订方式。

5.3 装订方式选择

5.3.1 类型 A 对应装订方式：T1、T2、T3；T4、T6。具体来说：

a）永久保管的归档文件，宜采用线装法装订。归档文件页数较少的，采用手工进行直角装订（T1）或缝纫机轧边装订（T2），页数较厚的，采用三孔一线装订（T3）。

b）永久保管的归档文件，可采用不锈钢订书钉装订（T4）、浆糊装订（T6）。不锈钢订书钉、浆糊材质应满足归档文件永久保管的需要。页数较少的，采用不锈钢订书钉装订（T4）或浆糊装订（T6），页数较多的，采用不锈钢订书钉装订（T4）。

c）永久保管的归档文件，不可使用不锈钢夹装订（T5）、封套装订（T7）。

5.3.2 类型 B 装订方式和要求按照 5.3.1 执行。

5.3.3 类型 C 对应装订方式：T1、T2、T3、T4、T6；T5、T7。具体来说：

a）定期 30 年保管，不需要移交档案馆的归档文件，宜采用线装法装订。归档文件页数较少的，采用手工进行直角装订（T1）或缝纫机轧边装订（T2），页数较厚的，采用三孔一线装订（T3）。

b）定期 30 年保管，不需要移交档案馆的归档文件，可采用不锈钢订书钉装订（T4）、浆糊装订（T6），不锈钢订书钉、浆糊材质应满足归档文件长期保管的需要。页数较少的，采用不锈钢订书钉装订（T4）或浆糊装订（T6），页数较多的，采用不锈钢订书钉装订（T4）。

c）定期 30 年保管，不需要移交档案馆的归档文件，也可采用不锈钢夹装订（T5）、封套装订（T7）。

5.3.4 类型 D 对应装订方式：T1—T7。

定期 10 年保管的归档文件，可采用直角装订（T1）、缝纫机轧边装订（T2）、三孔一线装订（T3）、不锈钢订书钉装订（T4）、不锈钢夹装订（T5）、浆糊装订（T6）、封套装订（T7）任意一种方式装订。

5.3.5 类型 E 对应装订方式：T5、T7。

永久或定期保管，但尚未完成整理、数字化工作，需要临时固定的，宜采用不锈钢夹装订（T5）、封套装订（T7）（见附录 A）。

6 装订材料

6.1 基本要求

用于装订的材料，无论是其自身还是通过与其它材料及环境之间的接触反应，均不能包含或产生任何可能损害归档文件的物质。

6.2 棉纱线

6.2.1 线装法中的直角装订（T1）、缝纫机轧边装订（T2）、三孔一线装订（T3）均应采用棉纱线，棉纱线规格、质量、检测应按 GB/T 398—2008 的规定进行。

6.2.2 直角装订（T1）、缝纫机轧边装订（T2）、三孔一线装订（T3）用棉线的粗细应与 GB/T 8693—2008 所描述的 R72texf4 规格的棉线相当。线的断裂强度应不低于 15 N，检测应按 GB/T 3916—1997 的规定进行。

6.3 不锈钢订书钉

6.3.1 不锈钢订书钉产品质量要求（外形尺寸、钉面、钉脚、钉脚斜度、B、C、E 种缺陷、粘牢度、外观、订纸性能、钉条枚数）、试验方法、检测规则应按照 QB/T 1151—2011 执行。

6.3.2 不锈钢订书钉材质应选用 S30408 不锈钢，沿海地区应选用耐腐蚀性能更优的不锈钢。不锈钢规格、质量、检测应按照 GB/T 20878—2007 执行。

6.4 不锈钢夹

不锈钢夹仅适用于需要临时固定的归档文件，符合行业产品质量要求即可。

6.5 浆糊

6.5.1 浆糊质量要求（游离甲醛限量、外观、PH、粘接性、防霉力、耐寒性）、试验方法、检测规则应按照 QB/T 1962—2011 执行。

6.5.2 浆糊在满足 6.5.1 质量要求的基础上，还应符合 DA/T 25—2000 的要求。

6.6 封套

6.6.1 封套用纸应轻薄、结实，材质选择对归档文件不应有负面影响或潜在负面影响。

6.6.2 纸张定量应在 110 g/m^2 ~ 160 g/m^2 之间，检测应按 GB/T 451.2—2002 的规定进行。

6.6.3 纸张的 pH 值应大于等于 6，检测应按 GB/T 1545—2008 规定的冷抽提法进行。

6.6.4 纸张撕裂度应大于 850mN，检测应按 GB/T 455—2002 的规定进行。

6.6.5 纸张单层紧度应在 0.6g/cm^3 ~ 1.0 g/cm^3 之间，检测应按 GB/T451.3—2002 的规定进行。

7 装订要求

7.1 一般要求

7.1.1　归档文件装订前，应对不符合要求的文件材料进行修整。归档文件已破损的，应按照 DA/T 25—2000 予以修复；字迹模糊或易退变的，应予复制。归档文件应按照保管期限要求去除易锈蚀、易氧化的金属或塑料装订用品。

7.1.2　装订要求牢固，做到文件不损页、不倒页、不压字。装订后文件平整。

7.2　T1 直角装订

7.2.1　T1 直角装订自归档文件上边、侧边各 2 cm 处入针，在上方环绕后再在侧面环绕（或在侧方环绕再在上方环绕），再在上方（或侧方）绕半圈后与入针线头打结。打结可以选择在上方（侧方），也可以选择在入针处（见附录 B 图 B.1）。缝线与归档文件结合紧密的，也可以不打结，但入针、出针处应保留 1.5 cm 左右的线头。

7.2.2　T1 直角装订应选取较细缝线针，以双线为宜，以便缝线紧实。拉紧打结后的缝线形成直角，与上方、侧方边缘形成正方形（见图 B.2）。

7.3　T2 缝纫机轧边装订

7.3.1　缝纫机轧边装订是用缝纫机在文件左上进行斜角装订（见图 B.3），入针、出针位置以距版面左上角顶端 2 cm—3 cm 为宜。

7.3.2　缝纫机轧边装订应选用锁式缝合缝纫机，不得使用链式缝合缝纫机。

7.3.3　缝纫机轧边装订针脚距离应尽量加大，入针、出针处应保留 1.5 cm 左右的线头。

7.3.4　缝纫机轧边装订应避免文件缝合处形成断裂。

7.4　T3 三孔一线装订

7.4.1　T3 三孔一线装订是用锥子或三孔一线打孔机在文件左侧打孔后再穿线、打结的装订方式。

7.4.2　T3 三孔一线装订采取挤压式打孔，以免对文件造成过多损害。打孔前先用夹子固定文件右侧，确定孔距后用锥子或三孔一线打孔机打孔。三孔之间的距离，竖版文件以 8 cm—10cm 为宜，横版文件以 6 cm—8cm 为宜。三孔与左侧距离不低于 1.5 cm。

7.4.3　穿线时，先将装订绳对折，将两个绳头并齐后从文件背面穿入中间孔，再将绳头分别向下穿入两边的孔中，并从由装订绳形成的圈中交叉穿过。用力拉紧两个绳头，使装订绳紧缚文件，再将两个绳头在中件孔处打结（见图 B.4）。

7.4.4 T3 三孔一线装订在打结后应保留 1.5 cm 左右的绳头，并在打结处用力压实（见图 B.5）。

7.5 T4 不锈钢订书钉装订

7.5.1 T4 不锈钢订书钉装订应在归档文件左侧两钉装订，订位为两钉外订眼距版面上下边缘各 7 cm 为宜（见图 B.6）。

7.5.2 T4 不锈钢订书钉装订应无坏钉、漏钉、重钉，钉脚平伏牢固，归档文件不掉页。

7.5.3 需要拆除不符合要求的订书钉再用不锈钢订书钉装订的，拆除时应尽量减轻对归档文件的损害，不锈钢订书钉的装订位置尽量与原订书钉保持一致。原装订位置不适宜继续装订的，不锈钢订书钉的装订位置可稍偏移。

7.5.4 T4 不锈钢订书钉装订在符合 7.5.1—7.5.3 要求的前提下，应尽量减少重复装订次数，以尽量降低对纸张可能造成的危害。

7.6 T5 不锈钢夹装订

7.6.1 T5 不锈钢夹应在归档文件上方或左侧一订装订，订位为不锈钢夹外缘距版面左上角顶端 2 cm—3 cm 为宜（见图 B.7、图 B.8）。

7.6.2 T5 不锈钢夹装订时，不同文件的装订位置应错开，以方便装盒，节省保存空间。

7.7 T6 浆糊装订

7.7.1 T6 浆糊装订采取左上角粘贴法，即在文件左上角涂抹浆糊进行装订。浆糊装订前应将浆糊调匀。

7.7.2 浆糊涂抹一般以离上方、侧方边缘 2 cm—2.5cm 处为圆心，1 cm 为半径，涂抹的浆糊与上方、侧方应留有空白。浆糊涂抹时注意用量适宜，分布均匀。

7.7.3 T6 浆糊装订在粘贴后要压实、晾干，待完全干燥后再装盒。

7.8 T7 封套装订

T7 封套装订是指将待装订的归档文件放入封套。文件放入后应保证文件平整，不能出现折、皱情况。

附录6：DA/T 69—2018 纸质归档文件装订规范

附　录　A
（规范性附录）
纸质归档文件装订方式选择

纸质归档文件装订方式选择如表 A.1 所示。

表 A.1　纸质归档文件装订方式选择

<table>
<tr><th>装订需求</th><th>宜</th><th>可</th><th>不可</th><th>不得</th></tr>
<tr><td>类型 A：永久保管</td><td>直角装订（T1）
缝纫机轧边装订（T2）
三孔一线装订（T3）</td><td>不锈钢订书钉装订（T4）
浆糊装订（T6）</td><td>不锈钢夹装订（T5）
封套装订（T7）</td><td rowspan="5">回形针、大头针、燕尾夹、热熔胶、办公胶水、装订夹条、塑料封等</td></tr>
<tr><td>类型 B：定期 30 年保管，需要移交档案馆</td><td>直角装订（T1）
缝纫机轧边装订（T2）
三孔一线装订（T3）</td><td>不锈钢订书钉装订（T4）
浆糊装订（T6）</td><td>不锈钢夹装订（T5）
封套装订（T7）</td></tr>
<tr><td>类型 C：定期 30 年保管，不需要移交档案馆</td><td>直角装订（T1）
缝纫机轧边装订（T2）
三孔一线装订（T3）
不锈钢订书钉装订（T4）
浆糊装订（T6）</td><td>不锈钢夹装订（T5）
封套装订（T7）</td><td></td></tr>
<tr><td>类型 D：定期 10 年保管</td><td>直角装订（T1）
缝纫机轧边装订（T2）
三孔一线装订（T3）
不锈钢订书钉装订（T4）
不锈钢夹装订（T5）
浆糊装订（T6）
封套装订（T7）</td><td></td><td></td></tr>
<tr><td>类型 E：需永久或定期保管，需要临时固定</td><td>不锈钢夹装订（T5）
封套装订（T7）</td><td></td><td></td></tr>
</table>

附　录　B

（资料性附录）

纸质归档文件装订方式

纸质归档文件装订方式如图 B.1～图 B.8 所示。

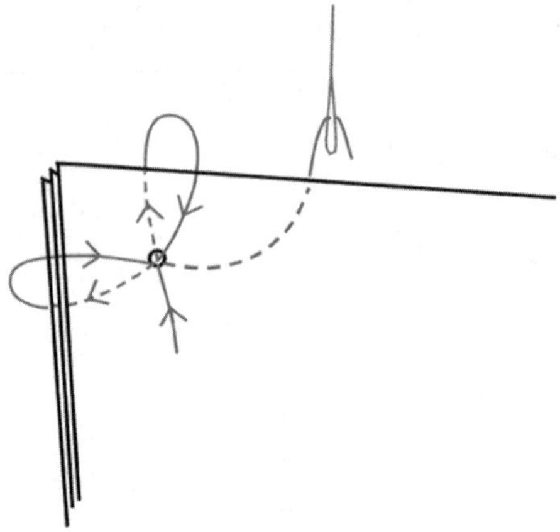

图 B.1　直角装订

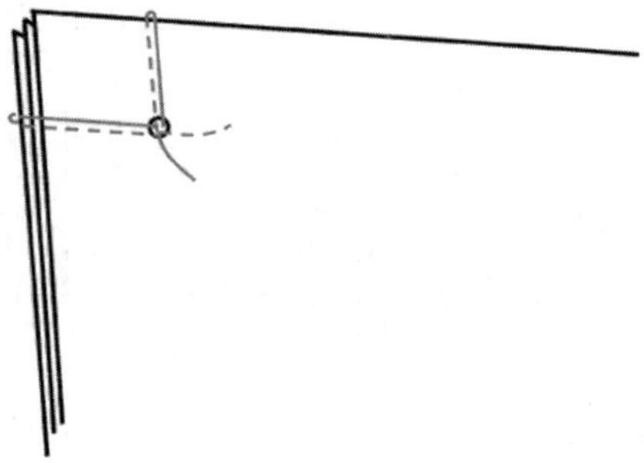

图 B.2　直角装订效果

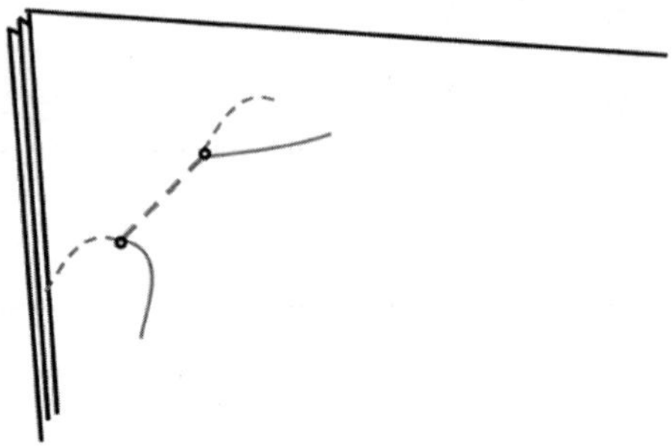

图 B.3　缝纫机轧边装订效果

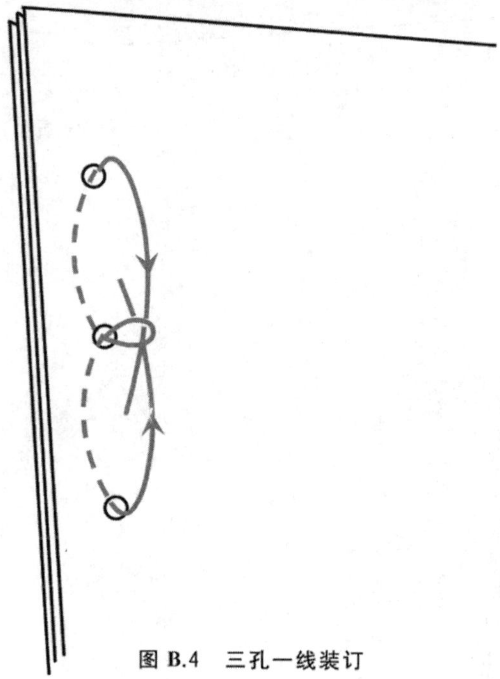

图 B.4　三孔一线装订

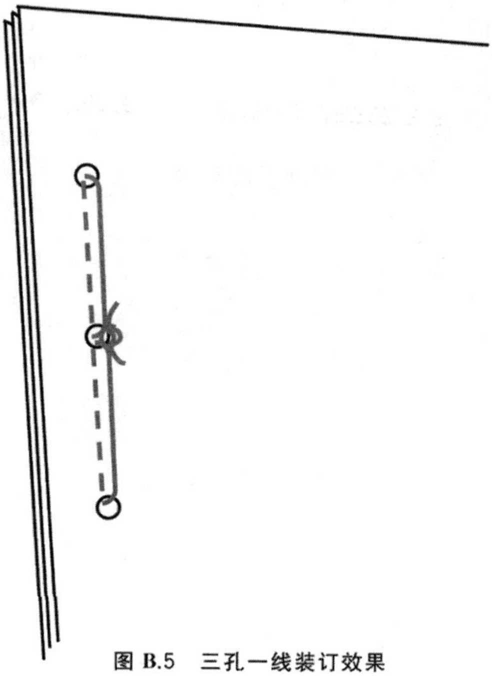

图 B.5　三孔一线装订效果

图 B.6　不锈钢订书钉装订效果

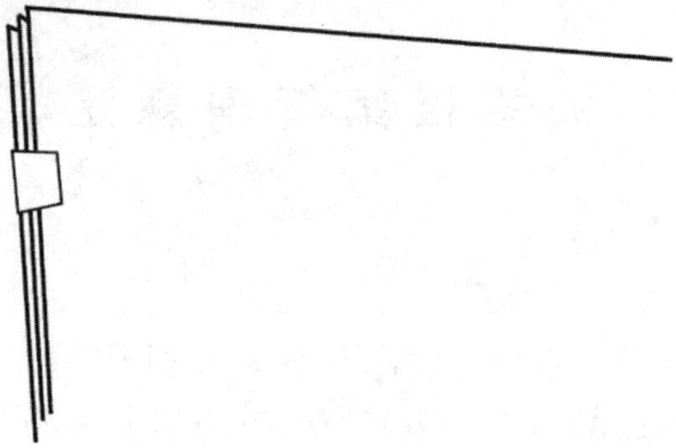

图 B.7　不锈钢夹左侧装订效果

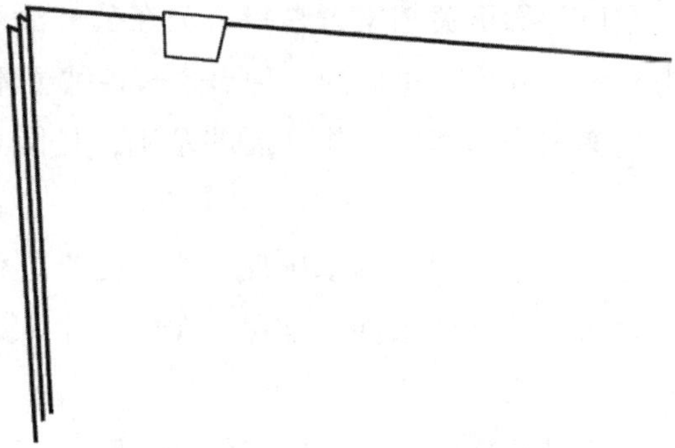

图 B.8　不锈钢夹顶端装订效果

附录 7

机关档案管理规定

第一章 总 则

第一条 为了加强各级党和国家机关、人民团体（以下统称机关）档案工作，推进机关档案科学、规范管理，丰富国家档案资源，为各项工作提供有效服务，根据《中华人民共和国档案法》《机关档案工作条例》等法律法规，制定本规定。

第二条 本规定所称的机关档案，是指机关在公务活动中形成的，对国家和社会有查考、利用和保存价值的各种形式、各种载体的历史记录。

第三条 机关档案工作是档案工作开展的基础，是国家档案事业的重要组成部分。

机关档案工作是机关不可缺少的基础性工作，是推进依法行政、促进科学决策、提高治理水平的必要条件，是保护单位和个人合法权益、维护机关历史真实面貌的一项重要工作。

第四条 机关档案工作实行统一领导、分级管理。

国家档案行政管理部门负责全国机关档案工作的统筹规划、组织协调、统一制度，负责中央和国家机关档案工作的监督、指导和检查。地方档案行政管理部门在上级档案行政管理部门指导下，负责本行政区域内机关档案工作的统筹协调、制度建设，负责本行政区域内机关档案工作的监督、指导和检查。

档案行政管理部门履行检查职责时，以进入相关场所检查，询问有关人员，查阅、复制有关档案资料等方式开展。

中央、地方专业主管机关应当根据本专业的管理体制，在档案行政管理部门指导下对本系统和直属单位的档案工作进行监督、指导。中央、地方专业主管机关进行监督、指导时，应当遵循统一领导、分级管理原则。

第五条 机关的全部档案应当集中、统一管理。

机关档案管理应当维护档案的真实、完整、可用和安全，便于检索、利用和开发。

第六条 机关应当加强对档案工作的组织领导，将档案工作纳入整体规划、年度工作计划和考核体系，与业务工作同步部署、同步实施、同步发展。

档案工作所需的基础设施配备和维护经费，档案日常管理工作经费，档案信息化建设经费，档案宣传、培训等其他经费应当列入机关年度财政预算。

第二章 机构和人员

第七条 机关应当建立由分管档案工作的单位负责人、办公厅（室）（或承担该职能的其他综合办事机构，下同）及相关部门负责人组成的档案工作协调机制，协调处理本机关、本系统档案工作重大事务和重要事项。

第八条 机关应当按规定设立档案工作机构。不具备档案工作机构设立条件的机关，应当指定档案工作负责部门。档案工作负责部门的名称应当反映档案工作属性。

经同级档案行政管理部门同意，办公地点相对集中且条件成熟的县级或形成档案数量较少的多个机关可以成立联合档案工作机构，对相应机关的档案进行集中管理。

第九条 机关档案工作机构或档案工作负责部门（以下简称机关档案部门）应当配备与工作量相匹配的专职档案工作人员，具体承担机关档案业务工作。机关文书或业务部门应当指定人员，承担相应部门文件材料的收集、整理和归档工作。机关应当建立以机关档案部门为中心，由相关人员组成的机关档案工作网络。

县级或形成档案数量较少的机关可以综合考虑工作量等情况，配备适当数量的专（兼）职档案工作人员。

第十条 机关档案工作的基本任务是：

（一）贯彻执行档案工作的法律法规和方针政策，建立健全档案工作规章制度，并将规范本单位、本系统档案管理的基本制度报档案行政管理部门备案；

（二）制定并组织实施档案工作发展规划或计划；

（三）对机关各种文件材料的形成、积累和归档工作进行监督和指导，对所属机构的档案工作进行监督和指导；

（四）负责管理机关的全部档案并提供利用，协助做好机关政府信息公开工作；

（五）负责机关档案信息化工作并统筹机关及所属机构档案信息一体化工作，推动传统载体档案数字化和电子文件、电子档案规范管理；

（六）接受档案行政管理部门监督、指导和检查，执行年度报告制度，定期向同级国家综合档案馆移交档案；

（七）负责组织档案业务交流和档案工作人员培训，开展档案宣传、教育活动；

（八）对档案工作中取得突出成绩的部门或个人，向机关提出表彰奖励建议；对违反档案管理要求的部门或个人，向机关提出处理建议。

第十一条 机关通过政府购买服务方式辅助实现档案工作基本任务的，应当严格限定社会化服务范围，严格审核服务供方的信息安全保障能力和业务资质，并接受档案行政管理部门监督、指导和检查。

机关档案业务社会化服务限于档案整理、传统载体档案数字化、纸质档案数字复制件全文识别、电子档案管理技术支持等辅助性工作。社会化服务应当符合《档案服务外包工作规范》（DA/T68）规定。

第十二条 档案工作人员应当为机关正式在编人员，且政治可靠、遵纪守法、忠于职守，具备胜任岗位要求的工作能力。

档案工作人员应当熟悉机关工作，具备档案管理、信息管理等相关知识背景，并定期参加业务培训。

不具备前述知识背景的档案工作人员，应当经过相关专业知识和技能培训。

第十三条 档案工作人员调离岗位或退休的，应当在离岗前办好交接手续。涉密档案工作人员的调离应当按照国家有关保密法律法规执行。

第三章 基础设施

第十四条 机关应当分别设置档案办公用房、整理用房、阅览用房和档案库房，并根据工作需要设置展览用房、档案数字化用房、服务器机房等。

档案库房应当根据载体类型分别设置，不具备条件的应当根据载体类型分区设置。

县级或形成档案数量较少的机关设置库房以外其他档案用房时，可以按照办公、整理、阅览等基本功能分区设置。

第十五条 档案办公用房面积按照《党政机关办公用房建设标准》执行。

阅览用房面积应当满足不同类型档案阅览需求，适应涉密档案与非涉密档案分区阅览的需要。

档案库房面积应当满足机关档案法定存放年限需要，使用面积按（档案存量 年增长量×存放年限）×60m^2/万卷（或10万件）测算。档案数量少于2500卷（或25000件）的，档案库房面积按15m^{2}测算。

整理用房、展览用房、档案数字化用房、服务器机房等用房面积应当满足业务开展需要。

第十六条 档案用房宜集中布置，自成一区。

档案办公用房选址应当便于档案库房管理。档案库房选址应当防潮、防火、避免阳光直射，利于档案保护。

档案库房不应设置在地下或顶层，地处湿润地区的还不宜设置在首层。档案库房不得毗邻水房、卫生间、食堂（厨房）、变配电室、车库等可能危及档案安全的用房。

第十七条 档案办公用房建筑设计应当符合《办公建筑设计规范》（JGJ67）规定，整理用房、阅览用房建筑设计应当符合《档案馆建筑设计规范》（JGJ25）规定。

档案库房内不得设置其他用房和明火设施，不应设置除消防以外的给水点，其他给水排水管道不应穿越库房。档案库房的装具布置、门窗设置应当符合《档案馆建筑设计规范》（JGJ25）规定。

第十八条 档案库房应当根据需要配备符合国家规定的密闭五节柜、密集架、光盘柜、底图柜等档案装具，不得采用木质柜、玻璃门柜等装具。档案整理台、档案梯、移动置物架、档案盒、装订用品等配备应当满足工作需要。

档案库房配备的档案装具应当与档案库房楼面均布活荷载标准值相匹配。库房采用密集架的，楼面均布活荷载标准值不应小于8kN/m^{2}或按档案装载情况相应增加。

第十九条 档案库房应当配备温湿度监测调控系统，安装漏水报警设备。档案库房不得使用电阻丝加热、电热油汀及以水、汽为热媒的采暖系统。

保存重要档案或具备条件的，应当安装恒温恒湿设备，必要时可配备通风换气、空气净化设备。

第二十条 档案库房应当配备消防系统。根据档案重要程度和载体类型的不同，可以选择采用洁净气体、惰性气体或高压细水雾灭火设备。档案库房应当安装甲级防火门，配备火灾自动报警设备。

第二十一条 档案库房应当安装全封闭防盗门窗、遮光阻燃窗帘、防护栏等防护设施，可以选择设置智能门禁识别、红外报警、视频监控、出入口控制、电子巡查等安全防范系统。整理用房、阅览用房、档案数字化用房应当设置视频监控设备。

第二十二条 机关应当按照档案信息化要求，建设或配备能够满足库房现代化管理、档案数字化、电子文件及电子档案管理需求的基础设施设备。智能库房管理基础设施设备应当满足温湿度调控、漏水监测、消防报警、安全防范、视频监控等系统集成管理以及其他智能管理需要。档案数字化、电子文件及电子档案管理基础设施设备应当符合本规定第五章要求。

县级或形成档案数量较少的机关按照本规定第十九条至第二十二条配备基础设施设备的，应当满足温湿度调控、消防、安防和信息化工作的基本需求。

第四章　管理要求

第一节　一般规定

第二十三条 机关档案包括：

（一）文书、科技（科研、基建、设备）、人事、会计档案；

（二）机关履行行业特有职责形成的专业档案；

（三）照片、录音、录像等音像档案；

（四）业务数据、公务电子邮件、网页信息、社交媒体档案；

（五）印章、题词、奖牌、奖章、证书、公务礼品等实物档案；

（六）其他档案。

前款(一)(二)(三)项包含传统载体档案和电子档案两种形式。电子档案与传统载体档案具有同等效力。

第二十四条 机关全部档案构成一个全宗。机关隶属关系、名称发生变化但工作性质和主要业务范围未变化的，维持原全宗不变。

机关应当建立并定期完善全宗卷。全宗卷应当包含全宗背景、档案状况、工作制度、管理记录等内容，编制要求按照《全宗卷规范》（DA/T 12）执行。

第二十五条 机关档案管理应当做到收集齐全完整，整理规范有序，保管安全可靠，鉴定准确及时，利用简捷方便，开发实用有效。

涉及国家秘密档案的管理应当符合保密管理的相关规定。

第二节 形成与收集

第二十六条 机关履行职责过程中应当按照有关程序和要求形成归档文件材料。机关办公自动化和其他业务系统应当支持形成符合要求的归档文件材料。

文件材料形成时，应当采用耐久、可靠、满足长期保存需求的记录载体和记录方式。

归档文件材料应当真实、准确、系统，文件材料组件齐全、内容完整。

第二十七条 机关文书或业务部门应当及时收集形成的归档文件材料，交本部门指定人员保管。下列文件材料应当纳入收集范围。

机关在日常公务活动中形成的归档文件材料；机关设立临时机构处理专项工作、处置突发事件、举办重要活动等形成的归档文件材料；机关承担重大建设项目、重大科研课题等形成的归档文件材料；机关所属机构撤销形成的归档文件材料；机关向社会和个人征集的、与机关有关文件材料等。

第二十八条 机关应当编制本单位文件材料归档范围和档案保管期限表，经同级档案行政管理部门审查同意后施行。机关内部机构或工作职能发生变化时应当及时修订，经重新审查同意后施行。

文件材料归档范围和档案保管期限表应当全面、系统反映机关主要职能活动和基本历史面貌。人事、会计文件材料的归档范围和档案保管期限从其专门规定。

机关所属机构文件材料归档范围和档案保管期限表报机关审查同意后施行。

第二十九条 文书档案的收集范围按照《机关文件材料归档范围和档案保管期限规定》制定执行。

会计、科研、基建档案收集范围应当分别符合《会计档案管理办法》、《科学技术研究课题档案管理规范》（DA/T 2）、《建设项目档案管理规范》（DA/T 28）及《国家电子政务工程建设项目档案管理暂行办法》规定。

照片档案的收集范围应当符合《照片档案管理规范》（GB/T 11821）和《数码照片归档与管理规范》（DA/T 50）规定。

其他门类档案收集范围按照国家相关规定执行。

第三十条 电子文件应当连同元数据一并收集。收集的元数据应当符合《数字档案室建设指南》、《电子文件归档与电子档案管理规范》（GB/T 18894）、《文书类电子文件元数据方案》（DA/T 46）、《照片类电子档案元数据方案》（DA/T 54）、《录音录像类电子档案元数据方案》（DA/T 63）等规定。

第三节　整理与归档

第三十一条 机关应当按照本规定第二十三条制定统一的档案分类方案。不同门类、载体或形式的档案的分类方法应当协调呼应，便于档案的统一管理和利用。分类方案一经确定，应当保持一致，不得随意变动。

机关档案分类方案一般采用年度、机构（问题）、保管期限等分类项进行复式分类，有专门规定的，从其规定。

第三十二条 机关档案整理应当遵循文件材料的形成规律，保持文件材料之间的有机联系，区分不同价值，便于保管和利用，逐步推进卷件融合管理。

文书档案、照片档案、录音档案、录像档案、实物档案一般以件（张）等为单位进行整理。科技档案、人事档案、会计档案一般以卷为单位进行整理。其他门类档案根据需要以卷或件为单位进行整理。整理方法分别按照相应要求执行。

第三十三条 机关档案应当逐卷或逐件编制档号。档号应当指代单一，体现档案来源、档案门类、整理分类体系和排列顺序等档案基本属性。档号结构应当符合《档号编制规则》（DA/T 13）、《归档文件整理规则》（DA/T 22）和《数字档案室建设指南》要求，不同载体或形式的档号编制方法应当协调呼应。

机关档案门类宜按照文书（WS）、科技（KJ）、人事（RS）、会计（KU）、专业（ZY）、照片（ZP）、录音（LY）、录像（LX）、业务数据（SJ）、公务电子邮件（YJ）、网页信息（WY）、社交媒体（MT）、实物档案（SW）设置一级门类代码，按照科研（KJ · KY）、基建（KJ · JJ）、设备（KJ · SB）设置科技档案二级门类代码。专业档案按照相关规定设置二级门类代码。

第三十四条 机关档案应当编制检索工具，满足手工检索和计算机检索需要。

机关档案应当按照《档案著录规则》（DA/T 18）进行著录。传统载体照片、录音、录像档案和实物档案应当详细著录背景、人物、来源等信息。档案著录应当与目录编制、元数据收集等工作和要求协调对应。

第三十五条 机关档案经文书或业务部门整理完毕后，应当在第二年6月底前向机关档案部门归档；采用办公自动化或其他业务系统的，应当随办随归。归档时间有特殊规定的，从其规定。

归档时交接双方根据归档目录清点核对，并履行交接手续。机关档案实现随办随归的，还应当按规定履行登记手续，记录电子文件归档过程元数据。任何部门和人员不得将应归档文件材料据为已有或拒绝归档。

第三十六条 归档文件材料应当为原件。电子文件需要转换为纸质文件归档的，若电子文件已经具备电子签名、电子印章，且电子印章按照规定转换为印章图形的，纸质文件不需再行实体签名、实体盖章。

满足本规定第五章规定且不具有永久保存价值或其他重要价值的电子文件，以及无法转换为纸质文件或缩微胶片的电子文件可以仅以电子形式进行归档。

第四节 保管与保护

第三十七条 机关应当根据档案载体的不同要求对档案进行存储和保

管。档案存储和保管应当确保实体安全和信息安全。

机关应当制定档案管理应急预案并定期组织演练，以应对突发事件和自然灾害。档案管理应急预案应当纳入机关总体应急预案。

第三十八条 机关应当做好档案防火、防盗、防紫外线、防有害生物、防水、防潮、防尘、防高温、防污染等防护工作。库房温湿度应当符合《档案馆建筑设计规范》（JGJ25）规定。

档案库房不得存放与档案保管、保护无关的物品。

第三十九条 档案工作人员应当监测和记录库房温湿度，根据需要采取措施调节；定期检查维护档案库房设施设备，确保正常运转；定期清扫除尘，保持库房清洁；定期采取措施，防治鼠虫霉等。

第四十条 机关档案部门应当定期组织人员对档案数量进行清点、对保管状况进行检查，定期对电子档案的保管情况、读取状况等进行检查，发现问题应当及时处理，并建立检查和处理情况台账。

第四十一条 档案工作人员应当及时对受损、易损档案进行修复、复制或作其他技术处理。档案修复应当保持档案内容的完整，尽量维持档案的原貌。档案修复前应当做好登记和检查工作，必要时进行复制备份，做出修复说明。

第四十二条 机关应当为档案工作人员配备劳动保护用品，避免档案管理过程中有毒有害物质损害健康。

第五节 鉴定与销毁

第四十三条 机关应当定期对已达到保管期限的档案进行鉴定处置。鉴定工作应当在档案工作协调机制下进行，由办公厅（室）负责人主持，档案部门会同相关业务部门有关人员组成鉴定小组共同开展，必要时可邀请相关领域专家参与。

鉴定结束后，应当形成鉴定工作报告。对仍需继续保存的档案，应当重新划定保管期限并做出标注；对确无保存价值的档案，应当按规定予以销毁。

第四十四条 经鉴定可以销毁的档案，应当按照以下程序销毁。

（一）机关档案部门编制档案销毁清册，列明拟销毁档案的档号、文号、责任者、题名、形成时间、应保管期限、已保管时间和销毁时间等内容，按档案工作协调机制报请审核批准；

（二）机关分管档案工作的单位负责人、办公厅（室）负责人、档案部门负责人、相关业务部门负责人、档案部门经办人、相关业务部门经办人在档案销毁清册上签署意见；

（三）机关档案部门组织档案销毁工作，并与相关业务部门共同派员监销。监销人在档案销毁前，应当按照档案销毁清册所列内容进行清点核对；在档案销毁后，应当在档案销毁清册上签名或盖章。销毁清册应当永久保存。

第四十五条 档案销毁应当在指定场所进行。

电子档案和档案数字复制件需要销毁的，除在指定场所销毁离线存储介质外，还应当确保电子档案和档案数字复制件从系统中彻底删除。销毁时应当留存电子档案和档案数字复制件元数据，并在管理过程元数据、审计日志中自动记录销毁活动。

涉密档案的销毁应当符合《国家秘密载体销毁管理规定》。

第六节 利用与开发

第四十六条 机关应当积极开展档案利用工作，建立健全档案利用制度，根据档案的密级、内容和利用方式，规定不同的利用权限、范围和审批手续。机关保管的档案对外提供利用的，需经本单位负责人批准。

利用档案应当履行查阅手续，进行档案查阅登记和利用效果反馈记录。档案工作人员应当对利用活动及时跟踪和监督。

第四十七条 机关应当按照《中华人民共和国政府信息公开条例》等有关规定，及时向同级国家综合档案馆提供主动公开的政府信息文件资料。

第四十八条 机关应当积极推进档案信息开发工作，采取编制全宗介绍、组织沿革、大事记、基础数字汇编、专题文件汇集，以及举办陈列展览、拍摄专题片等多种形式，发挥档案价值。

全宗介绍、组织沿革等应当纳入全宗卷管理。

第四十九条 机关应当积极采用数据分析、文本挖掘等新方法，扩展档案开发的力度和深度。

第七节　统计与移交

第五十条　机关应当建立完善统计工作，对所保管档案情况、档案年度出入库情况、档案设施设备情况、档案利用情况、档案移交进馆情况、档案鉴定销毁情况、档案信息化情况、档案工作人员情况、档案业务社会化服务等情况定期统计并建立完备的台账。

统计结果应当真实、准确、完整，支持以可视化方式显示，便于统计分析。

第五十一条　机关应当编制档案工作情况统计年报，汇总分析当年档案工作情况形成年度报告，报送同级档案行政管理部门、上级档案部门。

机关应当加强对档案工作变化情况的分析，为决策提供参考。

第五十二条　机关应当按照国家规定定期向同级国家综合档案馆移交档案。移交档案时，应当同时移交检索工具、编研成果。传统载体档案的数字复制件应当与档案原件一并移交。

机关向国家综合档案馆移交前，应当按照相关规定做好移交档案的密级变更或解除工作，并提出划控与开放意见。

第五十三条　电子档案一般自形成之日起 5 年内向国家综合档案馆移交，也可按本规定第五十二条与相应的纸质文件或缩微胶片同步移交。

电子档案移交可以采用在线移交或离线移交。在线移交应当通过档案行政管理部门指定的电子档案接收系统和专用网络，不得通过未设置安全可靠措施的互联网移交。

电子档案移交后，机关继续留存的，应当按照档案管理的要求进行管理。

第五十四条　机关撤销或合并的，档案移交按照下列办法进行。

（一）撤销机关的档案，应当由有关主管机关代管或按照规定向同级国家综合档案馆移交；

（二）撤销机关的业务分别划归几个机关的，其档案不得分散，可由其中一个机关代管或向同级国家综合档案馆移交；

（三）一个机关并入另一个机关或几个机关合并为一个新的机关，其档案应当移交给合并后的机关代管或向同级国家综合档案馆移交；

（四）机关所属机构撤销的，其档案由主管机关代管，属于国家综合档案馆接收范围的可按照规定向同级国家综合档案馆移交。

第五章　信息化建设

第五十五条　机关应当加强档案信息化工作，将机关档案信息化工作纳入机关电子政务和信息化总体规划。

机关档案信息化工作应当与机关信息化建设、档案馆信息化建设协调配合，实现系统互联互通，资源共享共用。

第五十六条　机关应当开展数字档案室建设，统筹传统载体档案数字化、电子文件归档与电子档案管理工作。数字档案室建设按照《数字档案室建设指南》执行。

第五十七条　机关应当建立档案数字化常态机制，有序开展档案数字化工作。

档案数字化应当符合真实性管理要求，数字化过程的元数据应当收集齐全，数字复制件应当保持原貌并纳入电子档案管理系统统一管理。

第五十八条　纸质档案数字化按照《纸质档案数字化规范》（DA/T 31）执行，录音录像档案数字化按照《录音录像档案数字化规范》（DA/T 62）执行。其他传统载体档案数字化参照有关规定执行。

机关应当积极实施纸质档案数字复制件的全文识别，将现有图像数据转化为文本信息，便于检索和开发利用。

第五十九条　机关应当开展室藏传统载体档案目录数据库建设，数据库质量符合《档案著录规则》（DA/T 18）等标准规范要求。

各门类传统载体档案目录数据应当与相应数字化元数据、电子档案管理系统相应元数据库融合管理。

第六十条　机关应当建立电子文件归档与电子档案管理制度，按照《电子文件归档与电子档案管理规范》（GB/T 18894）确定的职责与分工开展电子文件归档与电子档案管理工作。

第六十一条　机关配备的网络基础设施、系统硬件、基础软件、安全保障系统、终端及辅助设备应当满足档案信息化的管理需要并适当冗余、方便扩展。

机关档案部门应当配置独立的专业服务器和专用存储设备。服务器和存储设备应当满足高效、可用、可扩展等要求。

机关在电子政务云或自建私有云上建设电子档案管理系统的，其计算资源、存储资源和安全防范等应当满足电子文件和电子档案管理要求。不得使用电子政务云之外的其他公有云存储管理电子文件、电子档案。

第六十二条 机关办公自动化系统和其他业务系统应当嵌入电子文件分类方案、归档范围与保管期限表和整理要求，在电子文件形成时自动或半自动开展鉴定、整理工作，实施预归档。

电子档案管理系统应当功能完善、适度前瞻，满足电子档案真实性、可靠性、完整性、可用性管理要求。电子档案管理系统基本功能和可选功能应当参照《数字档案室建设指南》、《数字档案室建设评价办法》、《电子文件管理系统通用功能要求》（GB/T 29194）以及同级国家综合档案馆的相关要求执行。

电子档案管理系统等级保护不得低于二级标准，分级保护等级应当与电子档案最高密级相适应。使用电子政务云服务的，应当与电子政务云管理机构明确安全管理责任。

第六十三条 电子档案的文件格式和质量应当符合标准要求，元数据应当齐全完整，满足长期保存和同级国家综合档案馆进馆要求。

第六十四条 机关应当为电子档案安全存储配置在线存储系统。在线存储系统应当实施容错技术方案，定期扫描、诊断存储设备。

第六十五条 机关应当制定电子档案备份方案和策略，采用磁带、一次性刻录光盘、硬磁盘等离线存储介质对电子档案实行离线备份。具备条件的，应当对电子档案进行近线备份和容灾备份。

机关应当根据需要制定电子档案转换与迁移方案和策略，转换与迁移活动应当记入电子档案管理过程元数据。

第六十六条 机关应当统筹开展传统载体档案数字化、电子文件归档与电子档案管理的安全保密工作，采取有效措施严防信息篡改、丢失、外泄。涉密档案进行数字化、涉密电子文件归档与电子档案管理应当严格遵守保密规定。

第六章　奖励与处罚

第六十七条 有下列情形之一的，由县级以上档案行政管理部门单独或联合有关部门，或由本单位给予表彰奖励。

（一）档案收集、整理、移交做出显著成绩的；

（二）档案保管、保护和现代化管理做出显著成绩的；

（三）档案利用、开发取得突出效果的；

（四）档案学理论研究、档案科研做出重要贡献的；

（五）同违反档案法律、法规的行为作斗争，表现突出的；

（六）从事专（兼）职档案工作满 15 年的。

第六十八条　有下列行为之一的，由县级以上档案行政管理部门责令限期改正；情节严重的，由有关主管部门对机关直接负责的主管人员和直接责任人员依法给予处分；构成犯罪的，依法追究刑事责任。

（一）机关未统一管理机关档案或未按规定形成、收集档案的；

（二）机关未按规定设置档案工作机构或未指定档案工作负责部门，未按要求配备专（兼）职档案工作人员的；

（三）将机关应当归档的文件材料据为己有，拒绝移交机关档案部门的；

（四）档案管理不符合档案安全保护要求的；

（五）拒不按照国家规定向国家综合档案馆移交档案的；

（六）明知所保存的档案面临危险而不采取措施，造成档案损失的；档案工作人员、对档案工作负有领导责任的人员玩忽职守，造成档案损失的。

第七章　附　　则

第六十九条　本规定由国家档案局负责解释。事业单位、《社会团体登记管理条例》界定的社会团体可参照执行。

第七十条　本规定自 2019 年 1 月 1 日起施行。

参考文献

1. 岳海翔．最新公文处理实用手册［M］．北京：中国文史出版社，2017

2. 王健．文书学（第三版）［M］．北京：中国人民大学出版社，2015

3. 倪丽娟．文书学（第三版）［M］．北京高等教育出版社，2014

4. 姬瑞环．公文写作与处理（第五版）［M］．北京：中国人民大学出版社，2019

5. 国家电网办公厅．国家电网公司公文处理107个常见问题解答（第二版）［M］．北京：中国电力出版社，2013

6. （美）芭芭拉·明托．金字塔原理［M］．海口：南海出版公司，2013

7. 赵国俊．公文写作与处理［M］．北京：中国人民大学出版社，2011

8. 杨戎．公文处理案例精选［M］．成都：四川人民出版社，2010

9. 周耀林，张煜明，任汉中．文书学教程［M］．武汉：武汉大学出版社，2009

10. 傅西路．公文处理新规范：国务院《国家行政机关公文处理办法》释解［M］．北京：中国城市出版社，2001

11. 松世勤．文书学基础［M］．北京：中国人民大学出版社，1984

12. 郑崇田．文书学入门［M］．长春：吉林人民出版社，1981

13. 习近平．努力克服不良文风 积极倡导优良文风［J］．求是，2010（10）：3-7.

14. 习近平．应该提倡什么样的文风［J］．新闻世界，2010（S2）：1.

15. 习近平．真正把握坚持实事求是的基本要求［J］．党史纵横，2012（7）：1.

16. 习近平．始终按实事求是的要求办事——在中央党校2012年春季学期第二批入学学员开学典礼上的讲话摘要［J］. 民主与科学，2012（3）：2-4.

17. 习近平. 坚持实事求是的思想路线［N］. 学习时报，2012-05-28（1）.

18. 习近平. 解放思想、实事求是要一以贯之 ——重读邓小平同志《解放思想，实事求是，团结一致向前看》［J］. 求是，1999（1）：21-24

19. 毛建军. 公文摘由制度略考［J］. 档案，2020（8）：12-14.

20. 张松祥.《中国共产党重大事项请示报告条例》的公文学视角研究［J］. 秘书工作，2020（3）：48-49.

21. 苏武荣. 复核公文要"九看"［J］. 应用写作，2019（9）：14-15.

22. 杨霞. 1980 年代以来文书学理论研究述评［J］. 档案学通讯，2017（4）：27-32.

23. 苏武荣. 正确认识公文的"签发"与"签发人"［J］. 应用写作，2016（12）：17-18.

24. 沈蕾. 我国政府机关回复下级机关"请示"的多种方式解析［J］. 档案学通讯，2013（4）：44-47.

25. 徐玲，王萍. 近 10 年我国网曝违规公文乱象研究——基于对 36 个典型违规公文的分析［J］. 档案管理，2016（6）：70-71.

26. 赵国俊. 关于进一步完善我国党政机关公文处理法规建设的几点思考［J］. 档案学通讯，2000（3）：25-27.

27. 杨戎. 从"规章"的发布感受依法行文——兼谈"通知"适用范围的修改［J］. 秘书，2004（9）：10-13.

28. 杨戎. 析我国政府公文中的法定事项公告［J］. 秘书，2002（12）：6-9.

29. 杨戎. 对现阶段规范使用"文书""公文""文件"称谓的思考［J］. 档案学通讯，1993（2）：33.

30. 刘国能. 卷论——卷、立卷、文书处理部门立卷［J］. 档案学研究，2010（4）：9-12.

31. 沈蕾，果有森. 论归档文件整理工作的简化［J］. 档案学通讯，2016（6）：39-42.

32. 沈蕾，刘立. 论立卷思想在归档文件整理工作中的延续——兼谈文书学研究和教学在其中的重要作用［J］. 档案学通讯，2018（3）：53-57.

33. 王明哲．我对推行文书处理部门立卷的理解［J］．档案工作，1957（3）：10-11.

34. 王明哲．簡化不必要的手續，做好文書处理部門的立卷工作［J］．档案工作，1956（7）：12-13.

35. 王明哲．文书处理部门立卷的两个问题［J］．档案工作，1956（5）：7-8.

36. 吴宝康．论文书处理学的创建及其对象与任务［J］．教学与研究，1956（2）：20-24.

37. 王明哲．关于编制案卷类目的几个问题［J］．档案工作，1955（4）：1-6.

38. 吴宝康．论文书处理工作的任务与组织［J］．档案工作，1955（1）：5-9.

39. 吴宝康．中国人民大学档案专修班立卷实验工作的初步研究［J］．档案工作，1953（2）：11-18.